高职高专旅游专业"互联网+"创新规划教材

# 客房运行与管理(第2版)

主　编　孙　亮
副主编　赵伟丽　祝　捷　张晓辉
　　　　孙冬玲　高　跃
参　编　陈　金　王　敏　王　洋

北京大学出版社
PEKING UNIVERSITY PRESS

## 内容简介

客房部在酒店中是一个非常重要的部门，成为客房部的员工也是相关专业学生毕业所选择的岗位之一。通过对客房知识的学习和能力的培养，学生能具有胜任酒店管家的素养，这也成为学生从事酒店工作的敲门砖。本书共分为三篇，第一篇为认知客房部，使学生能对客房部及客房产品有全面的了解；第二篇为客房的常规性管理，使学生能够具备一定的客房清洁保养管理、公共区域清洁保养管理、客房部物资管理、客房部安全管理、人力资源管理、客房服务质量管理的知识和能力；第三篇为客房的重要接待工作，使学生能够针对不同的客房服务内容进行相应的接待。本书以任务为导向，以客房的实际工作为主要内容，针对高职学生的学习规律和对自身职业生涯规划的特点，采用行动导向的教学法，力求帮助学生在掌握服务技能的同时，满足他们对管理知识的渴求，使其具备一定的管理理念，通过综合训练使学生的能力素质得到综合培养。

本书不仅可作为高职高专酒店管理专业的教材，也可作为职业培训的选用教材，还可作为热爱酒店行业的相关人员的学习资料。

### 图书在版编目(CIP)数据

客房运行与管理/孙亮主编．—2版．—北京：北京大学出版社，2016.9
（高职高专旅游专业"互联网+"创新规划教材）
ISBN 978-7-301-27467-5

Ⅰ.①客… Ⅱ.①孙… Ⅲ.①饭店—商业服务—高等职业教育—教材②饭店—经济管理—高等职业教育—教材 Ⅳ.①F719.2

中国版本图书馆 CIP 数据核字（2016）第 212806 号

| | |
|---|---|
| 书　　　名 | 客房运行与管理（第2版） |
| | KEFANG YUNXING YU GUANLI |
| 著作责任者 | 孙　亮　主编 |
| 策划编辑 | 刘国明 |
| 责任编辑 | 伍大维 |
| 数字编辑 | 陈颖颖 |
| 标准书号 | ISBN 978-7-301-27467-5 |
| 出版发行 | 北京大学出版社 |
| 地　　　址 | 北京市海淀区成府路 205 号　100871 |
| 网　　　址 | http://www.pup.cn　新浪微博：@北京大学出版社 |
| 电子信箱 | pup_6@163.com |
| 电　　　话 | 邮购部 62752015　发行部 62750672　编辑部 62750667 |
| 印刷者 | 北京虎彩文化传播有限公司 |
| 经销者 | 新华书店 |
| | 787 毫米×1092 毫米　16 开本　16.75 印张　380 千字 |
| | 2011 年 7 月第 1 版 |
| | 2016 年 9 月第 2 版　2021 年 3 月第 2 次印刷 |
| 定　　　价 | 36.00 元 |

未经许可，不得以任何方式复制或抄袭本书之部分或全部内容。
**版权所有，侵权必究**
举报电话：010-62752024　电子信箱：fd@pup.pku.edu.cn
图书如有印装质量问题，请与出版部联系，电话：010-62756370

# 第2版前言

伴随着全球经济的变化,"酒店新常态""合并与收购""互联网+""战略联盟""跨界合作""分享经济""酒店资产证券化"等词成为业界关注和讨论的热点。酒店不仅仅可以满足消费者对食、住、购、娱的需求,同时它也是地区接待能力的体现,乃至地区经济发展水平的代表。在"互联网+"的启迪下,"酒店+"思维应运而生。科技文明、生态文明、人本文化等多种元素的融合使"酒店"这一名称已超越它创设之初的含义,也更加体现了人们对物质、精神的更高追求。纵观全球酒店市场,中国的酒店业已成为不可缺少的组成部分。激烈的竞争使酒店的管理水平不断提高,对从业人员的素质要求也越来越高。培养高素质的管理人员和一线从业人员是酒店在竞争中立于不败之地的关键,人才的竞争是当今社会最激烈的竞争。

爱因斯坦说过:"如果人们已经忘了他们在学校里所学的一切,那么留下的就是教育。"也就是"忘不掉的是真正的素质"。作为培养行业人才的高等职业院校来说,必须与酒店行业密切融合,才能实现校企合作的真正目标。首先,高等职业教育的人才培养以酒店行业的需求为导向;其次,酒店行业的工作流程、经营管理经验为高等职业教育提供了教育素材;再次,高等职业院校与酒店行业的协作发展,促进了校企融合,实现了职与教的共赢目标。

"客房运行与管理"是高等职业教育酒店管理专业的一门核心课程。根据酒店行业的发展趋势,学生层次的个性特征,编者紧跟高等职业教育课程改革的发展方向,努力探索职业岗位能力要求和教育规律的内在联系,特编写了这本理实一体化教材。

本教材修订后具有以下特点。

### 1. E时代下的教材新体例

E时代的到来,不仅革新了人们的观念,也改变了人们的学习方式。本教材结合酒店这一特殊行业的特点,改变了以往客房教材的编写体例,融入电子信息化元素,全面增强教材的直观性。本教材在写作过程中,按照高等职业教育人才培养目标,从实际的岗位工作流程出发,遵从由浅入深的教学规律,使学生既能正确认识客房工作,又能深刻系统地了解客房工作,从胜任到管理,从做对到做好,层级递进,既符合了学生的认知规律,又满足了行业对人才的需求。

### 2. 理实一体化

实践离不开理论,理论指导实践。"学、练、做"是对理实一体化课程的最好诠释。学习掌握专业的基础理论知识,强化操作技能,模拟工作场景训练,深入酒店考察实践,真正实现理论与实践的结合。

### 3. 顺势"互联网+"行业发展,借鉴成功经验

为了适应"互联网+"时代下酒店业的发展和新变化,本教材借鉴了大量国内外知名酒店的新理念、新方法、新举措等内容,使教材更具时代性、发展性,为酒店业培养大批的优秀岗位从业人员提供素材。

**4. 扫码看视频，提升综合能力素养**

酒店视频的加入可以丰富人们的直观感受，提高情境教学的效果。本教材以真实的岗位工作任务为线索，按照工作流程和操作要求，进行规范化模拟训练；创设情景，进行个性化服务模拟训练，为提升学生的实际操作、团结合作、创新和解决问题等综合能力素养提供帮助。

**5. 使用的广泛性**

本教材选用了五星级酒店的工作标准内容，不仅可供高等职业教育使用，也可成为热爱酒店行业的相关人员的学习资料，还可作为酒店培训的选用教材。

本教材由长春职业技术学院孙亮担任主编，由赵伟丽、祝捷、张晓辉、孙冬玲、高跃担任副主编，陈金、王敏、王洋参编。全书共分13章，具体修订分工如下：其中第3、4、5、7、8、9、11、12章由孙亮执笔修订，第1章由孙冬玲、张晓辉、王敏执笔修订，第2章由祝捷执笔修订，第6章由高跃、陈金、王洋执笔修订，第10、13章由赵伟丽执笔修订。本教材也借鉴和引用了许多国内外作者的著作和文献，在此也深表谢意！

由于编写时间仓促，教材中不足之处在所难免，敬请专家、学者批评赐教。

编　者

2016年3月

【精彩汇总】　【求职一线】

# 目 录

## 第一篇 认知客房部 ... 1

## 第1章 客房部概述 ... 3

- 1.1 酒店与酒店客房部 /4
  - 1.1.1 酒店概述 /4
  - 1.1.2 酒店客房部 /7
- 1.2 客房部的组织机构与职能 /10
  - 1.2.1 客房部的组织机构设置 /10
  - 1.2.2 客房部下属组织机构的职能 /11
  - 1.2.3 客房部主要岗位职责 /12
- 1.3 客房部与其他部门的关系 /17
  - 1.3.1 客房部与前厅部的业务关系 /17
  - 1.3.2 客房部与餐饮部的业务关系 /18
  - 1.3.3 客房部与工程部的业务关系 /19
  - 1.3.4 客房部与保安部的业务关系 /19
  - 1.3.5 客房部与公关营销部的业务关系 /20
  - 1.3.6 客房部与财务部的业务关系 /20
  - 1.3.7 客房部与采购部的业务关系 /20
  - 1.3.8 客房部与人力资源部的业务关系 /20

**本章小结** /21

**测试题** /22

## 第2章 认知客房产品 ... 24

- 2.1 客房产品概述 /25
- 2.2 布置设计与装饰客房 /26
  - 2.2.1 客房布置设计的依据 /26
  - 2.2.2 划分客房类型 /28
  - 2.2.3 对客房进行功能分区 /30
  - 2.2.4 客房陈设艺术 /33
- 2.3 设置特殊客房楼层 /36
  - 2.3.1 商务客房(楼层) /36
  - 2.3.2 无烟客房(楼层) /37
  - 2.3.3 女士客房(楼层) /37
  - 2.3.4 无障碍客房 /38
  - 2.3.5 麻将客房 /39
  - 2.3.6 老年人客房 /39
  - 2.3.7 绿色客房 /39

**本章小结** /41

**测试题** /43

## 第二篇　客房的常规性管理　45

### 第3章　客房清洁保养管理　47

**3.1　清洁保养客房** / 48
  3.1.1　清洁保养的含义 / 48
  3.1.2　日常清洁整理客房 / 49

**3.2　客房铺床操作技能** / 61
  3.2.1　中式铺床操作 / 61
  3.2.2　西式铺床操作 / 63

**3.3　客房卫生管理** / 66
  3.3.1　执行客房卫生质量标准 / 66
  3.3.2　落实客房卫生逐级检查制度 / 67
  3.3.3　实施客房计划卫生制度 / 69

**本章小结** / 70
**测试题** / 75

### 第4章　公共区域清洁保养管理　77

**4.1　布置公共区域清洁任务** / 78
**4.2　清洁保养面层材料** / 81
**4.3　有效使用清洁器具** / 87
**4.4　对清洁剂的管理** / 89
**4.5　正确使用消毒方法** / 92
**本章小结** / 94
**测试题** / 96

### 第5章　客房部物资管理　97

**5.1　客房部物资概况** / 98
  5.1.1　划分客房部物资 / 98
  5.1.2　控制客房用品 / 101
  5.1.3　使用与保养客房设备 / 106

**5.2　管理楼层库房** / 110
  5.2.1　存储与保管楼层库房物品 / 110
  5.2.2　签领楼层库房物品 / 112

**5.3　管理与控制布件** / 112
  5.3.1　配备楼层布草 / 113
  5.3.2　管理与控制布草房 / 115
  5.3.3　有效管理洗衣房 / 117

**本章小结** / 119
**测试题** / 121

### 第6章　客房部安全管理　123

**6.1　客房安全** / 124
  6.1.1　认知客房安全 / 125
  6.1.2　保障客房安全的原则 / 125

**6.2　保障客房安全的措施** / 126
  6.2.1　配备客房安全设施设备 / 126
  6.2.2　处理突发事件 / 131

本章小结 /139　　　　　　　　　测试题 /141

## 第7章　人力资源管理　　　　　　　　　　143

### 7.1　录用与培训员工 /144
- 7.1.1　分析劳动定员 /144
- 7.1.2　选择招聘途径与
  录用员工 /147
- 7.1.3　培训员工 /150

### 7.2　评估员工工作与有效激励 /156
- 7.2.1　评估员工工作 /156
- 7.2.2　激励员工 /160

本章小结 /162

测试题 /165

## 第8章　客房服务质量管理　　　　　　　　　166

### 8.1　服务优化管理的原则 /167
- 8.1.1　服务优化管理的
  概念 /167
- 8.1.2　服务优化管理的
  原则 /168

### 8.2　服务优化的质量控制 /170
- 8.2.1　搜集与管理服务
  信息 /170
- 8.2.2　确立服务程序、
  质量标准 /173

本章小结 /175

测试题 /177

## 第三篇　客房的重要接待工作　　　　　　　179

## 第9章　优化对客服务内容　　　　　　　　　181

### 9.1　夜床服务 /182
- 9.1.1　基础知识 /182
- 9.1.2　开夜床服务程序 /183

### 9.2　收送客衣 /187
- 9.2.1　基础知识 /187
- 9.2.2　洗衣服务程序 /187

### 9.3　租借物品服务 /190
- 9.3.1　基础知识 /190
- 9.3.2　租借物品程序 /190

### 9.4　托婴看护 /191
- 9.4.1　基础知识 /191
- 9.4.2　托婴看护程序 /191

### 9.5　擦鞋服务 /193
- 9.5.1　基础知识 /193
- 9.5.2　擦鞋服务程序 /193

### 9.6　访客服务 /194
- 9.6.1　基础知识 /194
- 9.6.2　访客服务程序 /195

### 9.7　加床服务 /196
- 9.7.1　基础知识 /196
- 9.7.2　加床服务程序 /196

### 9.8　拾遗处理 /197
- 9.8.1　基础知识 /197
- 9.8.2　拾遗处理程序 /198

### 9.9　小酒吧服务 /199
- 9.9.1　基础知识 /199
- 9.9.2　小酒吧服务程序 /200

### 9.10　查退房 /200
- 9.10.1　基础知识 /200

V

9.10.2 查退房服务程序 / 201

9.11 管家服务 / 203
    9.11.1 基础知识 / 203
    9.11.2 管家服务综合训练 / 205

本章小结 / 207

测试题 / 208

## 第 10 章 VIP 的接待 — 210

10.1 VIP 范围 / 211
10.2 不同级别 VIP 的接待规格 / 211
10.3 VIP 的接待程序 / 213
    10.3.1 VIP 房的布置 / 213
    10.3.2 VIP 抵店接待 / 214
    10.3.3 送欢迎茶服务 / 214
    10.3.4 离店送别服务 / 215

本章小结 / 216

测试题 / 217

## 第 11 章 发挥客房服务中心的功用 — 219

11.1 更新客房服务模式 / 220
11.2 管理客房服务中心的工作内容 / 220
    11.2.1 设立客房服务中心的条件 / 220
    11.2.2 客房服务中心的主要工作内容 / 221
    11.2.3 客房服务中心的服务标准 / 223
11.3 叫醒服务管理 / 224
    11.3.1 基础知识 / 224
    11.3.2 叫醒服务程序 / 225

本章小结 / 226

测试题 / 227

## 第 12 章 承接会议 — 228

12.1 接待会议 / 230
    12.1.1 接待大型会议 / 230
    12.1.2 接待小型会议 / 231
12.2 做好会见接待服务工作 / 232
12.3 做好会谈接待服务工作 / 234
12.4 做好签字仪式接待服务工作 / 236
12.5 会议接待工作的综合训练 / 238
    12.5.1 工作流程 / 238
    12.5.2 会议接待程序 / 239

本章小结 / 241

测试题 / 242

## 第 13 章 处理投诉 — 243

13.1 分析客房投诉 / 244
    13.1.1 对投诉人的分析 / 244
    13.1.2 分析投诉原因 / 245
    13.1.3 分析投诉心理 / 246

**13.2 发挥投诉的逆效应** /247
    13.2.1  运用正确的方法
           处理投诉 /248
    13.2.2  统计分析投诉 /250

    13.2.3  处理投诉的
           注意事项 /251

**本章小结** /252

**测试题** /253

**参考文献** ......254

# 第一篇 认知客房部

# 客房部概述

## 第1章

【本章概要】
1. 酒店与酒店客房部
(1) 酒店概述;
(2) 酒店客房部。
2. 客房部的组织机构与职能
(1) 客房部的组织机构设置;
(2) 客房部下属组织机构的职能;
(3) 客房部主要岗位职责。
3. 客房部与其他部门的关系
(1) 客房部与前厅部的业务关系;
(2) 客房部与餐饮部的业务关系;
(3) 客房部与工程部的业务关系;
(4) 客房部与保安部的业务关系;
(5) 客房部与公关营销部的业务关系;
(6) 客房部与财务部的业务关系;
(7) 客房部与采购部的业务关系;
(8) 客房部与人力资源部的业务关系。

【本章目标】
学完本章以后,学生将具备以下能力:
(1) 能根据酒店客房的经营状态,充分理解"客房"的含义;
(2) 通过对酒店的了解,能认识到客房部在酒店中所处的地位;
(3) 能对不同酒店类型的客房部组织机构有一个整体性的了解;
(4) 能明确客房部的各个岗位职责;
(5) 能处理好客房部与其他部门的关系,促进沟通。

随着社会经济的发展，人们选择酒店、入住酒店的标准和要求越来越高，这就需要酒店不断地发展，更新经营理念。客人来到酒店购买的产品中客房占有很大的比例。当一位客人拖着沉重的皮箱，乘车抵达酒店，办理入住登记手续后来到客房，他(她)是多么希望能走进一间舒适整洁的房间，好好休息一下，以消除旅途的疲惫。作为酒店从业人员，我们都有这样的体会，期待客人在打开房门进入房间时，他们的脸上露出满意的笑容，因为这是对我们客房服务管理工作的充分肯定。

> **微型案例**
>
> ### 访君悦酒店房务部行政总监
>
> 问：我要帮大家问一个都很关心的问题，入住像君悦这种五星级酒店，客房里有哪些东西是我们可以带走的？
>
> 房务部行政总监：首先我们的房卡以及购物袋都是酒店设计师精心订制的；其次是来自德国品牌 DB 的茶包，在成都群光君悦酒店，我们为大家选择了这个品牌的绿茶系列，相信带走它是毫无疑问的；最后是房间里的洗漱用品，君悦一直选用的是美国品牌 June Jacobs。
>
> 问：从酒店筹备到开业，房务部需要做哪些工作确保酒店顺利开业？
>
> 房务部行政总监：从酒店筹备到开业，我们房务部最重要的工作就是为宾客提供舒适的房间及安全保障，我们的核心是———一觉好眠。我们希望客人带走的是美好而难忘的住宿体验。如何保证带给客人宾至如归的感觉，这都有赖于我们前期的准备，所以房务部需要和项目部、业主方以及设计师做密切的沟通，在保证美感的同时兼顾实用性。
>
> 问：在您看来，您觉得君悦酒店的亮点是什么？
>
> 房务部行政总监：我们酒店传递出来的是法式官邸及私宅的理念，每一位客人都是府邸的主人，主人回到家当然就没有那么多约束，就像我们客房有很多艺术品摆件，但我们并没有把它固定在一个地方，这让客人有家的感觉。

# 1.1　酒店与酒店客房部

## 1.1.1　酒店概述

酒店是伴随着社会的发展和人员流动的增加而日益兴盛的。而所谓的酒店是指在功能要素和企业要素达到国家标准、能够为旅居宾客及其他宾客提供住宿、饮食、购物、娱乐等综合性服务的企业。

古代中国最早的住宿设施叫驿站,其早在商代就已经设立。随着人类的进步、社会经济的发展,酒店的服务功能逐渐增强,服务范围逐渐扩大,服务设施设备也越来越豪华、越来越现代化。

## 1. 酒店的分类

随着酒店市场竞争的日益激烈,各类酒店层出不穷。由于历史的演变、地理位置与气候条件的不同、酒店的功能和设备设施的差异,酒店可以根据不同的特征划分不同的类型。

(1) 根据酒店的功能,可分为商业型酒店、会议型酒店、度假型酒店、公寓酒店、汽车酒店和BB家庭式酒店。

(2) 根据酒店的地理位置,可分为城市中心酒店、海滨酒店、温泉酒店、城市郊区酒店和机场酒店。

(3) 根据酒店的客房数量,可分为大型酒店(客房数在600间以上)、中型酒店(客房数在300~600间)和小型酒店(客房数在300间以下)。

(4) 根据酒店的计价方式,可分为欧式计价酒店、美式计价酒店、修正美式计价酒店、欧陆式计价酒店和百慕大计价酒店。

将酒店分成各种类型可以帮助人们更加全面地认识酒店的特征,进行酒店间的比较,有针对性地去选择酒店。

### 小资料

**非标住宿规范发展**

2015年11月19日国务院办公厅印发《关于加快发展生活性服务业促进消费结构升级的指导意见》(国办发〔2015〕85号),提出"积极发展客栈民宿、短租公寓、长租公寓等细分业态",将这些业态定性为生活性服务业。生活方式和消费主体的变化正在改变住宿业的用户结构,家庭客源和90后、00后客源正成为度假休闲市场的主体。同时,度假休闲市场整体规模正在赶超商旅市场。新一代消费人群对个性化、更具体验感的产品和服务的需求更加突出,催生了传统星级之外的新兴住宿业态,投资人在追求实现酒店情怀和获取更快投资回报之间,多了一层法律规范和支持。需求多元化和消费诉求的升级将为分享经济的进一步发展培育土壤,传统酒店集团也有可能会进入这个领域。

【拓展阅读】

在"互联网+"的启发下,"酒店+"思维孕育而生。"酒店+摄影""酒店+金融""酒店+生活方式""酒店+产品展销"等各种形态在过去的一年里崭露头角。由此可见,"酒店+"的想象空间无比巨大,可以是"酒店+产品",可以是"酒店+用户体验",还可以是"酒店+互联生活或者是交流聚集平台"。在酒店新常态下,"酒店+X"将是未来酒店行业重要的应变之道。

## 2．酒店的等级

酒店等级是指一家酒店的豪华程度、设备设施水平、服务范围和服务质量等。随着酒店业的迅速发展，客源竞争必然激烈，为了维护国家对外的形象和保证酒店的优质服务，吸引更多的客人，各国都很重视酒店的等级评定工作。各个国家地区采取的等级划分标准不尽一致，但酒店划分的依据和内容是十分相似的，都是从酒店的地理位置条件、环境条件、建筑设计和装潢、设备设施的配置、服务项目内容、清洁卫生状况、服务管理水平等方面进行评价。

1988年我国制定了《中华人民共和国评定旅游(涉外)酒店星级的规定》，于1988年9月1日起执行。我国为了适应国际旅游事业发展的需要，尽快提高旅游(涉外)酒店的服务和管理水平，使之与国际接轨又有中国特色，用"旅游酒店"取代"旅游(涉外)酒店"，并按国际惯例明确了旅游酒店的定义。我国酒店主要采用的是世界上比较流行的旅游酒店按星级进行的等级分类标准，将酒店划分为一星、二星、三星、四星、五星级(含白金五星级)几个等级。五星为豪华级酒店、四星为一流酒店、三星为中高档酒店、二星为中低档酒店、一星为经济型酒店。如图1.1所示为五星级酒店标识牌。

图 1.1  五星级酒店标识牌

无论酒店属什么等级，都必须首先经过自报申请，然后由政府部门组织评定，评定后的等级并非永久不变。

### 小·资料

#### 七星级酒店介绍：迪拜伯瓷酒店 (Burj Al-Arab Hotel)

世界最贵的酒店、世界曾经最高的酒店——迪拜的 Burj Al-Arab 酒店(伯瓷酒店，又称阿拉伯塔)。

伯瓷是世界上唯一的建筑高度最高的七星级酒店(因为酒店设备实在太过高级，远远超过五星的标准，只好破例称它为七星级)，开业于1999年12月，它建在离海岸线280m处的人工岛 Jumeirah Beach Resort 上。伯瓷糅合了最新的建筑及工程科技，迷人的景致及造型，使它看上去仿佛和天空融为一体。伯瓷的工程花了5年的时间，两年半时间在阿拉伯海填出人造岛，两年半时间用在建筑本身，使用了9000t钢铁，并把250根基建桩柱打在40m深的海底。酒店由英国设计师 W.S.Atkins 设计，外观如同一张鼓满了风的帆，一共有56层、321m高，是全球最高的酒店，比法国埃菲尔铁塔还高上一截。

伯瓷是阿拉伯人奢侈的象征，也是迪拜的新标志。走进这个世界上曾经最高的酒店就似走进了阿拉丁的洞穴，豪华的佐证非笔墨可言喻，从带你走进海鲜餐馆的小型潜艇，到每个房间的17个电话筒，再到用作机场巴士的8辆劳斯莱斯都可略见些许。你甚至可以要求直升机接送，在15分钟的航程里，率先从高空鸟瞰迪拜的市容，欣赏壮丽的景观后，才徐徐降落在28层的直升机坪上。

> 伯瓷酒店内部更是极尽奢华之能事，触目皆金，连门把、厕所的水管，甚至是一张便条纸都"爬"满黄金。虽然是镀金，但要所有细节都优雅不俗地以金装饰，则是对设计师的品位与功力的考验。由于是以水上的帆为外观造型，酒店到处都是与水有关的主题(也许在沙漠国家，水比金更彰显财力)。像一进酒店门的两大喷水池，不时有不同的喷水方式，每一种皆经过精心设计，15～20分钟就换一种喷法，跟水舞没什么两样，搭着电梯还可以欣赏高达十几米的水族箱，很难相信酒店外就是炎热高温的阿拉伯沙漠。
>
> 而金碧辉煌的酒店套房，则让你感受到阿拉伯油王般的奢华。所有的202间房皆为两层楼的套房，最小面积的房间都有170m²，而最大面积的皇家套房，更有780m²之大，而且全部是落地玻璃窗，随时可以面对着一望无际的阿拉伯海。最令人吃惊的是，一进房间居然有一个管家等着向你介绍房内各项高科技设施如何使用，因为酒店豪华尊贵的服务宗旨就是务必让房客有阿拉伯油王的感觉，在让人感到吃惊之余，也让人感叹金钱的力量。以最普通的豪华套房为例，还包括窗帘和电灯的开关，办公桌上有东芝笔记本电脑，随时可以上网，墙上挂的画则全是真迹。
>
> 给大家感受最high的，应当是雄霸25层及以上楼层的皇家套房，其装饰典雅辉煌，顶级装修和搜罗自世界各地的摆设，如同皇宫一样气派，家具是镀金的，还有私家电梯、私家电影院、旋转睡床、阿拉伯式会客室，甚至衣帽间的面积都比一般酒店的房间大。已故顶级时装设计师范思哲曾对此赞不绝口。最特别的是睡房的天花板上有一面与床齐大的镜子，和自己面对面睡觉的感觉会不会很奇怪？浴室里的所有卫浴用具都是爱马仕的牌子，包括香皂、古龙香水等，当然淋浴设备也不同凡响，除上头的莲蓬头之外，还可选择上中下三段式喷水，旁边则是马赛克壁画陪衬下的按摩浴池。浴室门口还有皮质躺椅，让旅客休息。

【参考图文】

## 1.1.2 酒店客房部

客房是人们外出旅游和暂时居留的投宿场所，是以出租和劳务获得经济收入的特殊商品。旅行者对酒店各种设施的需求中，对客房的需求是首选，客房并不单指房屋的建筑，而是一个综合性的概念。

客房部又称房务部或管家部，负责管理酒店有关客房的事物。客房部是酒店中的一个重要部门，在酒店的经营管理中起着举足轻重的作用。客房服务的好坏直接影响客人对酒店产品的满意度，对酒店的声誉和经济效益产生重大影响。

**1．客房部在酒店中的地位**

客房是酒店的主体，是酒店存在的基础，在酒店中占有重要地位。客房在酒店中的地位，决定了客房部在酒店中的地位。

1) 客房是酒店存在的基础

人们外出旅行，无论是住招待所、旅馆还是酒店，从本质上说住的是客房。酒店是向旅客提供生活需要的综合服务设施，它必须能向旅客提供住宿服务，而要住宿必须有客房,从这个意义上来说,客房是酒店最基本的设施,没有客房就不能称为"酒店",所以说客房是酒店存在的基础。

2) 客房是酒店组成的主体部分

一家酒店的规模,也是由客房的数量来决定的。在酒店建筑面积中,客房一般占总面积的60%~70%;酒店的固定资产也绝大部分在客房,客房及内部配备的设备物资无论种类、数量和价值都在酒店物资总量中占有很高的比重。所以说客房是酒店设施的主体,是酒店组成的主体部分。

3) 客房收入是酒店经济收入的主要来源

酒店的经济收入主要来源于三部分,即客房收入、餐饮收入和综合服务收入。其中,客房收入是酒店收入的主要来源,一般占酒店总收入的50%左右,有的酒店甚至超过60%。这从另一个侧面也反映出客房部在酒店经营中占有非常重要的地位。

从创利润来分析,在客房的运营中,其成本和费用较低,部门利润率较高。客房在初建时投资虽然大,但耐用性强,在以后的销售中,经过客房员工的清洁保养和补充必备的供应品后,又可重复销售而获取利润。如此反复,不断循环,所以其利润是酒店利润的主要来源。

4) 客房商品质量是酒店商品质量的重要标志

酒店是客人的"旅途之家",客房又是客人在酒店中逗留时间最长的地方,客人在下榻酒店客房的时间是最长的,一般要超过60%,因此酒店商品质量如何,直接关系到客人对酒店的总体评价和印象。如客房是否清洁卫生,装饰布置是否美观,设备设施是否齐全,服务人员的服务是否周到,态度是否热情,等等。客房服务质量的高低,客人感觉最敏锐,印象最深刻,是衡量酒店"价"与"值"是否相符的主要依据。

客房部员工在服务过程中应主动为客人提供方便,及时满足客人的需求。在服务中要做到"十主动":主动问好打招呼;主动迎送提行李接大衣;主动引路;主动开门;主动送香巾、茶水;主动介绍情况;主动照顾老弱病残;主动擦皮鞋;主动征求意见;主动按电梯。所以客房商品质量是衡量整个酒店服务质量,维护酒店声誉的重要标志,也是酒店等级水平的重要标志,它直接影响了客人的满意度。

5) 客房是带动酒店其他部门经营活动的枢纽

酒店作为一种现代化食宿购物、以客房为基础设施的场所,只有在客房保持较高入住率的情况下,酒店的一切设施才能发挥效益。客人住进客房,要到前台办手续;要到餐饮部就餐;要到商务中心进行商务活动;还要健身、购物、娱乐等,因而客房服务带动了酒店的各种综合服务设施的运用。

6) 客房部的管理直接影响到酒店的运行管理

客房部的工作内容涉及整个酒店的方方面面,为其他各个部门正常运转提供了良好的环境和物质条件。加上客房部员工占整个酒店员工总数量的比例很大,其管理水平直接影响到酒店员工队伍整体素质的提高和服务质量的改善。另外,客房部的物资设备众多,对于酒店成本控制计划的实现有很大意义。因此,客房部的管理与酒店的全局管理直接相关,客房部管理是影响整个酒店管理的关键因素之一。

## 小资料

虚拟现实将在 2020 年成为一个数十亿美元的产业。未来,一个 VR 就可以在一个网站上进行 360 度的旅行,设置 VR 清晰度和音乐可以让体验者更加身临其境。不久的将来,当消费者在查询酒店官网时,带上 VR 就可以查看到酒店的房型和酒店环境,想想都是美的。

【参考视频】

1. 虚拟会议

VR 可以实现在酒店会议、宴会等布局上进行虚拟设置,例如摆台、座位安排或会场流程预演。当正式会议或宴会开始时,不会出现较大错误,这样可以较好地提升消费者的体验感。如图 1.2 所示为虚拟会议室。

2. 虚拟景点

或许不久,消费者就可以在各大 OTA 网站上或者酒店官网上,对酒店周边景点进行虚拟呈现。消费者可以通过虚拟现实来体现周边景点,然后再考虑是否入住该酒店。如图 1.3 所示为虚拟景点。

图 1.2　虚拟会议室　　　　　图 1.3　虚拟景点

3. 虚拟服务

虚拟现实还有一个好处,就是消费者可以在虚拟现实中体现酒店的服务。消费者可以通过 VR 来对将入住的酒店进行诸如房型、房间方位楼层、酒店服务等进行一些虚拟现实体验。如图 1.4 所示为虚拟客房场景。

图 1.4　虚拟客房场景

业内人士预计,虚拟现实或将成为下一个时代影响消费者入住酒店的一大选择。酒店业中的虚拟现实,将可能成为未来一个高端酒店的标配。

(资料来源:http://www.meadin.com/)

### 2．客房部的功能

客房部在酒店的地位是由其特殊功能所决定的。近几年，国内外很多酒店业的客房部组织结构和服务模式发生了变化，但客房部的工作任务是不变的。客房部负责管理全酒店的客房事务，负责客房、公共区域的清洁和保养，供应日常生活用品，为宾客提供礼貌、亲切、迅速、周到的服务。

1) 生产客房商品

客房是酒店出售的最重要的商品。客房的生产过程是由客房部负责的，完整的客房商品包含房间、设备设施、用品和客房综合服务。客房属高级消费品，因此，客房布置要高雅美观，设施设备要完备、舒适、耐用，日用品要方便、安全，服务项目要全面周到，客人财物和人身安全要有保障。总之，要为客人提供清洁、美观、舒适、安全的住宿空间。

2) 为酒店创造干净优雅的环境

客房部负责酒店所有客房及公共区域的清洁卫生工作，清洁卫生是保证客房服务质量和体现客房价值的重要组成部分。酒店的良好气氛及舒适、美观的住宿环境，都要靠客房服务员的辛勤劳动来实现。酒店时刻都保持这种清洁、优雅、常新的状态，让酒店各处都能给客人留下美好的印象。

3) 为各部门提供洁净美观的棉织品

酒店的棉织品除了客房使用的一系列品种外，还有餐饮部门的台布、餐巾以及酒店所有的窗帘、员工制服和沙发套。客房部设有布件房和洗衣房，负责整个酒店各部门的布件和员工制服的选购、洗涤、保管发放、缝补熨烫等，为全酒店的对客服务提供保障。

## 1.2　客房部的组织机构与职能

建立科学、合理的客房部组织机构是保证客房部顺利开展各项工作、正常有序运行的重要条件。客房部的组织机构的设置应根据统一指挥、专职分工、层次分明、精简高效的原则，并结合本酒店实际情况，考虑酒店的规模、等级、经营管理方式等因素来具体确定。

### 1.2.1　客房部的组织机构设置

客房部的组织机构形式因酒店的具体情况不同而采用不同的组织机构形式，各酒店之间存在一定的差别，没有固定不变的模式。我国酒店根据酒店规模或建筑投资费用可将酒店划分为大中型酒店和小型酒店。

### 1．大中型酒店的客房部组织机构(图 1.5)

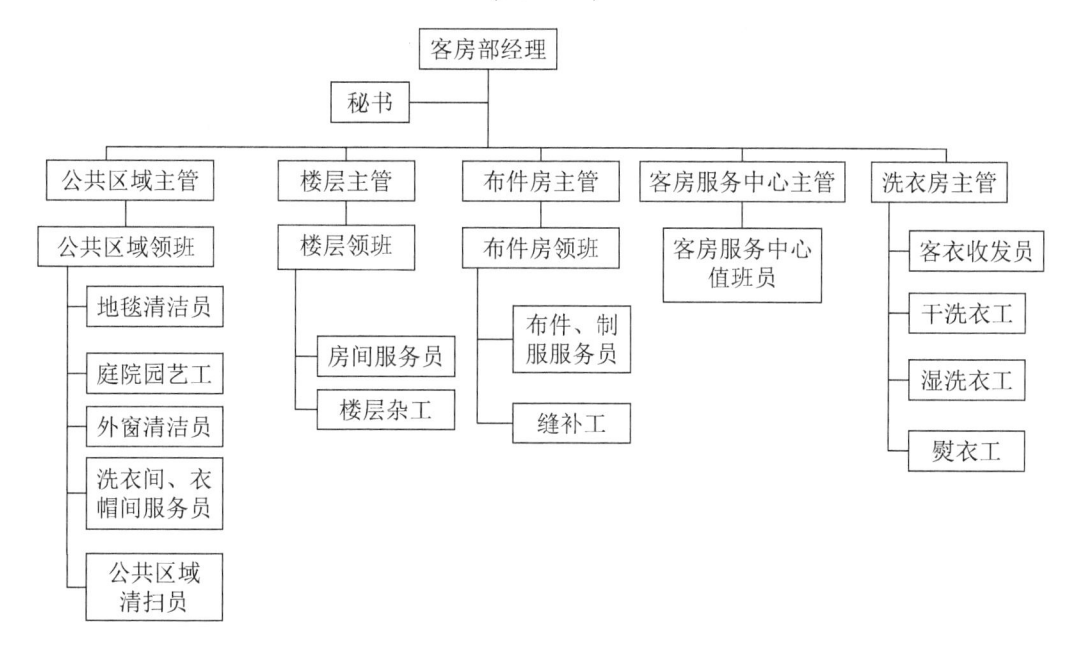

图 1.5　大中型酒店的客房部组织机构

### 2．小型酒店的客房部组织机构(图 1.6)

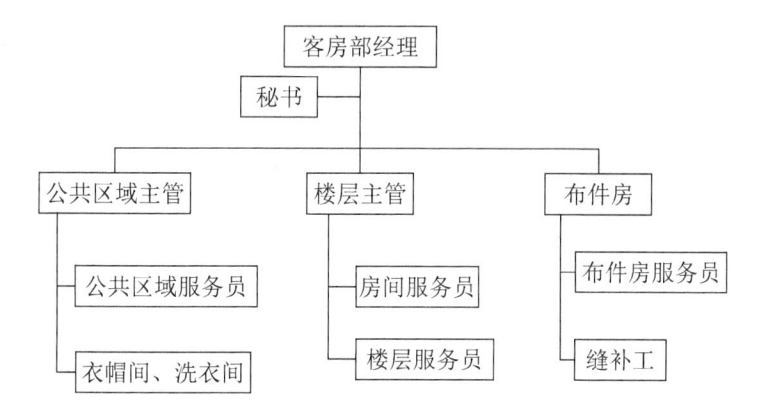

图 1.6　小型酒店的客房部组织机构

## 1.2.2　客房部下属组织机构的职能

客房部分工复杂，人员繁多，因此合理的岗位设置是客房部进行有效管理的前提条件。

### 1．经理办公室

客房部设经理，另有秘书一名，早晚两班工作人员若干名，主要负责客房部的日常性事务及与其他部门联络、沟通、协调等事宜。在大多数酒店里客房部的经理室都与客房服务中心安排在一起，目的是节省空间、方便管理、减少开支，从而无须再设专职内勤或秘书的岗位。

### 2．客房楼层

客房通常是酒店的最主要产品，客房楼层在客房部具有非常重要的地位，是客房部的主体。设主管一名，早、中、晚班领班若干名，负责所有住客楼层的客房、楼道、电梯口的清洁卫生，为前厅部及时提供符合酒店标准的客房，为客人提供礼貌周到的服务，管理楼层区域的设备设施。

### 3．公共区域

设主管、领班及清洁服务员若干名，负责酒店除厨房外的所有公共区域的清洁卫生；负责为酒店提供绿色植物及花卉的布置；负责酒店卫生防疫工作和所有管道系统的清疏整理工作。

### 4．布件房

布件房与客房办公室毗邻，设主管、领班各一名，另有缝补工、布件及制服服务员若干名，主要负责酒店的布件和员工制服的收发、分类、送洗、缝补和保管，以及酒店布件和制服的报废工作。对于报废的布件和制服，可以根据情况进行改制，以充分利用报废品的残余价值。

### 5．客房服务中心

客房服务中心设主管一名，值班员若干，下设早、中、晚三个班次。客房服务中心是客房部部门内及与其他部门交流信息的中心，同时所有有关对客服务和管理的信息都汇集于此，进行大量的信息整理和传递工作。除此之外，还主要负责安排调度对客服务；控制员工出勤；管理工作钥匙；处理客人失物和遗留物品；正确显示客房实际状况；领取分发客房部需要的物品；协助有关管理人员进行人力和物品的调配。

### 6．洗衣房

洗衣房通常设主管一名，早、中领班若干名，下设客衣组、湿洗组、干洗组、熨衣组。洗衣房主要负责洗涤客衣，为社会提供布件洗涤，以及酒店所有布件与员工制服及其他工作织品的洗涤和熨烫。

## 1.2.3 客房部主要岗位职责

### 1．客房部经理

(1) 贯彻执行酒店总经理或副总经理的经营管理指令，向总经理或副总经理负责并报告工作。

(2) 根据酒店确定的经营方针和目标，负责编制客房部预算，制订各项业务计划，并有效组织实施与监控，实现预期目标。

(3) 以市场为导向，研究并掌握市场的变化和发展情况，适时调整经营策略，努力创收，坚持以部门为成本中心的方针，严格控制成本，降低消耗，争取以最小的成本获取最大的经济效益。

(4) 主持部门工作例会，听取汇报，督促工作进度，解决工作中的问题。

(5) 检查各项安全工作。

(6) 负责客房部的日常质量管理，检查督促各管区，严格按照工作规范和质量要求进行工作，实行规范作业，每日巡视本部门各管区一次以上，抽查各类客房 10 间以上。

(7) 负责本部门员工的服务宗旨教育和岗位业务培训，督促各管区有计划地抓好培训工作和开展"学先进，找差距"活动，提高全员业务素质。

(8) 同有关部门沟通协作，保证客房部工作顺利完成。

(9) 处理投诉，收集客人的要求及建议，不断改进工作。

(10) 审阅各管区每天的业务报表，密切注意客情，掌握重要接待任务情况，及时检查和督促各管区认真做好接待服务及迎送工作。

(11) 负责客房设施设备的使用管理工作，督促各管区做好日常的维护保养和清洁工作，定期进行考核检查；参与客房的改造和更新装修工作，研究和改进客房的设备设施。

(12) 对员工进行考核奖惩，选拔培养，调动员工的积极性。

(13) 做好政治思想工作，关心员工生活，抓好部门文明建设。

## 小·案例

### 一位美国酒店客房部经理的管理经验

海丽是美国希尔顿酒店公司西方分部的一位客房经理。她是法国人，性格奔放，富有魅力，干劲十足，并力图博得她所在部门及酒店其他人士的赞扬。她所管辖的客房部会使人想起军队的情形，不过她也因通情达理而赢得了下属人员的尊敬。她希望下属对她坦率忠诚，敢于承认错误，她对他们的过错则不予惩罚。她认为既然他们承认并认识到了自己的过失，吸取了经验教训，他们就会吃一堑长一智的。海丽为使她的部门正常运转，通常采取书面交流的办法。所有她要了解的情况，她的助手都做详细的记录。她的助手权力很大，有权处理各种问题，唯独解雇员工这一件事，必须等到海丽与该员工谈话之后，才能执行。

例如，某位服务员同某个楼面主管发生了纠纷，海丽通常会调这位女服务员到另一楼面去工作，看看在那里会不会再发生类似的分歧，海丽经常说："我掌管这个客房部，我就把它看作是我的家。"她本人以身作则，很少同她的上下级闹矛盾。

【案例点评】

以行动表明她毫无保留地将她的才能贡献出来，都是为了让酒店获得更好的声誉和更大的利益。

## 2．客房楼层主管

(1) 接受客房部经理指挥，主持所分管楼层的客房工作。

(2) 了解当天住客情况，掌握当天客房情况，监督楼层与前台的联系和协调，确保房间正常及时地出租。

(3) 合理安排人力，组织和指挥员工严格按照工作规范和质量要求，做好客人迎送和服务，以及客房和环境的清洁卫生工作。

(4) 认真做好员工的服务宗旨教育和岗位业务培训，保证优质规范服务。

(5) 坚持服务现场的督导和管理，每天巡视楼层，检查管区内30%住客房和OK房，督导领班、服务员的工作情况，发现问题及时指导和纠正。

(6) 巡视楼层，抽查客房卫生，查看VIP房和走客房。

(7) 负责处理客人的遗留物品。

(8) 处理客人的特殊要求、突发事件及投诉。

(9) 主持领班每天的例会和组织员工全会，并做好记录。

(10) 负责管区的成本费用控制，督导和检查库房保管员做好财产物料的管理，建立财产三级账，定期检查部门财产物料的领用、调拨、转移等情况，做到日清日盘、账物相符。

(11) 教育和督导员工做好维护保养和报修工作，定期安排设备维修、用品添置和更新改造计划。

(12) 负责客房服务中心的日常管理工作，组织指挥员工严格按照服务工作规范的质量标准，做好客房服务中心的各项工作，认真查阅每天的各种业务报表和工作记录。

(13) 坚持现场督导和管理，保证客房服务中心24小时电话接听和监控值台的服务质量，发现问题及时指导和纠正。

(14) 与前厅接待处密切合作，提供准确的客房状况。

(15) 负责落实部门安全管理制度，确保安全。

(16) 了解员工的思想状况，做好思想工作。

### 3．楼层领班

(1) 执行上级领导的工作指令并报告工作。

(2) 负责自己管区内的每日工作安排，保证岗位有人、有服务。

(3) 负责检查本班组员工的仪容仪表及工作表现。

(4) 负责检查本楼面客房、公共区域卫生及安全情况。

(5) 坚持让客人完全满意的服务宗旨，督导和带领员工按客房服务规范和质量标准做好服务工作。

(6) 熟练掌握操作程序与服务技能，能亲自示范和训练服务员。

(7) 负责本楼层的设施设备的维修保养和财产的保管。

(8) 负责楼层物品存储消耗的统计与管理。

(9) 做好交接记录。

(10) 关心员工生活和思想状况，抓好班组文明建设。

---

**小资料**

**先别论定，让我们试试**

对员工表示信任。这里的信任指的是对员工人品、能力的尊重和对其工作能力的认可，管理者和员工相互信任可以更好地促进工作。汤姆彼德曾说过：工作技艺是十分重要的，但是增强信任却更有效，酒店管理者在平时的工作中应注意：多与员工交流，增加相互的信任，不要轻信他人的评价而对员工做出不正确的定位，要信任员工，也号召其他员工信任同事；敢于把重要的工作交给员工去做，充分相信员工的工作能力，对员工工作中所取得的一点点进步给予及时的肯定，增进他们的自信心和荣誉感；除了相应的报酬和物质奖励外，要注意表扬、荣誉称号等精神鼓励的作用。得到了领导和同事们的肯定，员工的工作热情会越发高涨，所取得的成绩也会越大。

对员工个人的思想和生活习惯表示尊重。每个人作为独立个体的存在，都有选择以何种方式生活的权利，对员工生活中的行为、感情、习惯只要是不影响工作，管理者都应表示理解，并不去干涉。

注意平时的工作方法和态度。在工作中员工职位的不同只是代表他们的工作内容的不同，每个员工都是平等的，没有高低贵贱之分，所以酒店管理者要格外注意自己的工作方法和态度，任何一次无意的粗暴的工作方法都可能严重挫伤员工的工作积极性。优秀的管理者一定是除了拥有突出的工作能力之外，更具有良好的个人素质的人，懂得尊重员工的管理者也一定是被员工所尊重的。

(选自旅游财富网)

## 4．客房服务员

(1) 服从领班的工作安排，清洁整理客房，补充客用消耗品。
(2) 按照客房清洁流程和质量标准，做好客房和责任区内的日常清洁及计划清洁工作。
(3) 保持楼层责任区域内环境通道和工作间的干净整洁，负责退客房的检查和报账工作。
(4) 协助领班做好 VIP 房和有特殊要求房的布置。
(5) 熟悉住客姓名、相貌特征，留心观察并报告特殊情况。
(6) 按照规格要求布置客房，检查房内各类家具和设备的完好情况，及时报告和报修。
(7) 负责及时上报，处理突发事故。
(8) 做好当班工作记录和交接班工作。

## 5．客房服务中心值班员

(1) 服从客房主管的工作安排。
(2) 负责掌握房态，每天定时编发房态表，并通知客房楼层。
(3) 接受住客电话提出的服务要求，迅速通知楼层服务员，对该楼层无法解决的难题，与主管协商或请总台协助处理。
(4) 做好信息收集和资料积累工作，准确回答客人问询，主动做好对客服务工作。
(5) 负责楼层工作钥匙的保管分发，严格执行借还制度。
(6) 负责酒店拾遗物品的保存和认领事宜。
(7) 负责整个酒店鲜花的预订和鲜花质量把关工作。
(8) 负责部门考勤和餐卡统计工作，领发员工工资、奖金、补贴。
(9) 负责每日楼层人员的统筹安排及休班。
(10) 负责值台电话的管理。

(11) 掌握VIP和行政客人抵离情况，并按客房布置要求通知楼层做好各类礼品和物品的配备工作。

### 6．公共区域主管

(1) 执行客房部经理的指令，并向其负责和报告工作。

(2) 负责酒店公共区域的清洁及绿化工作的质量管理，组织员工严格按照工作规范和质量标准，做好酒店公共区域的清洁和绿化工作。

(3) 加强费用开支控制，负责管区内财产和物料用品的管理和领用，督导员工正确使用各种设备和节约物料用品，并做好维护保养和保管工作，发现设备故障及时报修或提出更新意见。

(4) 安排工作班次和休假。

### 7．公共区域领班

(1) 执行主管的工作指令，并报告工作。

(2) 带领和督导班组员工，按照工作规范和质量标准，做好公共区域的清洁卫生，地毯、沙发的清洗工作，以及绿化布置和养护清洁工作。

(3) 负责清洁机械、绿化工具的保管保养和物料作品的领用、发放。

(4) 检查及报告公共区域内设施、设备、用品的损坏情况。

(5) 负责本班组员工的工作安排和考勤，以及对新员工的带教工作。

(6) 负责交接班工作，做好交接记录。

(7) 关心员工生活和思想状况，抓好文明班组建设。

### 8．公共区域清洁员

(1) 服从领班的工作安排，按照工作规范和质量标准，做好责任区内的清洁卫生工作，并掌握花木的养保、培育和修剪技术。

(2) 检查责任区内各种设备设施和家具的完好情况，及时报告和报修。

(3) 做好清洁机械和清洁用品的保养和保管工作。

(4) 严格按照绿化工作规范和质量标准，做好花木的布置、养护和清洁工作。

(5) 在工作区域内，按要求喷洒药水或放置卫生药品，杀灭害虫。

### 9．布件房领班

(1) 执行客房部经理的工作指令，并向其负责和报告工作。

(2) 督导员工做好各类布草和工作服的质量检查和收调保管工作，防止短缺和不符合质量要求的布草和工作服流入使用部门。

(3) 定期报告布件和制服的运转、储存、缝补和再利用情况，制订保管领用制度，检查盘点工作。

(4) 与客房楼面、餐饮部及洗衣房密切联系协作，保证工作任务顺利完成。

(5) 坚持服务现场的管理，负责对各班组日常工作考核、员工考勤和业务培训。

(6) 搞好消防保卫工作，确保员工人身和酒店财产安全。

(7) 了解和掌握员工思想状况，做好思想工作，搞好管区文明建设。

### 10．布件房服务员

(1) 服从领班的工作安排，做好布草的质量检查、储存保管和收调工作。

(2) 认真检查和验收洗净的布草洗烫的质量、收调和检验废旧的布草，发现问题及时报告。

(3) 负责收调的各类布草分类清点和计数登记工作，手续完备，准确无误。

(4) 保持布草房的整洁，做好清洁卫生和财产设备的保养工作。

## 1.3 客房部与其他部门的关系

客房是酒店向客人提供的最重要的产品，如果没有酒店其他部门的配合支持，就无法完成其任务和目标。做好客房部与其他部门的沟通协调工作是提高客房服务质量的重要保证。所以在客房部的运行管理中，必须高度重视部际关系。客房部一方面要利用自身条件，向对待宾客一样地为其他部门提供优质服务；另一方面，要与其他部门保持好良好的沟通，争取他们的理解、支持和协助。在处理部际关系过程中，要有全局观念和服务意识，发扬团队精神，加强沟通，相互理解，主动配合，最终使客房工作顺畅进行。

### 1.3.1 客房部与前厅部的业务关系

酒店的客房部和前厅部是两个业务联系最多、关系最为密切的部门。从经营角度讲，客房部是客房产品的生产部门，前厅部则是客房产品的销售部门。两个部门之间能否密切配合，直接影响酒店客房的生产与销售。在很多酒店里，已不再分设客房部与前厅部，而是设置由这两个部门组成的房务部，以便于统一管理，相互协作，减少矛盾。客房部与前厅部之间的业务关系主要包括以下内容。

**1．客房部为前厅部及时提供优质的客房商品，满足前厅部客房销售和安排的需要**

客房部在安排客房的清扫整理时，应尽量照顾前厅客房销售和为入住客人安排客房的需要。在住客率较高时，要优先清扫整理走客房、预订房，从而加速客房的周转，避免让准备入住的客人等候太久。这样既能提高客房的出租率，又能提高客人的满意度。

**2．相互通报和核对客房状况，保证客房状况的一致性和准确性**

对于前厅部来说，要销售客房，并能快速、准确、合理地为入住客人安排客房，就必须准确地显示和了解每一间客房当时的实际状况，否则就会出现差错。对于客房部来说，要合理安排客房清扫整理工作、保证对客服务的质量，也必须准确地了解每间客房的状况。为此，前厅部和客房部须适时地通报和核对客房状况。

### 3．相互通报客情信息

由于前厅部在客房销售和接待服务过程中，所了解和掌握的有关客房及客人的信息比较及时、全面，因此，前厅部应该将这些信息及时通报给有关部门。其中，前厅部向客房部通报的信息主要包括：当日客房出租率、次日及未来一段时间的客房预订情况；酒店的重大接待活动；客人进离店的情况；客人的个人资料及对客房的特殊要求等。客房部可根据这些信息合理安排人力、物力，设计和调整对客服务方案，以加强工作的计划性和服务的针对性，有效控制人力、物力消耗，保证服务质量。

客房部在对客服务中对客人的具体情况及要求了解得比较全面、准确，客房部要及时将这些情况反馈给前厅部，便于前厅部做好客史档案的记录工作。另外，客房部还应在日常工作中协调前厅部做好诸如行李服务、留言服务、邮件服务、叫醒服务等重要工作。

### 4．与前厅部共同安排客房的维修保养工作

客房的维修保养工作往往会影响客房的销售和客房的安排，同时也会牵涉前厅、客房、工程等多个部门。因此，这方面的工作最好由相关部门一道协商安排。

### 5．两部门人员之间的交叉培训

在前厅部和客房部之间进行的人员交叉培训，不但可以使员工之间相互了解和熟悉对方的业务，以达到加强沟通、增进理解、便于合作的目的，而且可以全面提高员工的业务能力。在营业旺季时，可在部门之间进行临时人员的调配，从而为酒店的劳动力控制起到一定的推动作用。

## 1.3.2 客房部与餐饮部的业务关系

虽然客房部与餐饮部的业务内容上有很大的差异，但两个部门之间也有很多业务联系。

### 1．客房部为餐饮部的营业场所提供清洁保养工作

为了保证餐饮服务人员集中精力做好餐饮服务与推销工作，避免清洁设备及用品的分散配置等，餐饮场所的清洁保养工作，通常由客房部统一负责。

### 2．客房部为餐饮部洗烫、修补布件及员工制服

餐饮部在运营中，需要大量的布件和员工制服。这些通常都是由客房部的洗衣房和布草房负责洗烫、修补、保管和收发的。

### 3．两个部门为酒店的大型接待活动做好协调配合工作

酒店的一些重要的接待任务和大型活动须由多个部门共同配合才能完成。餐饮部和客房部通常是主要的接待部门，因此，两个部门必须密切配合在事前、事中、事后相互支持。

### 4．两个部门配合做好贵宾房的布置、客房送餐、客房小酒吧等服务工作

酒店在接待贵宾时，房间中大多配备水果和点心，这都是由餐饮部负责提供，并按一定

的标准在客房内布置摆放的。因此，凡有这些要求的贵宾房，都须由餐饮部参与布置。

客房内送餐是在客房部的协助配合下由餐饮部负责，比如在客房内摆放订餐牌和菜单、收拾餐具餐车等。

目前，国内大多数酒店的客房小酒吧都是由客房部负责管理，这是从方便工作的角度考虑的。其实，小酒吧的经营应属餐饮部的业务范畴。如果纯粹从专业化的角度考虑，客房小酒吧也应由餐饮部经营，这种做法在国外酒店很普遍。不过，客房小酒吧无论由哪个部门来经营管理，客房部与餐饮部两个部门都必须相互配合，一般由客房部负责管理，而一些即将过期的饮料、食品，则须由餐饮部负责调换，这样，才不至于造成饮料、食品的浪费。如果由餐饮部管理客房小酒吧，那么客房部则须为有关人员检查补充小酒吧提供方便和帮助。

### 5．交叉培训

客房部与餐饮部之间也要进行必要的员工交叉培训。这样可以通过交叉培训增进相互了解，扩大员工的业务知识，便于酒店开展全员推销，必要时为跨部门员工调配创造条件。

## 1.3.3　客房部与工程部的业务关系

客房部与工程部的关系十分密切，相互之间的矛盾也比较多。两部门能否很好地协调与配合，对于酒店的运行会产生很大的影响。他们之间的业务关系主要包括相互配合与交叉培训两个方面。

### 1．相互配合，共同做好有关维修保养工作

发生在客房部与工程部之间的有关维修保养方面的矛盾主要有：责任不清、维修不及时、质量不过关、费用不合理等。为此，客房部负责对其所辖区域和所管的设施、设备进行检查，发现问题尽可能自己解决，不能解决时需及时按规定程序和方式向工程部报告；工程部接到客房部的报告后，需及时安排维修，并确保质量、严格控制费用；当工程维修人员进房维修时，客房部的有关人员应尽力协助和配合，并对质量进行检查验收；共同制定有关维修保养的制度和程序，明确规定双方的责任、权利和奖惩措施。

### 2．交叉培训

工程部对客房部员工进行维修保养方面的专门培训，使他们能够正确使用有关设施、设备，并能对设施、设备进行检查和简单的保养与维修。

客房部对工程部有关员工进行客房部运行与管理业务的培训，使他们对客房部的运行规律和基本业务有所了解，从而提高协作配合的自觉性和责任感。

## 1.3.4　客房部与保安部的业务关系

保安部是负责酒店安全保卫的职能部门，安全保卫工作是各部门和每个员工都应尽的责任和义务。保安部指导和帮助客房部制订安全计划和安全保卫工作制度；保安部对客房部员工进行安全保卫的专门培训，以增强客房部员工的安全保卫意识，提高客房部员工做好安全

保卫工作的能力；客房部积极参与和配合保安部组织的消防演习等活动；客房部和保安部相互配合做好客房安全事故的预防与处理工作。

## 1.3.5 客房部与公关营销部的业务关系

现代酒店提倡全员营销的理念，要求每个部门、每个人都参与酒店的公关营销活动。因此，客房部也必然要和公关营销部发生很多业务联系。

(1) 客房部配合公关营销部进行广告宣传。

(2) 客房部参与市场调研及内外促销活动。

(3) 公关营销部为客房部提供信息指导。公关营销部及时将有关信息反馈给客房部，为客房部提高客房产品和客房服务质量提供指导和帮助。

(4) 交叉培训。公关营销部对客房部员工进行酒店公关营销技能的专项培训，以提高其公关营销能力；客房部对公关营销部人员进行客房产品知识的培训，使其对客房设施、设备及客房服务有全面的了解，以提高其销售工作的准确性与针对性。

## 1.3.6 客房部与财务部的业务关系

客房部与财务部的业务联系主要体现在：财务部指导和帮助客房部做出部门的预算，并监控客房部预算的执行情况；财务部指导、协助并监督客房部做好物资管理工作；客房部协助财务部做好客人账单的核对、客人结账服务和员工薪金支付等工作。

## 1.3.7 客房部与采购部的业务关系

客房部与采购部的业务关系主要集中在物资的采购与供应方面。

(1) 客房提出申购报告。客房部要了解本部门所需各项物资的现存量，预测未来一段时期的需求量及目前酒店仓库的盘存量，并根据这些情况提出未来某一时期的物资申购报告，然后将报告送财务等部门审核，再由酒店有关领导审批。

(2) 采购部根据经审批的物资申购报告，经办落实具体的采购事宜。

(3) 客房部参与对购进物资的检查验收，把好质量和价格关。

(4) 两部门之间相互通报市场及产品信息。

## 1.3.8 客房部与人力资源部的业务关系

客房部与人力资源部的业务关系主要有：人力资源部审核客房部的人员编制；相互配合做好客房部的员工招聘工作；人力资源部指导、帮助、监督客房部做好员工的培训工作；人力资源部对客房部的劳动人事管理行使监督权；人力资源部负责审核客房部的薪金发放方案；人力资源部协助客房部进行临时性人员调配。

# 本 章 小 结

## 1. 根据酒店客房的经营状态，充分理解"客房"的含义

客房是人们外出旅游和暂时居留的投宿场所，是以出租和劳务获得经济收入的特殊商品。

## 2. 通过对酒店的了解，认识到客房部在酒店中所处的地位

客房是酒店存在的基础；客房是酒店组成的主体部分；客房收入是酒店经济收入的主要来源；客房商品质量是酒店商品质量的重要标志；客房是带动酒店其他部门经营活动的枢纽；客房部的管理直接影响到酒店的运行管理。

## 3. 对不同酒店类型的客房部组织机构有一个整体性的了解

我国酒店根据酒店规模或建筑投资费用可分为：大中型酒店和小型酒店。

## 4. 明确客房部的各个岗位职责

客房部经理：执行酒店总经理或副总经理的经营管理指令，主持客房部整体工作。

客房楼层主管：接受客房部经理指挥，主持所分管楼层的客房工作。

客房领班：执行上级领导的工作指令并报告工作，并负责自己管区内工作的安排。

客房服务员：服从领班的工作安排，做好客房和责任区内的日常清洁、计划清洁和接待服务工作。

客房服务中心值班员：准确回答客人问询、掌握房态、编发房态表，负责信息收集和资料的积累，拾遗物品的保存和认领等。

公共区域主管：负责酒店公共区域的清洁及绿化工作的质量管理。

布件房领班：督导员工做好各类布草和工作服的质量检查和收调保管工作。

## 5. 处理好客房部与其他部门的关系，促进沟通

客房部一方面要利用自身条件，像对待宾客一样地为其他部门提供优质服务；另一方面，要与其他部门保持好良好的沟通，争取他们的理解、支持和协助。在处理部际关系过程中，要有全局观念和服务意识，发扬团队精神，加强沟通，相互理解，主动配合。

### 课堂讨论

1. 酒店销售的主要产品是什么？
2. 为什么说客房商品质量是酒店商品质量的重要标志？
3. 你认为客房部与酒店中的哪个部门关系密切，为什么？
4. 客房部的管理直接影响了全酒店的运行和管理，主要是从哪些方面具体体现的？请举一酒店实例加以说明。

5. 请你分别列举一家大型酒店和一家小型酒店的组织机构的设置情况，并分析一下该机构设置的特点。

## 体验练习

调研一家酒店，了解该酒店的规模、客房部的岗位设置情况及客房员工的岗位职责，试分析该酒店这样岗位分工的依据。

## 案例分析

某酒店的公关部小姐带着旅行社订房人员来参观客房，她从总台领了房间的钥匙后便带客人进入房间，但并没有向客房部打招呼，总台服务员也没将这一情况通知客房部。结果，这间客房被参观的人弄得一团糟，而客房部一无所知，事后也没有去及时整理。而总台电脑仍然显示这间客房是已经整理好的 OK 房，第二天就将这间客房出租给新来的客人。当这位客人进入房间，发现此状后大为恼怒。

## 案例思考题

1. 为什么会发生这样的情况，该如何解决？
2. 客房部在处理与其他部门的业务关系时应注意哪些问题？

# 测 试 题

1. 楼层领班基本职责是负责客房楼层公共区域保洁、填报设备维修单、楼层员工日常岗上培训、处理客人遗留物品、协助楼层员工满足客人服务要求，此外还负责(　　)等。
   A. 客房清扫　　　　　　　　　　　B. 为住客房做夜床
   C. 客房水杯的清洁消毒　　　　　　D. 客房小酒吧控制

2. 旅游饭店的主要接待对象是旅游者，饭店一般要为宾客提供饮食、住宿、(　　)等多种服务。
   A. 旅行游览、购物、娱乐健身　　　B. 贸易、展览、会议、业务洽谈
   C. 办公、会议、业务洽谈、健身　　D. 停车、加油、汽车租用、汽车美容

3. 为适应我国国际旅游业发展的需要，尽快提高旅游涉外饭店的管理和服务水平，中华人民共和国国家旅游局于(　　)正式颁布《中华人民共和国评定旅游(涉外)饭店星级的规定和

标准》。
  A. 1991 年 9 月 1 日      B. 1986 年 12 月 1 日
  C. 1993 年 9 月 1 日      D. 1988 年 9 月 1 日
4. 按国际通行的划分标准，拥有客房(　　)间的饭店为中型饭店。
  A. 600～800  B. 300～600  C. 200～400  D. 150～250
5. 饭店客房部经理的主要工作任务是(　　)。
  A. 具体操作  B. 督导实施  C. 经营决策  D. 经营管理
6. (　　)是客房部的主体，它的职能是负责客房区域的清洁保养和对客服务工作。
  A. 客房服务中心  B. 客房楼层  C. 公共区域  D. 洗衣场
7. 我国饭店星级划分的依据是饭店的(　　)及管理、服务水平。
  A. 位置、卫生、设施、设备    B. 规模、服务、设施、设备
  C. 清洁、服务、设施、设备    D. 建筑、装饰、设施、设备
8. 旅游(涉外)饭店客房部的组织机构设置，应主要考虑饭店的(　　)和运行机制。
  A. 位置、服务、管理方式    B. 性质、规模、管理方式
  C. 设备、标准、管理方式    D. 设施、档次、管理方式

# 第2章 认知客房产品

【本章概要】
1. 客房产品概述
2. 布置设计与装饰客房
 (1) 客房布置设计的依据;
 (2) 划分客房类型;
 (3) 对客房进行功能分区;
 (4) 客房陈设艺术。
3. 设置特殊客房楼层
 (1) 商务客房(楼层);
 (2) 无烟客房(楼层);
 (3) 女士客房(楼层);
 (4) 无障碍客房;
 (5) 麻将客房;
 (6) 老年人客房;
 (7) 绿色客房。

【本章目标】
学完本章以后,学生将具备以下能力:
 (1) 了解并区分不同类型的客房;
 (2) 针对已有的客房功能分区,加以创造性的改造;
 (3) 根据已学的客房装饰布置的知识,来美化客房;
 (4) 根据客人的不同需求,为客人安排相应的客房。

客房是酒店的主要产品之一，酒店通过出租客房获得经济效益。不同类型的客房可以满足不同客人的需求，客房内的装饰布置则体现了酒店的档次和经营理念。客房的功能设计要既方便客人使用，又便于管理。客房设计布置得是否合理直接影响到酒店的经营效益和服务质量的高低。本章主要从客房产品的构成、客房的布置设计、装饰艺术和特殊楼层的建造几个方面阐述，以帮助学生了解客房产品、拓展客房布置装饰的思路，为更好地让客人感受到"家外之家"的温暖，以此来促进服务质量的提高。

> **微型案例**
>
> **三张环保卡片**
>
> 在某酒店的客房里放着三张环保卡片。
>
> 第一张是放在床头柜上的卡片，上面写着：
>
> "尊敬的宾客：
>
> 您好！通常我们每天都要对客人的床单进行换洗，如果您觉得没有必要时，可以在清晨将此卡放在床上，这一天您的床单将不再更换。感谢您对酒店绿色行动的支持！"
>
> 第二张是非常富有人情味的卡片，上面写着：
>
> "尊敬的宾客：
>
> 您好！如果您在打点行李时忘带了洗漱用品(牙刷、牙膏、剃须刀、须后膏、梳子等)，只要打电话通知客房部，我们将及时免费给您送来。"
>
> 第三张是放在卫生间的一张卡片，上面写着：
>
> "尊敬的宾客：
>
> 您好！您可曾想过，每天世界各地的酒店有多少吨毛巾毫无必要地更换洗涤，因此而耗用的数量巨大的洗涤剂对我们的水资源造成多大的污染？为了我们共同的环境，请您做出决定，将毛巾投入竹篮内表明您要求将其更换；否则即意味着您愿意继续使用，我们将为您挂放整齐。谢谢您对环保的支持！"

# 2.1 客房产品概述

酒店销售客房，把客房作为一种产品出售，以此来满足客人的物质和精神享受，同时获取经济利益来维持酒店的经营运转。客房产品和一般产品有所不同。

首先，客人获得的只是客房产品的使用权而不是所有权。客人消费住宿一天，在这一天当中只获得的是使用这间客房的权利，不能对客房设施造成破坏和将该客房进行出租。客房产品每一次交换只能使酒店获得价值补偿的一部分。因此，酒店客房产品的价值补偿程度取决于客房出租率的高低。

其次，客房产品生产和消费过程的同步性。一般产品的生产过程和顾客的消费过程是分离的，而当客人来酒店消费、租用客房时，客房产品的生产才真正开始。这就对客房服务人员提出了高标准，必须要求客房服务人员增强服务质量意识，规范服务流程，提高工作效率，才能让客人消费满意、放心。

再次，客房产品的价值具有不可贮存性。如以每晚房租680元房间为例，如果全天此房租不出去，那么680元的价值将无法实现，即使第二天再出租出去，前一天的价值也将永远失去。这就是为什么酒店业把客房产品比喻成"易坏性最大的商品""只有24小时寿命的商品"的原因。

最后，客房产品的易模仿性。酒店的设施、装饰、布置、服务方式、服务内容、气氛等是不可能申请专利的，酒店唯一能够申请专利的只有酒店的商标与名称。酒店之间会相互模仿和借鉴受欢迎、有特色的产品，这就极易造成客房产品的雷同性。因此，在客房产品设计上，必须贯彻"人无我有，人有我特，人特我优，人优我创"的竞争策略，才能在激烈的市场竞争中胜出。

# 2.2 布置设计与装饰客房

## 2.2.1 客房布置设计的依据

酒店客房是外出旅居者的"第二个家"，这就要求客房的布置既要具有家的功能，又要满足客人对新鲜感的渴望。如今酒店行业客房的设计已经具有了系统、完整和精细的内容，这是世界上众多优秀酒店经营管理经验的结晶。随着客人生活水平的提高、文化修养层次的提升，他们的新需求使酒店业面临着更多的创新和挑战。因此，在设计酒店客房时特别要注意一些基本性的要求，尽可能完善客房的使用价值，保证客房功能的充分发挥，并得到客人的认可。

### 1. 使用上的方便性

客房的所有设备用品都要做到方便使用、美观大方，既能满足客人需求，又富有特色。如琴凳可在原有的尺寸上加长，遇到身高较高的客人时可放在床尾用以加长床的长度；开关装置应安置在明显的位置，隐蔽式或感应式开关虽然美观但并不实用，会给客人带来诸多不便。

现代化的酒店家具宽大舒适，可根据自己的喜好随意调整床垫的硬度，调整家具的高度和角度。电器一应俱全，有新型现代的感应电视、立体可视电话、迷你型电脑、模拟游戏设备等。按摩浴缸、独立的淋浴间、自动调节坐盖温度的坐便器、带有烘干装置的清洁器、安装在卫生间的音响和电视机，卫生设备的齐全化、功能多元化使客人随时都能得到彻底的放松和享受。

### 2. 感受上的舒适性

舒适性就是让客人感到舒适，心情放松。一般来说，客房的面积越大，舒适度就越高；走廊两侧客房门错开，保护隐私；室内照明有利于提高室内亮度、改善空间感、渲染气氛、增强客房环境的美感和舒适感；家具的摆放要有利于客人行走，满足客人在房内的生活起居需要；床上用品要柔软、透气，以全棉和含棉量较高的涤棉为好；沙发椅要符合人体坐式曲线，使腰部和腿部感到舒适；"不间断电源"插座方便客人给手机充电；保险箱变宽，供客人存放手提电脑；为降低噪声，卫生间用管井集中排风取代了排风扇；灯光既不可太明亮，也不能太昏暗，要柔和没有眩光。

客房用品(包括一次性消耗物品和多次性消耗物品)配备得是否齐全、适用、美观，直接影响到客房的舒适感。因此，在配备时，必须充分考虑客房用品配备的种类、数量、等级、规格、质地及其协调性，才能确保客房商品的舒适程度。

客房窗户主要便于采光、调节空气及安全。窗户大，采风好，最好是落地窗，也可设计成个性化的圆形，甚至做成可虚拟现实的窗户。如果外景较好的话，窗户越大，客人就越能感受到环境之美，舒适感也就越强。

抬高电源插座，方便客人使用。随着客人随身携带电器的增多、便携计算机上网的普及，客人会越来越多地使用计算机，对电源插座的需求也就越来越多。

美国里纳尔多国际室内装潢公司总裁指出："那种把电视机和传真机隐藏在大柜子里的设计是不妥当的，我们的客人并不希望讲究到要开了'门'才能看电视、发传真的程度。"

舒适是客人对客房产品的基本要求，也是对生活质量追求的一种体现。感受是否舒适，是由客人的各种主观评价构成的。

## 3. 比较上的特色性

客房布置的"千篇一律"是很多经常入住酒店人士的共同感受，客房布置富有特色、创意成为酒店客房设计追求的理念。特别是在酒店新常态下，在原有酒店产品和服务之外，阅读生活空间、社交平台、社区客厅等创新型的功能空间和智能化服务快速出现并被运用，产品本身从标准化转向特色化、个性化，跨界触角将延伸到更多行业和领域，酒店业态将更为开放和灵活。

如全球顶级奢华酒店——港丽酒店在度假胜地马尔代夫打造了一间犹如童话世界般的水下海底客房，能够让客人体验一次"与鱼儿同眠"的神奇感受；沙漠荒野顶级度假天堂(图 2.1)；把迷你泳池引入客房，开创于澳门悦榕庄(图 2.2)。

【参考视频】

图 2.1　沙漠荒野客房

图 2.2　悦心池套房

客房的高品位，离不开客房的文化设计，特色个性化正是文化上升到一定高度的体现。文化品位是客房设计的灵魂，突出品位就可以表现出一定的特色性。酒店客房在突出文化气息时，要强调本土的文化特色。如客房里挂上一幅原创的国画或油画，可从侧面体现酒店管理的文化品位。

酒店还可根据客房等级、空间大小、形状和客人的习惯爱好，从整体上进行布置设计。高星级酒店高档豪华，经济型酒店经济舒适，体现每个客房产品的特色，才不会出现千"家"一面的现象。有人为经济型酒店的投资战略总结了一个顺口溜："五星的床、四星的房、三星的堂、二星的墙。"

## 2.2.2 划分客房类型

酒店为了适应不同类型客人的需求，设计和布置了不同类型的客房，大致有以下几类。

### 1. 单间客房

单间客房是由一间客房组成的"客房出租单元"。根据客房内配置床的类型不同，可分为单人间、双床间、大床间和三人间。

1) 单人间

单人间(Single Room)是配备一张单人床的单间客房，有独立的卫生间，适合单身客人租用(图2.3)。单人间客房是酒店面积最小的客房，酒店通常将位置较偏僻或面积较小的房间作为单人间。这种房间在客房中占的数量较少，但是功能齐全，隐私性强，颇受从事商务旅行的单身客人的欢迎。

2) 双床间

配备两张单人床的房间称为"双床间"(Twin Room)，也称为"标准间"(图2.4)。这类客房经济实用，是目前酒店尤其是旅游酒店客房数中占绝大部分的客房，颇受旅游团队、会议客人的欢迎。为了使客人住得更为舒适，一些酒店在此类房间中配置两张双人床，称为Double-Double Room，以显示较高的客房接待规格和独特的经营方式。

图2.3 单人间 　　　　　　　　　　图2.4 双床间

3) 大床间

在房间内配置一张双人床的客房称大床间(Double Room)(图2.5)，这类客房适用于夫妇旅行者同住，也适合商务单身旅游者。随着商务客人的增多，有些酒店在房内增加了现代化商务办公通信设备(如宽带网、宽大的办公桌等)，以吸引更多的商务客人。

目前一些酒店为了方便客人和提高客房的利用率，在标准间内配备的是单双两便床(Holly Wood Bed)，可灵活应用组合。当大床间供不应求时，就将两张床合为一张床，主要供夫妇使用，作为大床间来出租。

4) 三人间

配置三张单人床的房间称为三人间(Triple Room)(图 2.6)，多在中低档酒店配备这样的房间。在一些酒店经营中如遇到有三人要求同住一间客房时，往往在标准间内临时加一张折叠床。

图 2.5　大床间

图 2.6　三人间

## 2. 套房

由两间或两间以上的客房构成的"客房出租单元"，称为套房。全套房酒店(楼层)称为 Hometel(All-Suite Hotel or Floor)，商务客人是全套房酒店的主要客源。等级越高的酒店，套房的数量越多，根据套房使用功能和室内装饰标准，套房可划分为下列几种。

1) 普通套房

普通套房(Junior Suite)一般为里外两套间，一间为卧室，配有一张大床；另一间为会客室或办公室，与卫生间相连。

2) 豪华套房

和普通套房相比，豪华套房(Deluxe Suite)室内的陈设布局及用品更为华丽精致，尽显豪华气派(图 2.7)。它可以为双套间布置，也可以是三套间，由卧室、起居室、会议室、餐厅、卫生间组成，卧室内配由大号双人床或特大号双人床。

3) 连接套房

连接套房(Connecting Suite)也称组合套间，中间由隔声性能好、均安装门锁的双扇门相通，并都配有独立的卫生间(图 2.8)。根据经营需要连通房可作为套间出租，也可作为两间独立的房间出租，灵活性很强。

图 2.7　豪华套房

图 2.8　连接套房

4) 双层套房

双层套房(Duplex Suite)也称立体套房，起居室在下，卧室在上，两者间有室内楼梯连接。商务客人非常喜欢住这类客房，楼下可用做办公和会客使用，楼上用来休息。同时它也很适合带小孩的家庭入住。

5) 商务套房

商务套房(Business Suite)中的一间为卧室，与卫生间相连，另一间为起居会客室。此类客房是专为从事商务活动的客人设计和布置的。

6) 总统套房

总统套房(Presidential Suite)一般由五间以上的房间组成，三星级以上的酒店才设置此类套房。总统套房入住的并非只能是总统，只要付费任何人都可以入住。

总统套房的设立是酒店接待能力的体现，同时也是客人身份和地位的象征(图2.9)。套间内配有男主人房、女主人房、起居室、豪华卫生间、会议室、餐厅、书房、随从房等，装饰布置讲究，设备用品豪华富贵，常有名贵的字画、古董、珍玩装点期间，是酒店中最高档的客房。如北京王府酒店总统套间的玉带桥玉雕价值160万美元，广州东方宾馆总统套间的鎏金雕花的《清明上河图》价值50万美元。

总之，客房种类较多，酒店应结合自身的等级和目标市场，遵循经营有利的原则进行客房类型配置。对于商务型酒店，大床间应多一些。而对于度假型酒店，旅游团队客人是主要的客源，可多设一些标准间以供经营需要。

图2.9 总统套房

## 2.2.3 对客房进行功能分区

客房是客人在入住酒店期间停留时间最长，最主要的生活休息地方。根据客人共性和个性的需求习惯，酒店客房内的五大功能区展示了客房合理的布局和功能利用。现以标准间为例说明客房的功能分区。

### 1. 睡眠休息区

睡眠区域(图2.10)是整个客房面积中最大的功能区域，床和床头柜是最主要的家具。床是客人休息的主要设备。特殊类型的床有：沙发床、隐形床、单双两便床、充气床、水床及近年来流行的乳胶床等。

床头背板和床头柜是设计的重点。床水平面70cm处是客人头部极易触碰的地方，因此酒店床头背板采用了防污性面料，取代了以往易脏的布艺材料。床头柜也不再放置在两床之间，或设可移动的床头柜，其上可放置控制面板[供客人收听

图2.10 睡眠休息区

有关节目及欣赏音乐,并带有各种开关(如电视机、地灯、床头灯、房间灯、中央空调、请勿打扰的开关)、时钟以及呼叫服务员的按钮等]、遥控器、座机电话、便笺纸、笔,一些酒店还在床头柜上放上晚安卡,常用电话号码卡,同时也可方便客人放置小件物品。床头柜上的多功能控制面板也由旋钮式改良成触碰式、遥控式,既显示了客房的豪华程度,也给客人带来了方便。

客人入住客房并插入省电钥匙卡后,可在床头集控面板上按下"请勿打扰""清洁客房"或"呼唤服务员"按钮,在客房门外控制盒上就会有所显示,以便服务员及时了解客人的需要,并提供服务。

### 小·资料

随着科技的发展,尤其是云计算、互联网的出现,智能化越来越贴近每个人的生活,逐渐渗入人们生活的各个领域。智能酒店的普及,正随着其技术发展越来越走向现实,满足人们对科技的要求,如房控与电话接口,在电话甚至是您手机来电时,电视声音会自动调小;当你按清理房间按钮或者在手机上或网络上选择清理房间时,后台会自动生成清理房间工单;门锁与房控接口增加真正意义的一房一卡外,还实现免打扰时无授权的门卡无法开门;你可以拿手机下订单让客房送水;餐饮接口的扩展延伸满足在手机或电视上点餐。

## 2. 起居活动区

起居活动区(图2.11)又称窗前活动区,放置着沙发椅、茶几(或圆桌),供客人休息、会客、饮食、观看电视等,同时客人还可欣赏店外景色。在设计中,考虑到客房是客人私人随意的空间,很多酒店都在弱化会客这项功能,而将阅读和欣赏音乐的很多功能加进去,比如在沙发椅前加一个沙发凳,使客人在阅读和看电视时更舒适,也解决了只能躺在床上看电视的情景。

## 3. 工作书写区

工作书写区(图2.12)以书桌为中心。与传统的三连柜设计(书桌、行李柜、电视机柜作为一个整体设计)相比,科技和人本精神使客房内的设计更节约空间与人性化。壁挂式电视取代了座机电视;从采光和视线角度考虑,书桌不再面壁而坐了。

图 2.11　起居活动区　　　　　图 2.12　工作书写区

所有的客房都应设行李架或行李柜，行李架的高度为45cm、宽度为65cm、长度为75～90cm。大房间的行李架可大于此规格，以方便客人放下行李箱和拿取衣物。

### 4. 储物整理区

客房入口门后侧有一个狭长的区域，这里就是储物整理区(图 2.13)，主要的家具设施有壁橱、小酒柜、小冰箱。

壁橱设在客人入口的过道一侧，便于客人在离开酒店时检查壁橱内东西是否遗忘。壁橱的长度应不少于 100cm，进深不少于 50cm。为了方便挂衣，同时又保证长衣服不致触地，挂衣横杆高度应为 170cm，杆上部应留有 15cm 的空间，以便衣架的移动取挂。橱门可以选用折叠门、推拉门、移动门。壁橱内有照明灯，有的壁橱内还设鞋篮。

小酒柜主要可摆放酒水、酒具、茶水具、电热水壶及休闲食品，下层为存放罐装饮料、酒水的小冰箱。这样的设计既可以满足客人需要饮用的需求，也可方便客人摆放自己的物品。

### 5. 盥洗清洁区

盥洗清洁区(图 2.14～图 2.16)主要指的就是卫生间(图 2.14)，由于这里空间较为独立，设备多，面积小，设计时遵循了人体工程学的原理，干湿分开避免功能干扰。该区主要包括面盆区(图 2.15)、淋浴区和坐便器区(图 2.16)等。

图 2.13 储物整理区

图 2.14 卫生间

图 2.15 面盆区

图 2.16 智能坐便器

面盆装在大理石面铺设而成的云石台里，台面上摆放着各种洗漱、化妆及卫生用品，上装冷热水龙头。在云石台面的墙壁上方挂有一面经防雾处理的玻璃镜，可供客人剃须和化妆使用，在侧面墙上还设有插座和吹风机。一些酒店在卫生间除了配备浴缸外，还装置了淋浴房，以满足不同客人之需。除此之外，还装置了淋浴花洒(墙壁固定式与手携式的结合)、浴帘、防滑垫、扶手、毛巾架、浴巾架、晾衣绳等设施。在坐便器的旁边还安装了厕纸架、电话和紧急按钮。高档套房有低噪声坐便器，并设有下身冲洗器和可调温坐圈。一个功能齐全、美观实用的卫生间会令客人心情愉悦。

## 2.2.4 客房陈设艺术

客房陈设包括家具、墙饰、灯具、绿植、织物等，这些陈设和用具除有实用价值外，还有装饰美化环境的作用。客房内适当布置一些陈设，会增添文化品位，营造高雅的环境气氛。

### 1. 家具

家具既是生活的基本用具，也是客房陈设艺术中的主要构成部分。因此，客房的家具种类式样的选择、配备和布置是否合理，艺术性体现的效果越来越被人们所重视。

1) 家具的种类

按家具的分类与构造，可分为实用性家具(如床、沙发、衣柜等)和观赏性家具(如陈设架、屏风等)。

按客房家具用途，可分为休息娱乐功能的家具(如沙发、座椅、茶几、床、床头柜、化妆台、小餐桌等)和贮存功能的家具(如客房壁柜、微型酒吧、套间物品柜等)。

按客房家具材料，可分为木制、竹制、藤制、金属制以及各种软垫家具等。在客房中使用最广泛的是木制家具，其造型丰富，有亲切感；竹制家具给人清新凉爽的感觉；藤制家具质地坚韧、色泽素雅的特点；金属家具轻巧、灵活，适用于工业化大批量生产。

2) 家具布置的原则

在布置客房时，应注意以下原则。

(1) 美观实用。

软床一般摆在房间光线最暗处，并且尽量避免"进门见床"，易引起宾客的尴尬；标准客房的两张床放在靠墙一面可形成对称格局；落地灯一般摆放在两沙发中间或一侧；两个单人沙发或咖啡椅，一般采取与床平行的摆法；写字台一般摆放在光线较好的地方，与床和沙发相对。

(2) 搭配合理。

在摆放家具时要注意家具合理搭配，方便使用。如床与床头柜、沙发与茶几、写字台与写字椅、梳妆台与梳妆凳等应摆放在一起，不能随意拆散。

门厅是客人步入房间后看到的第一个地方，装饰布置适当会给客人留下深刻印象。其功能是起缓冲作用，较正规的门厅，通常设有衣帽架、衣橱及一组桌椅。墙上有一面更衣镜，供客人进出整装之用。

客厅中布置新颖、功能各异的家具往往也会引起人们的极大兴趣。沙发造型和色彩的选配往往可决定客厅的气氛和风格；电视机和音响设备的设置，茶几的巧妙安排，可渲染客厅的气氛，甚至会对整个空间起到画龙点睛的作用。

卧室家具以床为中心，应避免对着窗或紧贴窗；床的边上要有照明，便于阅读；

电话及卧室内的主要电源开关一般要装在床头，现在多采用集中控制开关和遥控器，方便客人使用。

书房的功能是为客人提供一个用于阅读、书写和学习的静态工作空间，书房所用的家具最低限度不少于一桌一椅。具体内容应根据客房的等级来确定。

卫生间的基本设备是浴缸、洗脸盆、坐便器三大件，较高规格的客房还有净身器和淋浴房。高级浴缸还有冲浪按摩功能；喷淋头的水量可由喷细雾到冲力按摩进行调节；高级卫生间设有多个喷头，可以从不同方向喷水，极大地方便了客人淋浴健身；为方便客人梳妆打扮，卫生间镜面做防雾处理，配备吹风机和梳妆镜。

客房家具选择还要考虑等级规格因素。客房有标准间、套间、豪华套间、总统套间，不同规格的客房对家具的数量、质量、类型的要求也都不同。

## 2. 墙饰

客房内除窗户部位有窗帘外，墙面若空无一物会显得单调空荡，如在墙面适当悬挂一些装饰品，可以增添室内的艺术氛围。

1) 墙饰的品种

墙饰一般包括绘画、刺绣、玉石镶嵌、竹刻、木刻、剪纸、瓷盘、壁毯等，有时也用手工艺品头像、乐器、脸谱、浮雕等工艺品作墙饰。

2) 墙饰的要求

(1) 墙饰的档次和数量要与客房等级和墙面的大小相一致。

(2) 墙饰的风格特点要与客房的家具布置风格相一致。

(3) 墙饰的选材要与本地区风俗习惯及宗教信仰相一致。

3) 墙饰的布置方法

(1) 墙饰要突出主墙，使之成为装饰的中心。主墙一般指室内最醒目的墙面。在我国常用国画作为主墙的主要墙饰，一般挂于房间沙发群对面。如果沙发对面放的是床，就不宜挂在床的上方，而应挂在沙发上方墙上。

(2) 室内需要布置较多的墙饰时，不同品种最好要有穿插。卧室的观赏品如山水花鸟画、小彩画、工艺品、陶瓷制品等，以文静、雅致为主，富有文化气息。

(3) 墙饰的位置应与室内家具高低相适应，可以丰富室内空间构图形象，显得更加美观舒适。

## 3. 灯具

灯具属于照明设备，在房间的陈设布置上还起着一定的装饰作用，可以创造良好的客房室内视觉效果，增加客房室内环境的舒适感。灯具的设计和选用要考虑不同场所的照明要求，在造型上力求与房屋建筑结构协调统一。

灯具按装设位置与状态分类，可分为天花板灯具(如吸顶灯、吊灯、镶嵌灯、柔光灯等)、墙壁灯具(壁灯、窗灯、穿灯等)、可移动灯具(落地灯和台灯)。

由于门厅一般都没有直接向外的窗户，照明灯多用白炽灯。

一般客厅都设置一个主灯。辅助照明灯有落地灯、台灯、投射灯、壁灯等。这些灯通常用于阅读或强调室内某个特殊的装饰物。

卧室不需要太亮的光照，照明以床头灯为主。床头灯照明应能控制调节亮度。若有顶灯，以不刺眼为宜。

书房的照明应较一般照明更为讲究。在写字台面上的光线应较亮，照明面较大，应从使用者左肩上端照射下来，或在写字台上面装日光灯，使光线直接照射在书桌上。书房里最好有可调整方向、高度、光线较柔和、可移动的灯具。较高档的客房可以将灯座制成工艺品，起到摆件的作用。

高档酒店在卫生间装有紫外线消毒灯，每次照射 2 小时，可使空气中微生物减少 50%～75%，甚至 90%以上。

### 4．绿植

客房内的绿植布置一般分为长期布置和临时布置两种。

1) 长期布置

在档次较高的客房内，长期摆放一些常青花草可使客房更加清新幽雅。花架的格调与室内家具一致，所摆花草的品种要符合客人的要求或身份。

对长期布置的花草要专人管理、定期浇水、定期修剪。卫生间里也可摆放小盆绿植。

2) 临时布置

由于某些特殊原因(如客人生日、重大节日等)，在客房里摆上一盆绿植，向客人表示祝贺或敬意。所用的绿植大致有：

(1) 盆栽绿植。由于是客房临时布置，在摆放鲜花前，应对花卉进行清洗，摘去枯枝残叶，清除可能存在的昆虫等。如果该房间没有花架，可将鲜花置于茶几上，在花丛中别上酒店总经理的名片或贺卡。

(2) 插花。插花是指将花枝剪下后，按照一定的构图形式插入花瓶或花泥里的一种观赏花卉的形式。

---

**小资料**

在日本的酒店内，细腻与考究处处可见。

电梯内一般设有两个甚至四个控制板，方便乘客就近按键。如有代表团下榻，服务员会将每位团员的房间号码填入表格，人手一份，便于相互联络。房间中不仅各种灯具齐备，还配有手电筒，以备停电时使用。挂衣柜内不仅备有笤帚，还备有一把如意，供旅客搔痒挠背之用。在擦鞋的纸套旁，放着一个高度适合的小铁凳，擦鞋时可用于垫脚。有的酒店房间中还备有纸鞋垫，纸垫的一面带有不干胶，以便洗澡后垫于拖鞋内防滑。洗手间浴池较深，可确保浴水充裕且不外洒。洗浴用的热水龙头打开就是热水，无须预放很长时间，节约了用水。坐便器有加热功能、冲洗功能、除臭功能，还有为残疾人服务的设置，在醒目位置上还贴着使用说明和安全警告。坐便器旁安有两卷手纸，可以保证随时有手纸可用，而不至断档。水箱上安装了扩音器，如有漏水很容易就能听到响声，以便及时检修。有的洗手间墙上还安有一个翻板，供带小孩的妈妈临时放置小孩或给孩子更换尿布之用，既方便了住客，也不占地方。棉签一头是棉花，另一头是耳耙，使用效果很好。床头柜上设置了广播频道和音乐频道，不愿或不便于看电视的，可以听广播、听音乐，广播音乐频道的音量做了限定，即使开到最大也不至于影响到相邻房间。床头柜上设有留言显示,如外出时有人来电,可按显示窗口示意的号码,打电话到总台查询留言内容。床头除安有台灯外,还装有一管状阅读灯,供熄灯后阅读用,这种灯的光线只照书面,不影响别人睡眠。房门设有自动关闭装置,即使匆忙中忘记关门,也不会房门大开。房间的圆桌上留有一张纸条,上面写着清扫人的姓名,下设感想栏,可以对清扫人的服务做出评价、提出要求或建议。离开酒店前往另一城市时,如果行李过重,酒店可代办托运。

日本名古屋东急酒店,在浴帘底端卷边的里面缝入了一条尼龙绳,使浴帘因加重而下垂,有效地防止了帘子甩出浴缸。除上面这个办法防止洗澡水外溢外,他们还设了第二道防线,就是在浴缸和地面交接处有一条不深的明沟通向落水口,即使浴帘失效,溢出的水也能及时排掉,从而有效地保证了卫生间地面的干燥。

客房窗帘两侧漏光是常有的事,有些高级酒店为解决这个问题而增加耳墙,加大了装修费用。有的酒店窗帘滑轨左右两端错开,并重合一小段,十分容易密封使之不露空隙。有的是用雌雄贴将窗帘粘在两侧墙上,既解决了漏光问题,又便于拆洗,也省了钱。他们还在两块窗帘接合处的挂钩头上装了吸铁石,窗帘一拉拢,吸铁石就吸在了一起,解决了中缝漏光的问题。

日本非常注重国内的家庭旅游市场,处处为家庭出游着想。在旅游度假区的酒店里,客房的沙发都是两用的,需要时可作床用。有些酒店的客房还有不锈钢折叠式晾衣架,方便客人晾晒内衣内裤、袜子等小型衣物。

客房里的保险箱是必不可少的,日本大阪的丽嘉格兰酒店客房保险箱的设计可谓匠心独具。床头柜的下半部是一个抽屉,抽屉里面是一个保险箱,保险箱的门是向上打开的,所有按钮都在门上,操作非常方便,对于年纪大眼花的客人来说,真是感觉到非常"人性化"。

# 2.3 设置特殊客房楼层

【参考图文】

在高星级酒店,为了满足客源的多元化需求,将楼层的全部或一部分客房设置成特殊楼层,如商务楼层、无烟楼层等。这不仅满足了宾客的特殊要求,更体现了酒店客房产品根据市场需求而变的经营理念。

## 2.3.1 商务客房(楼层)

商务楼层是接待商务客人的楼层,它最突出的特点是:为商务客人提供最优质、最便捷的服务。

### 1. 功能布局上

房间至少为两间一套,一间作为卧室,另一间作为办公室。走廊空间应使客人感觉舒适，无压抑感、空旷感、单调感。睡眠的床宽大，高度适宜，床垫舒适；床上棉织品功能配套，质地优良；有可选择的各类枕头组合(如荞麦枕、软枕、硬枕)。设备设施的配备充分考虑客人的办公需要，如宽大的办公桌、舒适的座椅、明亮的灯光、种类齐全的文具用品、网络接口(位置合理，网络连接线长度适宜)、传真机、打印机等。

### 2. 服务项目上

商务楼层又称为行政楼层 EFL(Executive Floor)。入住商务楼层的商务客人除了希望所住客房内的设施、物品等满足住宿需要外，更希望适合办公和会客洽谈，并提供更为方便快捷的专项服务。

商务客人不必在酒店总台办理入住登记手续，可乘专用电梯上到商务楼层，那里专门设接待处可直接办理入住手续。对于一些商务楼层的常客可先进入房间，由商务楼层的高级接待员拿事先填好的登记单，到客人房间请客人在登记单上签名即可。

商务楼层设有小型豪华的咖啡厅，早上为客人准备西式自助早餐，下午为客人提供下午茶。有专门的阅览室、报刊架，方便客人查找最新的商务资讯，了解商务行情，并为客人提供秘书服务。

设施的完备、周到的服务，使商务楼层被称为"酒店中的酒店"。

## 2.3.2 无烟客房(楼层)

目前，无烟客房(图 2.17)已成为趋势，是酒店业一道绚丽的风景，越来越多的酒店都在打造无烟客房。据北京一家五星级酒店有关调查结果显示，入住该酒店的每 10 位外宾中，至少有 7 位选无烟楼层。无烟楼层的开设吸引了大量回头客。近几年来，欧美、新加坡、中国台湾的游客大都会选择无烟楼层，这就为酒店经营创造了更大的发展空间。在高档酒店预订客房时，服务生会主动询问您是否住无烟客房，无烟楼层也成为越来越多的外宾首选下榻之地。

无烟客房为宾客提供严格的无烟环境，客房内没有烟灰缸，楼层有明显的无烟标志，进入该楼层的工作人员、服务人员均是非吸烟者，原则上只供非吸烟宾客入住。当

图 2.17 无烟客房标志

宾客要求入住无烟客房时，需对该客房进行无烟处理，具体要求是：无烟缸、开窗通风、喷洒空气清新剂。对于吸烟客人要求入住无烟客房的情况，要尽量有礼貌地劝阻客人，倡导健康生活理念，征得客人的理解和配合。

这类客房符合绿色环保的理念，在客房设施的保养中，减少了客房棉织品洗涤次数，延长了客房用品的使用寿命，如无烟客房内的地毯就要比非无烟客房多使用两年以上。

【参考视频】

## 2.3.3 女士客房(楼层)

在酒店客源类型中女性客人的特殊性越来越受到关注。如美国 30 年前商务旅行

者中女性仅占 1%，现在已将近 40%，女性客人在酒店客源中占有越来越大的份额。2001 年瑞士苏黎世在世界上开出了第一家女性商务酒店，获得了很大的成功。在我国上海、广州、杭州等地的高星级酒店也已开辟了"女士楼层"。

据调查，女性商务客人平均年龄比男性客人小 6 岁。她们外出 40%是参加会议，在一个地方逗留时间通常要比男性商务客人长。她们对酒店的选择更注重安全和便捷，要求客房干净舒适、宽敞明亮、格调温馨；房间里配有足够的衣架和可挂连衣裙的高衣橱；有良好的灯光照明，便于梳妆打扮；卧房与会客室分开；有可供减肥、美容的食品饮料；配有女性专用的毛巾、梳子、化妆棉、梳妆台、试衣镜、香皂、睡衣、女性杂志等；浴室内装有晾衣绳；她们更喜欢浴室内有一支娇艳欲滴的玫瑰。最好在女士楼层内配备女性服务员和女性保安人员，因为女士对安全方面的要求比男士苛刻得多。

现代酒店要想满足女性宾客的要求，就必须对每一处细节、每一项服务都悉心考虑女性的心理特点和需求，这样才能设计出女士们喜爱的客房。

## 2.3.4 无障碍客房

无障碍客房是为满足身体上有残疾的客人需求而设置的。在酒店中都开设了方便残疾人使用的专用通道和专用厕位，在为其提供方便的同时，也体现了他们应得到的特别关怀。

设置无障碍客房应充分考虑残疾人士的特殊需求，在我国《旅游涉外酒店星级的划分及评定》中，就有对残疾人设施的基本规定，具体如下。

(1) 电梯宜安装横排按钮，设施有专用标识。
(2) 没有门槛，出入无障碍，不宜安装闭门器或其他具有自动关闭性的装置。
(3) 所有扶手应安装牢固。床的两边装有扶手；坐便器一侧装有水平方向扶手；在浴缸边侧装有水平方向和垂直方向扶手，以方便客人。
(4) 火警报警装置除有听觉报警器外，还应装有可视性火警装置。
(5) 淋浴应有座椅，淋浴花洒可手持。
(6) 使用设施、调节装置等应安装在便于客人取用和操作的高度范围内(表 2-1)。

表 2-1 无障碍客房设备设施的高度限制

| 名　称 | 限制高度 |
| --- | --- |
| 房门宽 | 不宜小于 0.9m |
| 窥视镜 | 门的 1.1~1.5m 处 |
| 防盗链 | 高度不超过 1 m |
| 电梯按钮 | 高度不宜超过 1.5m |
| 窗帘电动按钮 | 高度为 1.2m 左右 |
| 房内电器插座 | 高度不宜超过 1.2m |
| 云石台面高度 | 0.7m 左右 |
| 坐便器高度 | 43cm 左右 |
| 毛巾架高度 | 不超过地面高度 1.2m |

### 2.3.5 麻将客房

这是酒店经营中较为受欢迎的一类客房,客房的数量不太多,却很抢手。通常设在较低的楼层,房内布置是在标准间的基础上多加了一台麻将机,以供客人娱乐和休息。

### 2.3.6 老年人客房

如今,世界人口普遍向老龄化发展,老年人市场越来越受到重视。他们是需要关怀、照顾的老年客人。老年人在酒店的停留时间相对较长,消费较高,因此,"银发市场"已成为酒店新的竞争点。健康、方便是老人客房的考虑重点。例如:在卫生间要设置防滑把手,门把和开关位置要适宜。要设置多个召唤铃,以便老人可以不用移动太远,就可询问自己需要的服务。在法国的一家酒店里,所有的客人平均年龄83岁,这里的一切设施几乎都是为老人们尤其是80岁以上的老人特别设计的。在这里,信号显示是大号字,床是坐卧两用的,卧室里可以挂家人肖像,沿墙有扶手,电梯里有座椅。卫生间是用防滑玻璃纤维修造的,并设有软垫长椅,在里面可以安全洗浴。无论何时,一按铃就有人来查看。老年人客房还经常举办各种适合老人的娱乐活动。而且无须预订,长住短住无妨。

老年人客房的设计、装饰要注重传统的民族风格,配以字画、摆设;其色调以暖色为主,多用调和色;绿化布置上,可多用观赏盆景和常绿植物、鲜花。

### 2.3.7 绿色客房

随着地球环境的恶化,人们更趋向于和自然和谐共处的"绿色意识"。因此"绿色客房"将是21世纪客人的向往。所谓"绿色"是指有效地保护人类生存环境,使生产和消费活动达到生态环境标准,实现人与自然的和谐发展。"绿色客房"是绿色酒店的重要组成部分,它是指无建筑污染、无装潢污染、无噪声污染、有空气过滤装置,室内环境完全符合人体健康要求的禁烟房间,并且房内所有用品、用具及对它们的使用都符合充分利用资源、节约能源、保护生态环境的要求。

20世纪80年代末期,在全球"绿色浪潮"的推动下,欧洲的一些酒店意识到酒店对环境保护能起到积极作用,开始逐渐改变经营策略,加强环境保护意识,实施环境管理,极力营造酒店的绿色氛围,并将绿色酒店作为企业新的形象,来提高经济效益和社会效益,并取得了较好的效果。20世纪90年代中期,国外"绿色酒店"的理念传入我国,北京、上海、广州等一些城市的外资、合资酒店和一些由国外管理集团管理的酒店实施"绿色行动"。酒店业协会于2004年4月在北京举办了首届"中国绿色酒店论坛",出席论坛的专家学者们围绕着绿色酒店的定义、绿色酒店与全社会环保的关系、绿色酒店与ISO 14000的关系等问题进行了广泛的讨论。此后,酒店业协会历时两年准备并经过多次修订和完善，我国酒店行业的首部绿色法典——《绿色酒店等级评定规定》于2003年2月20日正式出台，这是我国酒店行业第一个，也是最具权威性的绿色酒店国家行业标准。美国著名管理大师乔治·温特在其《企业与环境》一书中指出："总经理可以不理会环境的时代已经过去了，将来公司必须善于管理生态环境才能赚钱。"

《绿色酒店等级评定规定》中对绿色酒店评定条件中有关"绿色客房"部分做了如下规定。

(1) 有无烟客房楼层(无烟小楼)。
(2) 房间的牙刷、梳子、小香皂、拖鞋等一次性客用品和毛巾、枕套、床单、浴衣等客用棉织品，按顾客意愿更换，减少洗涤次数。
(3) 改变(使用可降解的材料)、简化或取消客房内生活、卫浴用品用的包装。
(4) 放置对人体有益的绿色植物。
(5) 供应洁净的饮用水。
(6) 客房采光充足，有良好的新风系统，封闭状态下室内无异味、无噪声，各项污染物及有害气体检测均符合国家标准。

## 小·思考

"绿色饭店"是当前酒店所提倡的新鲜事物，作为"绿色饭店"的楼面服务员应该怎么办？

[参考答案]

"绿色饭店"是指运用环保健康安全理念，坚持绿色管理，倡导绿色消费，保护生态和合理使用资源的饭店，要求减少消耗和资源的重复利用，以及避免使用污染环境的物质。楼面服务员应注意清洁剂的使用；收拾可回收的垃圾物品；节省用电用水，讲究物品配备的方法，既保证了客人需求，又增加物品的重复利用。

## 小·资料

### 湖南耒阳主题酒店设计

耒阳虽地处中部地区，却一点都不保守，且当地有极好的生态环境和自然资源，这也成为当地人引以为豪的特色，最终确定了酒店的四大主题设计方向。

首先是自然风光主题系列(图2.18)。耒阳是蔡伦的故乡，是中国造纸术的发源地，森林竹海是当地一大特色，当地人对大自然和竹、木材质的东西有着天然的亲近感，因此将自然风光引入客房设计很受住客欢迎。为丰富主题，在自然风光的基础上又衍生出山洞房、荷塘月色等主题房。

第二大主题是东南亚风情系列(图2.19)。耒阳就像湖南许多其他地方一样，其景点是以山林、河湖为代表的南方山区景色，而当地人外出旅游的首选目的地是东南亚，因为这两地有某种近似感。引入东南亚主题房，刚好满足了当地人对东南亚风情的想象。

图 2.18　自然风光主题系列　　　　图 2.19　东南亚风情系列

第三个主题是卡通主题系列(图 2.20)。这一主题对于年轻的消费者来说具有不可抗拒的魔力。那些从小已伴随着卡通、动画长大的 85 后、90 后，旋转木马、Hello Kitty 等主题房是他们的最爱。

第四个主题是时尚梦幻系列(图 2.21)。耒阳素有"沿海的内地，内陆的前沿"之称，如长沙一样，当地人追求大胆而前卫。因此，色彩艳丽的圆床房、镜子房等都受到当地住客的青睐。

图 2.20　卡通主题系列　　　　图 2.21　时尚梦幻系列

(资料来源：http://bbs.meadin.com/thread-1182731-1-1.html)

# 本 章 小 结

### 1. 了解并区分不同类型的客房

单间客房分为单人间、双床间、大床间、三人间。
套房分为普通套房、豪华套房、连接套房、双层套房、商务套房、总统套房。

### 2. 针对已有的客房功能分区，加以创造性的改造

客房是客人在入住酒店期间停留时间最长，最主要的生活休息地方，根据客人共性和个性的需求习惯，酒店客房内的五大功能区展示了客房合理的布局和功能利用。

客房功能分区主要包括睡眠休息区、起居活动区、工作书写区、储物整理区、盥洗清洁区。

### 3. 根据已学的客房装饰布置的知识，来美化客房

客房陈设包括家具、墙饰、灯具、绿植、织物等，这些陈设和用具除有实用价值外，还有装饰美化环境的作用。客房内适当布置一些陈设，会增添文化品位，营造高雅的环境气氛。

### 4. 根据客人的不同需求，为客人安排相应的客房

在高星级酒店，为了满足客源的多元化需求，将楼层的全部或一部分客房设置成特殊楼层，如商务客房、无烟客房、女士客房、无障碍客房、麻将客房、老年人专用房等。这不仅满足了宾客的特殊要求，更体现了酒店客房产品根据市场需求而变的经营理念。

## 课堂讨论

1. 如何让客房布置更合理、更人性化？
2. 商务客房的设计有哪些要求？
3. 简述无烟客房设计的必要性。
4. 如何来美化女士客房？
5. 如何做好不同类型客房服务的接待工作？

## 体验练习

走访多家酒店，了解特色客房设计的模式，总结客房装饰的新趋势。

## 案例分析

钟点客房是一种按小时计费的经营模式，以其灵活性和便利性受到客人的广泛欢迎，这种经营模式尤其适用于中低档酒店和位于机场、车站等人口流动量大的地方的酒店。例如：每年高考前夕，很多学生会预订客房，"考生房"进一步扩充了钟点客房的概念。

## 案例思考题

结合钟点客房这一特殊客房的特点，谈一下你对其布置设计、装饰的构想。

## 测 试 题

1. 布置客房各种家具应造型美观、质地优良、色彩柔和、使用舒适,其档次规格应与( )相适应。
   A. 客房等级和酒店星级标准　　　　B. 客房朝向
   C. 客房面积　　　　　　　　　　　D. 客房类型

2. 如果某饭店当日某间客房未能出租,那么当日该客房的价值将( )。
   A. 暂时失去　　　　　　　　　　　B. 以后补回
   C. 永远失去　　　　　　　　　　　D. 其他时间获得补偿

3. 饭店产品既有实物形式的有形产品,也有服务形式的无形产品,( )属无形产品。
   A. 饭店建筑、商务中心、菜肴食品　B. 豪华套房、高级餐厅、旅游汽车
   C. 菜肴食品、客房用品、客房小酒吧　D. 客房服务、餐厅服务、购物服务

4. 在客厅的装饰布置中( )是现代客厅中不可缺少的主角。
   A. 沙发　　　　B. 花草　　　　C. 茶几　　　　D. 工艺品

5. 饭店产品既有实物形式的有形产品,也有服务形式的无形产品,( )属有形产品。
   A. 导游服务、健身服务、委托代办服务　B. 客房服务、客房用品、客房送餐服务
   C. 饭店建筑、旅游汽车、菜肴食品　　　D. 餐厅服务、宴会服务、康乐服务

6. 对于宾客有宗教信仰方面忌讳的用品,禁止在房间摆放,以示对客人的( )。
   A. 关心　　　　B. 尊重　　　　C. 重视　　　　D. 礼遇

7. 为了给宾客创造一个良好的休息和居住的环境,在客房装饰布置时,必须注意色彩的合理运用。装饰布置朝南和朝北的客房分别宜采用( )色调。
   A. 中性偏暖和中性偏冷　　　　　　B. 中性偏冷和中性偏暖
   C. 较冷　　　　　　　　　　　　　D. 较暖

8. 门厅是人们常走动的地方,在选择地板材料时,应以舒适、美观和易于( )为前提。
   A. 更换　　　　B. 清扫　　　　C. 维修　　　　D. 购买

9. 在书房的装饰布置中,书房所用的家具,最低限度不少于( )。
   A. 一桌一椅一书柜　　　　　　　　B. 一桌一椅一沙发
   C. 一桌二椅　　　　　　　　　　　D. 一桌一椅

10. 两件对称的摆件要求观感上( ),使人在观感上产生匀称的感觉。
    A. 轻重一致　　B. 色彩一致　　C. 轻重均匀　　D. 色彩相近

11. 饭店服务的"一次性"(或称即逝性)的特点,是指饭店的服务( )。
    A. 不能像工业产品那样,做得不好可以重新返工
    B. 可以一次完成
    C. 能被贮藏以应对将来之需要
    D. 客人可以先试用一次,再决定是否购买

12. 房间布置好后，检查卫生间时，各处水龙头要放一次水，目的是防止客人用水时（    ）。
    A. 下水不畅　　　　B. 坐便器水箱无水　　C. 水质混浊　　　　D. 沐浴不出水
13. 摆件与墙饰布置要求协调，墙饰要穿插在摆件的空当，摆件应落实在墙饰（如绘画）的（    ）。
    A. 左边　　　　　　B. 右边　　　　　　　C. 左右　　　　　　D. 上下
14. 下列不属于客房内摆件的是（    ）。
    A. 绘画　　　　　　B. 玉刻　　　　　　　C. 景泰蓝　　　　　D. 象牙雕
15. 一般普通客房的门厅装饰布置较为（    ）。
    A. 复杂　　　　　　B. 豪华　　　　　　　C. 简单　　　　　　D. 典雅
16. 一组摆件要求色彩（    ）。
    A. 柔和　　　　　　　　　　　　　　　　B. 明亮
    C. 柔和明亮相互衬托　　　　　　　　　　D. 明暗相互衬托
17. 如用自来水插花，最好先将水（    ），以防水变臭。
    A. 烧开　　　　　　B. 放几小时　　　　　C. 加热　　　　　　D. 加入漂白粉
18. 客房的家具如选择民间式则表明是（    ）。
    A. 档次较高　　　　B. 档次偏低　　　　　C. 普通客房　　　　D. 豪华客房
19. 家具的基本格式有时可以决定客房的（    ）。
    A. 等级　　　　　　B. 种类　　　　　　　C. 客源　　　　　　D. 安全
20. 套间卫生间应采用高级建筑材料装修地面、墙面，色调应（    ）。
    A. 高雅柔和　　　　B. 明亮柔和　　　　　C. 高雅明亮　　　　D. 高雅亮丽
21. 确定客房的（    ）后，才能选择家具的式样。
    A. 色调　　　　　　B. 基本格式　　　　　C. 档次　　　　　　D. 价格
22. 墙饰要突出主墙，使之成为装饰的中心。主墙一般指（    ）的墙面。
    A. 沙发上方　　　　　　　　　　　　　　B. 床头上方
    C. 室内最醒目　　　　　　　　　　　　　D. 室内光线较亮处
23. 标准房间的卫生间应采用（    ）建筑材料装修地面、墙面，色调柔和，目的物照明良好。
    A. 普通　　　　　　B. 较高级　　　　　　C. 高级　　　　　　D. 豪华
24. 室内需要布置较多的墙饰时，最好品种内容（    ）。
    A. 统一　　　　　　B. 有穿插　　　　　　C. 要有绘画　　　　D. 要有浮雕工艺品
25. 墙饰的位置应（    ）。
    A. 高于房内家具　　　　　　　　　　　　B. 低于房内家具
    C. 与房内家具平行　　　　　　　　　　　D. 与室内家具高低相适应
26. 家具基本色调是根据所选家具（    ）来确定的。
    A. 材料　　　　　　B. 档次　　　　　　　C. 价格　　　　　　D. 格式
27. 墙饰的档次和数量要与（    ）相一致。
    A. 客房等级和墙面的大小　　　　　　　　B. 客房的家具风格
    C. 本地区风俗习惯及宗教信仰　　　　　　D. 客房的间数与规模

# 第二篇 客房的常规性管理

# 客房清洁保养管理

## 第3章

**【本章概要】**
1. 清洁保养客房
 (1) 清洁保养的含义；
 (2) 日常清洁整理客房。
2. 如何培养客房铺床操作技能
 (1) 中式铺床操作；
 (2) 西式铺床操作。
3. 客房卫生管理
 (1) 执行客房卫生质量标准；
 (2) 落实客房卫生逐级检查制度；
 (3) 实施客房计划卫生制度。

**【本章目标】**
学完本章以后，学生将具备以下能力：
 (1) 根据客房的实例，充分理解客房清洁保养的含义；
 (2) 用正确的方法来清扫客房；
 (3) 辨别房间的使用状态；
 (4) 按照正确的清扫顺序来清洁客房，以示对客人的尊重；
 (5) 按照正确的进房程序来为客人服务；
 (6) 根据走客房、住客房的特点，按程序进行清扫；
 (7) 能够快速高效地完成客房铺床的技能操作；
 (8) 了解客房卫生逐级检查制度的内容；
 (9) 掌握如何贯彻实施客房计划卫生制度。

清洁保养工作不仅是客房部的重要工作之一，也是保证客房正常出租和延续其使用寿命的主要途径。更为重要的是多数客人都把对酒店卫生环境的评价作为选择酒店的首要因素，这就直接影响着酒店的形象和声誉，因此酒店要高度重视。做好这项工作，不仅要按照操作程序进行，还要遵循科学规律，运用专业技能，只有在良好的工作状态下才能取得良好的效果。

> **微型案例**
>
> **客人的物品请不要扔**
>
> 在某高星级酒店的客房部，实习生服务员小高正在清扫一间走客房。小高看到客人的行李已经全部收拾好，整齐地摆放在行李架上。小高就开始去收垃圾，她看到床头柜上有一张褶皱的便条纸，就以为是客人不要的废纸，便把它扔进垃圾袋中。房间清扫好后，便去整理其他房间。一会儿住那个房间的客人回来后，急忙找服务员小高问道："服务员，你有没有看到床头柜上的一张纸条，上面写着电话号码，那个电话号码对我很重要。"小高一听傻了眼，说了声："对不起，我去给您找找。"马上到工作车上的垃圾袋去找，翻了半天，终于在垃圾袋里找回了客人记有电话号码的那张纸条，马上送还给了客人。客人不住地向小高表示感谢。实习生小高此时心里很不好受，因为是自己粗心大意把客人记电话号码的纸条给扔掉了，给客人带来了麻烦。总算庆幸的是及时找到了，没有耽误客人的事。经历此事后，小高便懂得了客房内无论是什么东西，哪怕是张小小的纸片，只要是客人的物品，都要保存好，而不能随便扔进垃圾袋，否则会给客人带来大麻烦，并且很有可能会引起投诉。

# 3.1 清洁保养客房

客房清洁保养的目标是保证客房产品的质量标准，其主要有两个指标，一个是由卫生防疫部门做抽样检测的生化指标，另一个就是依赖于经验和感觉的视觉指标。保证客房清洁达到质量标准不仅可以满足客人对客房产品的要求，同时也可以减少对客房产品维修改造的费用，延长其使用寿命。

## 3.1.1 清洁保养的含义

美国一家机构做过一项就影响宾客选择酒店的各种要素的调查，结果是：清洁卫生要素的得分率为63%，服务因素的得分率为42%，设备因素的得分率为35%。分析表明在宾客选择酒店的诸多因素中，客房清洁卫生是"第一要素"。

清洁指去除尘土、油垢和污渍，保养指保护调养使之保持正常状态。清洁的概念不仅是干净，它还有更深的内涵。世界权威的卫生组织之一——国际清洁卫生用品商联会(ISSA)，用一个英文单词 SHAPE 来概括"清洁"的特性，每个字母代表了一种特性。

　　S：Safety(安全)，即清洁能带来安全卫生。

　　H：Health(健康)，即清洁能带来健康。

　　A：Appearance(外观)，即清洁代表了外貌美观，如建筑物表面。

　　P：Protection(保护)，即清洁能给建筑物或设施、设备以保护，同时清洁有利于环保。

　　E：Economic(经济实用)，即清洁能减少浪费，降低成本消耗。

## 3.1.2 日常清洁整理客房

不了解客房业务的人会认为客房清洁整理是一项简单而容易的工作，而真要把这项工作做好，必须是要有耐心、细心、责任心，只有肯吃苦、敬业的人才能胜任。很多酒店的高层管理人员都是从做客房工作起步的。客房清扫整理是一项复杂的系统工程，包括做好岗前准备工作、清洁整理客房、保养维护等，涉及的项目多、环节多、技能多。

### 1．做好岗前准备工作

1) 换工装，签领工作区域钥匙

服务员应准时上岗，换好工装，戴上工号牌，整理仪表仪容，适当化淡妆到岗签到。听取楼层领班或主管的工作安排，领取"客房部楼层员工工作表"(表 3-1)。为了楼层客房的安全，工作区域钥匙(图 3.1)的签领要做好交接记录(表 3-2)，由于工作钥匙可以打开服务员负责区域的所有房门，因此保管钥匙时不能随意转交他人和带离工作区域。

表 3-1　客房部楼层员工工作表

楼层 _____　姓名 _____　日期 _____　班次 _____　时间 _____

| 房号 | 房态 | 出入时间 | 床单 | 被罩 | 枕套 | 浴巾 | 面巾 | 方巾 | 地巾 | 脚巾 | 浴衣 | 口布 | 酒水 | 备注 |
|---|---|---|---|---|---|---|---|---|---|---|---|---|---|---|
| 01 | | | | | | | | | | | | | | |
| 02 | | | | | | | | | | | | | | |
| 03 | | | | | | | | | | | | | | |
| 04 | | | | | | | | | | | | | | |
| 05 | | | | | | | | | | | | | | |
| 06 | | | | | | | | | | | | | | |
| 07 | | | | | | | | | | | | | | |
| 08 | | | | | | | | | | | | | | |
| 09 | | | | | | | | | | | | | | |
| 10 | | | | | | | | | | | | | | |
| 11 | | | | | | | | | | | | | | |
| 12 | | | | | | | | | | | | | | |
| 13 | | | | | | | | | | | | | | |

续表

| 房号 | 房态 | 出入时间 | 床单 | 被罩 | 枕套 | 浴巾 | 面巾 | 方巾 | 地巾 | 脚巾 | 浴衣 | 口布 | 酒水 | 备注 |
|---|---|---|---|---|---|---|---|---|---|---|---|---|---|---|
| 14 | | | | | | | | | | | | | | |
| 15 | | | | | | | | | | | | | | |
| 16 | | | | | | | | | | | | | | |
| 17 | | | | | | | | | | | | | | |
| 18 | | | | | | | | | | | | | | |
| 19 | | | | | | | | | | | | | | |
| 20 | | | | | | | | | | | | | | |
| | | | | | | | | | | | | | | |
| | | | | | | | | | | | | | | |

日常情况：

图 3.1　工作区域钥匙

表 3-2　工作钥匙收发登记表

| 钥匙名称 | 领取时间 | | | | 领用人 | 发放人 | 归还日期 | | | | 归还人 | 接收人 |
|---|---|---|---|---|---|---|---|---|---|---|---|---|
| （房号） | 月 | 日 | 时 | 分 | 签名 | 签名 | 月 | 日 | 时 | 分 | 签名 | 签名 |
| | | | | | | | | | | | | |
| | | | | | | | | | | | | |
| | | | | | | | | | | | | |
| | | | | | | | | | | | | |
| | | | | | | | | | | | | |
| | | | | | | | | | | | | |
| | | | | | | | | | | | | |
| | | | | | | | | | | | | |
| | | | | | | | | | | | | |
| | | | | | | | | | | | | |
| | | | | | | | | | | | | |
| | | | | | | | | | | | | |

2) 了解核对房态

客房状态处于动态变化中，客房服务员要了解工作区域的房间状态，及时核对房态，不同的房间状态反映了客人的不同需求，服务员要科学地安排房间的清洁整理顺序。为了方便填写和输入，酒店的房间状态都采用英文缩写的形式，常见的房态有以下几种(表3-3)。

表3-3　客房状态表

| 房态(英文缩写) | 房态(中英文名称) | 释　　义 |
| --- | --- | --- |
| OCC | 住客房(Occupied) | 客人正在住用的房间 |
| C/O | 走客房(Check-out) | 客人已经结账并离开客房的房间 |
| VIP | 贵宾房(Very Important Person) | 客房住客是酒店的重要客人 |
| MUR | 请即打扫房(Make up Room) | 客房住客因会客或其他原因需要立即打扫的房间 |
| LSG | 长住房(Long Staying Guest) | 该客房长期由客人包租，又称"长包房" |
| S/O | 外宿房(Sleep-out) | 客房已经被出租，但住客昨夜未归的房间。为了防止发生逃账等意外情况，客房服务员应将此种客房状况通知总台 |
| DND | 请勿打扰房(Do not Disturb) | 该客房的住客因睡眠或其他原因而不愿意被服务人员打扰 |
| L/B | 轻便行李房(Light Baggage) | 该房是住客行李很少的房间，为了防止逃账，客房部应及时通知总台 |
| N/B | 无行李房(No Baggage) | 该房间的住客无行李，为了防止逃账，客房部应及时通知总台 |
| E | 加床房(Extra Bed) | 该客房有加床 |
| E/D | 预退房(Expected Departure) | 该客房住客在当天欲退，但现在还未退房 |
| VC | 已清扫房(Vacant Clean) | 客房已经清扫完毕，可以重新出租，也称OK房 |
| VD | 未清扫房(Vacant Dirty) | 尚未经过打扫的空房间 |
| OOO | 维修房(Out of Order) | 需要维修的房间，也称失效房或称待修房。该客房因设施、设备发生故障，暂时不能出租 |

(1) 了解客房状态。

(2) 不同房态客房的清洁要求。

① 简单清洁的房间。空房、保留房属于这类客房，一般只进行通风，擦尘，吸尘，放掉水箱、水龙头积存的陈水等工作。

② 一般清洁的房间。主要针对外出保留房和长住房。

③ 彻底清洁的房间。主要针对住客房和走客房。

3) 明确清洁顺序

为了更准确地了解客房的状态，在上岗后首先就要巡视楼层，查看楼层客房有无特殊情况，再根据客人开房的缓急先后、总台及领班的特别交代，决定清扫顺序。有些酒店在楼层工作间内设置了客房状态显示盘(图3.2)，显示了这一

图3.2　客房状态显示盘

楼层的住客情况和客人的要求(如 DND、MUR)。客房服务员在安排客房清洁顺序时要重点考虑两方面的因素：满足客人的需要和尽可能加快客房的出租。

(1) 常规清洁顺序。

① 挂有"Make up Room"的客房或客人口头上提出要求打扫的客房。
② 总台急需房(此类客房通常是总台为抵店的预订客人预排的客房)。
③ VIP 房。
④ 走客房。
⑤ 住客房。
⑥ 空房。
⑦ 长住房。

(2) 旺季时的清洁顺序。

① 总台急需房(此类客房通常是总台为抵店的预订客人预排的客房)。
② 空房。
③ 走客房。
④ 挂有"Make up Room"的客房或客人口头上提出要求打扫的客房。
⑤ VIP 房。
⑥ 住客房。
⑦ 长住房。

### 小思考

如果两间房同时挂"请即打扫"牌，而此时只有一位服务员，该怎么办？

[参考答案]

(1) 客房服务员首先要弄清楚两间房客人是否都在房内。
(2) 如都不在，则按顺序及时整理。
(3) 如都在，询问客人意见，哪一间更急，就先整理哪一间，同时要谢谢客人的合作。
(4) 如一间房客人在，另一间房客人不在，客人在的房间先整理。
(5) 如果两间房的客人都需要马上整理，则及时通知领班调整人手。

【参考视频】

4) 准备房务工作车和清洁工具

房务工作车是客房服务员清洁整理房间的主要工具，工作车整理的基本要求为：清洁整齐、物品摆放齐全、清洁剂和清洁工具充足。房务工作车使用是否方便、工作车上的用品是否齐全都直接影响着工作效率(图 3.3)。

(1) 备齐房务工作车上的物品。主要分为上中下三层和左右两侧，具体布置如下。

① 上层的物品。主要是客用消耗品，包括洗浴液、洗发液、

图 3.3  房务工作车

香皂、牙膏、牙刷、剃须刀、浴帽、茶叶包、咖啡与咖啡伴侣、火柴盒、信纸、信封、铅笔、擦鞋布、针线包、报纸、地图、酒店各种宣传印刷品等。

② 中层的物品。浴衣、浴巾、面巾、方巾、地巾、卷纸等。

③ 下层的物品。床单、被罩、枕套等。

④ 车体两侧。分别放置垃圾袋、回收袋、清洁篮和脏布草袋等。

(2) 准备房务工作车的注意事项。

① 保持工作车整洁、完好。

② 各种物品按规定位置摆放整齐、美观。

③ 挂钩不能脱落。

④ 布草单口朝外,方便取用。

⑤ 清洁工具必须分区摆放。

⑥ 工作车推至规定的位置。

(3) 准备清洁工具。

吸尘器是客房清扫不可缺少的清洁工具。使用前要检查各部件是否齐全配套,各接口是否严密,有无漏电、漏气现象,如有问题要及时修好,并检查蓄尘袋内的灰尘是否已经倒掉,保证吸尘器的正常使用。

有些星级酒店还采用了提篮操作的方法,避免了推动工作车时对楼层墙体的碰撞,对地毯的磨损,使楼层整洁美观。不便之处是多次往返工作间取用物品,影响了清扫速度。因此,酒店可根据具体的实际情况进行选择。

## 2．清洁整理客房

客房服务员在做好岗前工作准备之后,就要按照清洁保养的质量标准来完成客房的清洁整理工作。有位酒店管理专家曾说过:"客房是酒店的心脏,除非客房的装修完好,空气新鲜,家具一尘不染,否则你将无法让客人再次光临。"

1) 明确客房清扫方法

为了提高工作效率,保证客房清洁保养的质量,避免重复劳动和意外事故的发生,服务员要按照科学的客房清扫方法来进行。

(1) 从上到下。用抹布擦拭房内设备物品时按照从上到下的顺序进行擦拭。

(2) 从里到外。地毯吸尘和擦拭卫生间地面时按照从里到外的顺序进行。

(3) 环形整理。擦拭和检查设备用品时按照顺时针或逆时针的顺序环形整理,以避免遗漏死角,节省体力。

(4) 干湿分开。擦拭不同的家具设备及物品的抹布应严格区分使用,如灯具、电视机、床背板、墙角线、金属把手等需要用干抹布擦拭;而擦拭玻璃板、镜面时要先湿后干。

(5) 抹布折叠使用。不论是干抹布还是湿抹布,都要折叠使用,这样可以提高抹布的使用效率,提高清扫速度。

(6) 先卧室,后卫生间。住客房一般先打扫卧室后打扫卫生间,以便客人外出回来有可休息的地方,也不会因有访客拜访而造成不便。走客房可以按照先卫生间后卧室的顺序打扫,一方面可以让毛毯、弹簧床垫等透气,利于保养;另一方面又不会担心有人突然闯进来。

(7) 注意墙角。墙角是蜘蛛结网和灰尘容易积存的地方,也是客人重视的地方,要彻底清扫。

2) 客房清洁整理程序

(1) 走客房的清扫程序。

对于走客房的清扫一般称"大清扫",也称"彻底清扫",操作程序及要求见表3-4。

表3-4 走客房的清扫程序

| 序号 | 操作程序 | 操作要领 | 操作要求 |
|---|---|---|---|
| 1 | 整理 | 着装整齐,头发、妆容符合规范,站姿标准,面带微笑 | 大方自然 |
| 2 | 开 | 1. 布草车停放在房间门口,吸尘器摆放在布草车一侧<br>2. 观察<br>3. 轻敲房门两次,每次3下,敲门相隔3~5秒钟,最后按一次门铃,同时说"Housekeeping"(客房服务员)<br>4. 缓缓打开房门,插上取电卡,把"正在清扫牌"挂在门把手上<br>5. 填写进房时间 | 1. 工作车堵在房间门口,开口向着房内<br>2. 观察房间情况<br>(1) 门外有无DND标识<br>(2) 有无客人在房间的迹象<br>(3) 客人是否有可能允许进房<br>3. 敲门<br>(1) 站在门前适当的位置(距离房门20~30cm)<br>(2) 站姿大方端正,正视猫眼<br>(3) 用右手中关节,不能用拳头<br>(4) 速度适中,注意轻重<br>(5) 注意有无客人发问,切勿立即用钥匙开门或连续敲门 |
| 3 | 调 | 1. 关掉房内电灯开关<br>2. 将空调风速调至最高,温度调至最低<br>3. 拉开窗帘、纱帘 | 1. 走客房应注意检查有无客人的遗留物品<br>2. 拉开窗帘时,用力要适度,不要硬拉硬扯,注意轨道、挂钩是否完好<br>3. 发现物件有损坏要及时报修 |
| 4 | 撤 | 1. 撤垃圾,包括一次性物品、烟灰、烟蒂、垃圾桶里的垃圾等<br>2. 撤杯具、用膳的餐具<br>(1) 撤出的杯具放在房务工作车上,如果杯内有剩水要将水倒掉<br>(2) 用膳的餐具由客房服务员统一放到指定位置<br>3. 撤床上物品<br>(1) 中式铺床的物品有枕套、被罩、床单<br>(2) 西式铺床的物品有枕套、护单、毛毯、盖单、垫单 | 1. 注意烟灰缸内有无未熄灭的烟头,将烟头二次熄灭,切勿倒进坐便器,以免堵塞<br>2. 注意检查抽屉内、柜底、床底及房间角落等处有无客人遗留物品或杂物<br>3. 将收集的垃圾倒进房务工作车的垃圾袋内,再将垃圾桶冲洗擦干,放在指定的位置<br>4. 撤杯具时应注意认真检查杯内有无客人的假牙、隐形眼镜等物品<br>5. 将客人用过的床上用品逐一撤下,避免夹带客人物品<br>6. 撤下的布草放置在工作车的布草袋内,不要放在地上 |

续表

| 序号 | 操作程序 | 操作要领 | 操作要求 |
|---|---|---|---|
| 5 | 洗 | 1. 打开卫生间灯和排风，将小地毯放在卫生间门口<br>2. 冲净坐便器，然后在坐便器的清水中倒入适量的坐便器清洁剂<br>3. 撤走脏布草和垃圾。将用过的消耗品和纸篓内的垃圾倒入房务工作车的垃圾袋中<br>4. 抹尘、清洁面盆、浴缸、坐便器<br>(1) 用抹布从上至下擦拭房门<br>(2) 清洁脸盆和云台。用百洁布蘸适量清洁剂清洁，抹干水迹。将毛巾架、浴巾架及托盘、电吹风、电话机等服务用品擦拭干净<br>(3) 清洁浴房<br>(4) 清洗坐便器<br>5. 补充各种消耗品。将干净棉织品按规定折叠摆放，一次性消耗品的数量和规格要符合标准<br>6. 擦拭地面。用百洁布和一定比例的清洁剂，按照从里向外的顺序沿墙角平行擦拭地面 | 1. 在清洁卫生间时，应按先脸盆、浴缸，后坐便器、地面的操作顺序进行<br>2. 注意清洁剂不要滴在坐便器的釉面上，以免腐蚀<br>3. 认真检查，不要将客人的物品夹带撤走<br>4. 注意消耗品的回收和再利用<br>5. 在擦拭卫生间的镜子、金属器皿时应按先湿后干的顺序，擦后的效果应洁净、光亮<br>6. 清洗坐便器时注意坐便器出水口和入水口要清洁<br>7. 补充的消耗品要干净，按规定摆放整齐，店标正面朝向客人 |
| 6 | 铺 | 1. 带回同等数量铺床的干净布草，放在椅子上<br>2. 按铺床程序铺床，具体见3.2节 | 1. 注意取回的干净布草不要夹带，铺床前应注意检查床垫和保护垫是否被弄脏，要及时更换并清洗<br>2. 按铺床要求进行操作 |
| 7 | 抹 | 从门框开始擦拭所有家具和物品<br>1. 抹门。擦拭房门的同时将窥视镜、防火通道图擦拭干净，用干抹布擦亮金属把手<br>2. 抹衣柜。按照从里到外的顺序，用干、湿抹布按照衣柜门、棉被架、衣刷、挂衣杆、挂衣架、抽屉、鞋拔子、鞋柜、保险柜、防毒面具的顺序抹尘<br>3. 抹组合柜。用干、湿抹布按行李架、抽屉、柜面、立面、电视机、冰箱的顺序依次擦拭<br>4. 抹写字桌<br>5. 抹茶几。先用湿抹布，再用干抹布擦拭台面的脏迹<br>6. 抹沙发。先用干抹布掸去灰尘，再用湿抹布擦拭扶手面、沙发底腿部、靠垫后撑以及坐垫边角<br>7. 抹床头背板、灯具、床头柜、挂画<br>8. 抹空调调节开关板<br>9. 抹地脚线 | 1. 使用两块抹布，按顺时针或逆时针的顺序从上到下、从里到外逐项擦拭<br>2. 擦拭完毕后所有的物品要按规定摆放好，并检查物品是否齐全完好<br>3. 抽屉应逐个拉开擦拭干净，同时检查洗衣袋、洗衣单及礼品袋、服务指南有无破损、短缺<br>4. 擦拭冰箱时，用干抹布擦拭外壳，打开冰箱检查物品数量、瓶装酒水封口和罐装饮料底部<br>5. 查看客人的酒水消耗情况，及时填写核对酒水单。酒水饮用后应及时补充<br>6. 擦拭台灯应用干抹布，如灯线外露，将其收好<br>7. 注意保持茶几面的光亮<br>8. 沙发背后与沙发垫缝隙之间的脏物要经常清理<br>9. 用干抹布擦拭床头背板、床头灯泡、灯罩、灯架和挂画<br>10. 检查电话机是否可以正常使用，再用湿抹布抹去话机灰尘，并用酒精棉球擦拭消毒<br>11. 擦拭干净，保证无灰尘、无手印，开关正常工作 |

续表

| 序号 | 操作程序 | 操作要领 | 操作要求 |
|---|---|---|---|
| 8 | 补 | 按规定要求，补充需要的所有物品：文具(如便签、铅笔、格尺、订书器)、火柴、茶叶、洗衣袋、购物袋、杯具、面巾纸、新的垃圾袋(图3.4)、针线包、擦鞋布等 | 1. 摆放要合理、方便客人使用、美观、整齐<br>2. 店标、名称等正面朝向客人 |
| 9 | 吸 | 按照吸尘的程序从里往外操作<br>1. 插上电源插头，确认吸尘器处于正常工作状态，拉入房间后打开开关<br>2. 双手握紧吸管，挺起腰背倒退着吸。吸尘从窗台区域开始，写字台、组合柜、床底、床头柜、过道、卫生间、房门口逐一操作<br>3. 关闭吸尘器，拔掉电源插头断电，将电线整齐盘好 | 1. 动作要轻稳，避免吸尘器与家具碰撞<br>2. 不同区域的吸尘，吸尘器应正确使用<br>(1) 吸地毯灰尘时，吸尘器要放平，向同一方向推拉，使地毯平整<br>(2) 搬开能移动的家具，吸柜底要拔下吸刷，直接用吸管吸<br>(3) 房间边角吸尘要先刮掉边角位的污垢，然后用吸管吸<br>3. 吸尘结束后，将吸尘器斜靠在走廊一侧，吸管不能横放在走廊的地毯上 |
| 10 | 查 | (1) 检查设备设施是否使用正常<br>(2) 空调开关是否调整到规定位置<br>(3) 房间有无杂物和遗留物<br>(4) 物品是否按规定摆放 | 1. 检查房间是打扫房间的最后一项工作。查看整体效果，是否有漏项，及时修正不足之处<br>2. 如发现物品有损坏或破损，及时报修<br>3. 房间有异味要喷洒空气清新剂 |
| 11 | 退 | (1) 关灯<br>(2) 取出取电卡<br>(3) 轻轻关上房门<br>(4) 在工作表上记录离房时间和其他情况 | 锁好房门 |

图 3.4　垃圾袋的套法

清扫走客房时应注意如下事项。

① 保持良好的工作状态，具有吃苦耐劳的精神。

② 注意设备、设施的维修和保养。

③ 不得让闲杂人员进入客房，如住客中途回房，也需礼貌查房卡。

④ 客房的清扫一定要彻底，要注意床底下、衣橱抽屉里，不能留有前一个客人留下的痕迹。客人绝对不希望自己一入住酒店时就看到在面盆、浴缸、床单等地方有毛发丝；抽屉里留有前一位客人忘拿走的个人物品；楼道里凌乱摆放着客房送餐盘、有污渍的布草等。

⑤ 时刻保持工作车的清洁、整齐。
⑥ 注意防火，特别是烟头的二次熄灭。
⑦ 工作表要正确填写，以做资料收集。
⑧ 不忘拿走取电卡，房门要锁好。

## 小·案例

### 一张名片的风波

某日，住客张女士投诉，她下午离开酒店，晚上回房后，发现床头柜上多了一张陌生人的名片，这名片不是她带来的，她怀疑是有外人进过她的房间。酒店经过核实，原来是客房服务员当天在清扫张女士房间时，发现床底下有一张名片，以为是住客张女士掉落下来的，就捡起来放在床头柜上了。接到张女士的投诉后，才发现这张名片可能是前一位住客留下来的。

【案例点评】

客房服务员检查走客房不仔细、清扫不彻底，是导致该投诉发生的原因。

(2) 住客房的清扫程序。

住客房的清扫整理与走客房的清扫整理程序基本相同。一般要在客人外出时进行，如客人在房内，则要根据情况在客人方便时，尽快打扫，特别需要注意的是：

① 征求客人意见。进入客人房间前要先敲门或按门铃，房内无人方可进入。房内若有人应声，则应主动征求意见，可礼貌地说："××先生/女士，对不起打扰了，我是客房服务员，请问现在是否方便为您打扫房间？"得到允许后方可进房。如不方便清扫，应记下房号和客人要求清扫的时间。

② 在房内清扫时，必须将房门打开、靠好，工作车停放在挡住房门1/3靠墙处，这样不会使住店客人出入房间遇到障碍，直至客房清扫完毕。

③ 按照先卧室后卫生间的顺序清扫，以便给客人一个清洁舒适的环境。不得让闲杂人员进入客房，如住客中途回房，需礼貌查房卡。

④ 如客人的文件、物品、杂志等很乱，可稍加整理，但不要弄错位置，文件等不要翻看。

⑤ 不要随意触碰客人的贵重物品，如照相机、计算机、摄像机等。

⑥ 除放在纸篓里的东西外，简单整理，放好掉在地上的物品，千万不能自行处理。

⑦ 放在床上或搭在沙发上的衣服，如不整齐，可帮客人挂到衣柜内或叠好放在床上。

⑧ 女士客房需要小心，不要轻易动其衣物。卫生间的化妆品，可稍加整理，尽量不要挪动位置，即使化妆品用完了，也不要将空瓶扔掉。

⑨ 擦壁柜、行李架时，只擦去浮尘即可。尽量不打开写字台抽屉擦内侧，不得使用或接听客人房内的电话，以免引起客人误会。

⑩ 客房清洁完毕后，立即离开客房，不得在客房内滞留。向客人表示谢意，礼貌地退

出房间，轻轻将房门关好。如客人不在房间，要关好电源开关。

为了提高住客房清扫的速度，减少进房的次数，客房服务员服务时要有一定的预见性。如某房间的住客平时吸烟多，访客多，现在向服务员提出要租借物品，当服务员再进入客房时就应带上托盘、烟灰缸，将已用过的烟灰缸、杯具撤出来，这样就减少了对客人的多次打扰。

### 小·思考

当清扫客房卫生时电话铃响了，怎么办？

[参考答案]

(1) 因为客房已经出售，房内电话响了，服务员不应去接听。

(2) 服务员接听电话可能会引起不必要的麻烦。

(3) 不可以使用客房电话与他人通话或聊天。

### 小·思考

当清扫完一间客房时，该怎么办？

[参考答案]

(1) 清扫完毕，应环视房间，检查各项清洁整理工作是否符合标准。

(2) 房间用品是否补充齐全并按要求摆放好，有不妥的应重新摆放整齐。

(3) 对门锁的安全性进行检查。

(4) 客人在房间时应向客人道别，并随手将门轻轻关上。

(5) 客人不在房间时应摘下取电牌，锁好房门，做好清扫记录。

### 小·思考

在清洁客房时，客人回来了，服务员该怎么办？

问题1：服务员这时要做的工作是什么？

问题2：如发现回来的这位客人提供的信息与住客登记的信息不符，服务员该怎么做？

问题3：如客人正是该房间的主人，服务员应该怎样与客人沟通？

[参考答案]

(1) 请客人出示房卡，以确认是否是该房间的客人。

"你好，××先生/小姐，可以出示一下您的房卡吗？"

(2) 告知客人："××先生/小姐，您好，您可能走错房间了，这是1501房间。"

(3) 递给客人房卡，并说："这是您的房卡，给您添麻烦了。客房清扫大约还需要10分钟的时间，您看是否方便继续为您清扫？"

(3) DND 房间的处理。

客房服务员在楼层巡视和在做清洁客房服务工作的时候，要注意观察楼层客房有无亮有 DND 灯的房间。对于亮有 DND 灯的房间不要敲门进房，客房服务员需在"客房部楼层员工工作表"上做以标注。

在不打扰客人的情况下要注意观察 DND 房间，经过时声音、操作都要轻，做到既要为客人提供安静的休息环境，又不因客人忘记关掉 DND 灯而影响客房清扫工作。如果到了下午 14:00 点，DND 灯还没有取消，客房服务员可按如下程序进行操作。

① 给客人房间打电话，首先向客人表示歉意，并询问是否方便进房打扫或需要什么帮助。

② 若房间电话无人接听，按照进房顺序进入房间。若客人在房，应主动表示歉意并说明原因，注意语气要婉转，以征得客人的谅解。

---

**小资料**

目前国内外新开酒店都在提倡一个概念叫"智慧酒店"，即让酒店更加智能，更加便捷，让人们可享受到未来十年的高科技。酒店智能化或许是未来的一个趋势，以机器人(图 3.5)来降低人工成本，未来的机器人酒店将有 90%的工作都是由机器人完成，包括前台礼宾服务、客房服务，以及一些铺床等工作。

图 3.5 机器人服务员

Bob 机器人服务可能会比你想象中更早地进入消费市场。喜达屋酒店集团在美国加州库比蒂诺市的雅乐轩酒店，提供了名为"A.L.O SaviOne Butlr"的机器人管家服务，为客房提供饮料、毛巾递送的服务，并将逐步普及到集团所有酒店中，包括 W、威斯汀、喜来登等大家耳熟能详的星级酒店。为酒店配备机器人管家并非意在取代服务人员，而是使用机器人来完成相对枯燥的工作。

【参考视频】

---

(4) 空房的清扫程序。

空房是指客人走后经过彻底打扫，但尚未出租的房间。为保持空房处于良好的、可随时出租的状态，每天也必须对空房进行简单的清洁整理。有些空房长期处于空闲的状态，房间会有灰尘、异味，所以对空房的主要清洁工作有：给房间通风换气、抹浮尘、检查房内设备设施、水龙头冲水、吸尘、检查布草的柔软性，使客房成为 OK 房，随时待租。其操作程序及要求见表 3-5。

表 3-5　空房的清扫程序

| 操作程序 | 操作要领 | 操作要求 |
| --- | --- | --- |
| 开 | 根据进房程序进入客房 | 操作规范 |
| 调 | 1. 关闭多余的灯，检查灯具有无损坏<br>2. 根据季节调解室温 | 注意逐项检查设备是否完好，若有损坏，立即报修 |
| 抹 | 按顺时针或逆时针方向，从上到下、从里至外擦拭房间各种设备和家具表面的灰尘 | 1. 注意边角处，避免遗漏<br>2. 用干湿适宜的抹布 |
| 洗 | 1. 将卫生间的面盆、浴缸、坐便器放流水 1 分钟左右<br>2. 卫生间除尘除渍 | 1. 水质洁净，设施完好<br>2. 若卫生间毛巾因干燥失去弹性，在客人入住前进行更换 |
| 吸 | 1. 由里到外进行吸尘<br>2. 边吸边检查地毯有无破损、污迹 | 地面干净 |
| 查 | 检查是否有遗漏之处 | 确保卫生质量 |
| 退 | 1. 将门轻轻关上<br>2. 填写《客房部楼层员工工作表》 | 1. 关门后注意回推一下，确保房门锁上<br>2. 按要求逐项填写 |

**小·资料**

## 以宾客视线来清洁客房

宾客入住酒店，在客房内逗留时间占整个酒店逗留时间的 80% 以上。客房的毛利率相对酒店其他服务产品而言也较高，一间客房所用的一次性易耗品一天所需的费用只有 10 元左右(不含水、电及棉织品洗涤费)。所以，我们认为客房是酒店中最重要的商品。客房必须是舒适、清洁、安全和卫生的。我们的客房服务员担任了这项非常重要的清洁工作，每位服务员在进入楼层工作前都要经过专业培训，熟悉操作流程和技能技巧，在这里提出必须要以宾客的视线来清洁客房。

"站在顾客的立场考虑问题"，这是所有服务工作的总则。它要求我们能设身处地去想去做，有时我们也可以把自己设定为顾客。对于清洁卧室和卫生间镜子的要求，就是要把镜子擦得非常光亮，没有一点污迹，就像擦高脚酒杯一样，擦得非常透亮。可是那么大的镜子要擦得完美无缺是非常困难的，最大的盲点就出现在视线的差异上。服务员总是习惯从正面擦，一直擦到最后，尽管眼睛睁得像铜铃，眼珠的位置仍然停留在镜子的正面。实际上，客人从侧面看镜子的机会很多，比如，客人开门进房，很容易看见的是卫生间门口的大衣镜和写字台前化妆镜的侧面。

客人在卫生间坐在坐便器上，放松地环视卫生间的四周，在这样的情况下，镜子上哪怕是小小的灰尘都很容易进入客人的视线。因为从侧面看到的灰尘比想象中的要显眼得多。

服务员在做卫生时不仅需要站着、蹲着，更需要跪在地板上。跪下来做卫生是为了确认针线头儿、玻璃碎片或头发等不容易发现的细小灰尘有没有藏在地毯中。若是站着，从上往下看，就不会看得这么清晰，不跪下来，不用自己的手摸一摸是不会弄明白的。而且，做完卫生站起来的时候，自己的裤腿几乎无灰尘才算是真本领。有一次一个房间质检，跪下来查床底吸尘，无意间看到床头柜和床沿角落的地毯上有许多指甲屑和瓜子壳。由此可以想到，客人可能是坐在床沿，在床头灯灯光下剪指甲，或者躺在床上边看电视边嗑瓜子。因此，床头柜和床沿的角落也是清扫的一个盲点。

再比如，现在有些客人在洗完澡后会不穿拖鞋(一次性拖鞋很容易被水弄湿)而直接从卫生间走到房间内，如果地毯未清洁干净，湿的脚粘上了毛发、灰尘等，客人心里还会舒服吗？

总之，对酒店来说，客房是酒店最重要的商品，服务员清洁房间不仅是在打扫卫生，而且是在制作新的商品。我们不能光靠操作程序来规范服务工作，更要以客人的视线，站在客人的角度来清洁客房，追求人性化的服务。因为客人追求服务质量的标准是无止境的。

## 3.2 客房铺床操作技能

近些年来，中式铺床成为酒店客房的一种趋势，逐渐替代了西式铺床这种方式。

西式铺床(图3.6)，平整美观、造型规范。床单和毛毯包裹严紧，需要用很大的力气才能将毛毯拉出来，给客人带来了不必要的麻烦。

中式铺床(图3.7)正好解决了这一问题。羽绒被保暖、轻盈，使客人入睡更舒适，便于换洗、干净、卫生，这些都大大提高了酒店卫生的清洁度和客人的满意度。

由于客人喜好不同，不少地区的旅游者习惯于西式铺床这种方式，因此酒店在物品配备时要根据客人的喜好来定夺。

图3.6 西式铺床 　　　　　　图3.7 中式铺床

### 3.2.1 中式铺床操作

**1. 物品配备**

1张床、1条褥垫、1条床单、1个羽绒被、1条被罩、2个枕芯、2个枕套。

## 2. 准备工作

(1) 将床拉离床头板。服务员弯腰下蹲,将床拉离床头板约 50cm,检查和整理床垫、褥垫是否有头发和污迹,如发现有污迹应立即更换。

(2) 服务员自然地站在床尾中间位置,以不贴床为宜(图 3.8)。

## 3. 操作要领

1) 甩单定位(图 3.9)

先把甩开的床单抛向床头位置。再将床尾方向的床单横向打开,手抓住床单的两边,两手相距 80~100cm。将床单提起,使空气进到床尾部位,在床单鼓起离床面约 70cm 高度时,身体稍向前倾,用力打下去。当空气将床单尾部推开的时候,利用时机顺势调整,将床单往床尾方向拉正,使床单准确地降落在床垫的正确位置上。

图 3.8　做好准备工作　　　　　图 3.9　甩单定位

2) 包边包角(图 3.10)

包角从床尾开始。

(1) 床尾右角。先将床尾部位下垂的床单包进床垫下面,左手将右侧下垂的床单拉起折角,右手掌摆成斜 45°角,松开左手,使床单自然形成内斜角 45°、外直角 90°的样式,再用左手拖起床垫,右手前臂将下垂的床单打入床垫内。

(2) 床尾左角。方法与包右角相同,但左右手动作相反。

(3) 床头两角。方法与包床尾两角方法相同。

3) 被罩定位(图 3.11)

将被罩拿到床面上,一次抛开并平整地铺在床面上。

图 3.10　包边包角　　　　　图 3.11　被罩定位

4) 套被罩(图 3.12)

先把羽绒被两角塞进被罩前端固定，并抓住两角提起，顺势将其余的羽绒被套进被罩，再把下面两角塞进被罩的尾端。双手抖动使羽绒被均匀地装进被罩中，平铺于床上，并系好被罩口的带子，羽绒被在床头翻折 30cm。

5) 套枕芯(图 3.13)

将枕套抖开，放在床面上，枕芯对折，右手握住枕芯两个前角，从枕套开口处送入，两手抓住袋口使枕芯全部进入枕套中，再将枕套口封好。

图 3.12　套被罩　　　　　图 3.13　套枕芯

### 4. 操作注意事项

(1) 甩单时要一次到位，铺好后的床单正面向上，床单中股线朝上并居中。

(2) 包好后的四个角应式样、角度一致。内斜角为 45°，外直角为 90°，四个角均匀、紧密。

(3) 被罩定位正反面准确，被罩开口在床尾。

(4) 套好的被罩正面朝上，平整光滑，中心线居中。

(5) 羽绒被在被罩内不外露，四角到位，饱满、平展。

(6) 套好后的枕头四角饱满，外形平整、挺括，枕芯不外露。

(7) 套好的枕头放在床头居中位置，枕头边与床头平行。

(8) 枕头摆放时应注意开口反向于床头柜。

(9) 枕套中心线与床单的中心线相互吻合。

(10) 床面整齐、美观(图 3.14)。

图 3.14　整理床面

## 3.2.2　西式铺床操作

### 1. 物品配备

1 张床、1 条褥垫、2 条床单、1 条毛毯、2 个枕芯、2 个枕套、1 条床罩。

## 2. 准备工作

(1) 将床拉离床头板。服务员弯腰下蹲,将床拉离床头板约50cm,检查和整理床垫、褥垫是否有头发和污迹,如发现有污迹应立即更换。

(2) 服务员自然地站在床尾中间位置,以不贴床为宜(图3.15)。

## 3. 操作要领

1) 第一次甩单

第一次甩单(图3.16)时先把甩开的床单抛向床头位置。再将床尾方向的床单横向打开,手抓住床单的两边,两手相距80~100cm。将床单提起,使空气进到床尾部位,在床单鼓起离床面约70cm高度时,身体稍向前倾,用力打下去。当空气将床单尾部推开的时候,利用时机顺势调整,将床单往床尾方向拉正,使床单准确地降落在床垫的正确位置上。

图3.15 做好准备工作

图3.16 第一次甩单

2) 第一次包边包角

包角(图3.17)从床尾开始。

(1) 床尾右角。先将床尾部位下垂的床单包进床垫下面,左手将右侧下垂的床单拉起折角,右手掌摆成斜45°角,松开左手,使床单自然形成内斜角45°、外直角90°的样式,再用左手拖起床垫,右手前臂将下垂的床单打入床垫内。

(2) 床尾左角。方法与包右角相同,但左右手动作相反。

(3) 床头两角。方法与包床尾两角方法相同。

3) 第二次甩单

同第一次甩单做法相同,区别在于床单正面及中股线向下,床单无须包角,床单超出床头10cm(图3.18)。

图3.17 第一次包边包角

图3.18 第二次甩单

4) 铺毛毯

将叠好的毛毯打开，抛向床头，然后轻提毛毯，使毛毯上端与床头保持平齐。毛毯商标朝上，在床尾位置(图3.19)。

5) 第二次包边包角

将床头长出床垫部分的床单翻起盖住毛毯，再与毛毯一起向床尾方向反折30cm(图3.21)。从床头开始，依次将毛毯及第二条床单一起塞进床垫下，床尾两角包成内斜角45°、外直角90°的样式(图3.20)。

图3.19　铺毛毯

图3.20　第二次包边包角

6) 套枕芯

将枕套抖开，放在床面上，枕芯对折，右手握住枕芯两个前角，从枕套开口处送入，两手抓住袋口使枕芯全部进入枕套中，再将枕套口封好(图3.22和图3.23)。

图3.21　毛毯在床头反折

图3.22　套枕芯

7) 铺床罩

在床尾位置将叠好的床罩横向打开，床罩边线与床垫两侧对齐，再用双手将床罩尾部拉下整理好，床罩逐层打开抛向床头，使床罩平铺在床面上(图3.24)。

图3.23　摆放枕头

图3.24　铺床罩

站在床头位置，床罩盖在枕头上，将床罩多余部分分别均匀打入上下枕头夹缝中。整理床罩，使枕线平整，两层枕线相互重合。

### 4. 操作注意事项

(1) 甩单时一次到位，铺好后的床单正面向上，床单中股线朝上并居中。

(2) 包好后的四个角应式样、角度一致。内斜角为45°，外直角为90°，四个角均匀、紧密。

(3) 铺好后的毛毯中线与床单中线重合。

(4) 有的酒店选用三条床单的铺设方法，在铺完毛毯之后，第三条床单按照甩单定位的方式，平铺在毛毯上，与床头平齐，再连同第二条床单和毛毯一起进行第二次包边包角。

(5) 第二次包边包角时动作幅度不宜过大，以免床垫移位。

(6) 包好后的床尾两角应做到边角紧而平，式样、角度一致。

(7) 套好后的枕头四角饱满，外形平整、挺括，枕芯不外露。

(8) 套好的枕头放在床头居中位置，枕头边与床头平行，开口反向于床头柜。

(9) 床罩与床头边线重叠，盖没枕头，不露白边。

(10) 铺好后的床面平整美观，床尾两角垂直、挺括(图 3.25)。

图 3.25　西式铺床效果图

# 3.3　客房卫生管理

要做好客房的卫生清洁工作，就要按照客房卫生质量标准进行定期与不定期的检查，以确保客房服务质量。

## 3.3.1　执行客房卫生质量标准

客房部应制订客房清扫卫生质量标准(表 3-6)，以便对整体效果、设备状况、物品摆放、清洁卫生质量四项内容做有针对性的客房卫生检查。此标准适用于所有客房。

表 3-6　客房清扫卫生质量标准

| 项 目 | 位 置 | 标 准 |
|---|---|---|
| 卧室 | 门框 | 无积尘、无污迹 |
| | 过道顶板 | 无灰尘 |
| | 新风口 | 无灰尘 |
| | 地毯、家具四周 | 无积灰、无杂物 |
| | 壁橱顶 | 无积尘 |
| | 床底 | 无灰尘、无毛发、无杂物 |
| | 家具缝、沙发缝 | 无灰尘、无杂物 |
| | 电冰箱内外 | 无积尘、无杂物 |
| | 电视机转盘 | 无积尘 |
| | 玻璃窗 | 无灰尘、无污迹、无水迹 |
| 卫生间 | 门框 | 无积灰、无污迹 |
| | 墙面四周 | 无污迹、无水迹 |
| | 面盆、浴缸内外 | 无污迹、无水迹、无毛发 |
| | 坐便器内外 | 无污迹、无尿碱 |
| | 水箱内外 | 无泥沙、无积污 |
| | 金属器具 | 无污迹、无水迹、光亮 |
| | 天花板 | 无黄斑、无灰尘 |
| | 地漏 | 无污迹、无毛发、无异味 |

客房卫生质量标准的制订使客房清扫工作有了明确的标准和规范，但标准和规范的执行还有赖于客房服务人员自我职业意识的提高及客房部管理人员的有效督促检查。

## 3.3.2　落实客房卫生逐级检查制度

检查客房又称为查房。客房的逐级检查制度主要是指对客房的清洁卫生质量检查实行领班、主管及部门经理三级责任制，也包括服务员的自查和上级的抽查。采用逐级检查制度是确保客房清洁质量的有效方法。

### 1．服务员自我检查

客房服务员每整理完一间客房，应对客房的清洁卫生状况是否符合标准、物品的摆放是否到位、设备家具是否需要维修和用品是否补充齐全等做自我检查。如有问题，应立即修正或重做，保证达到标准。

自我检查可以帮助客房服务员增强责任心和检查意识；提高客房的合格率；减轻领班查房的工作量；增进工作环境的和谐与协调。

### 2．领班全面检查

领班全面检查是客房服务员自查之后的第一关，常常也是最后一关。因为领班认为合格就能报给前台出租给客人。这道程序责任重大，必须由训练有素的员工来承担。领班每天要对班组员工清洁整理的客房进行全面检查，不留死角。

其检查的内容包括房门、墙壁、家具、灯具、电气设备、客房酒吧、卫生间等。通常一个早班领班要带 6 名左右客房服务员，检查 80 多间客房区域，都要保证质量合格。凡检查不合格或存在问题，必须由服务员重做或改正。

一般情况下，领班应按环形路线顺序查房，发现问题及时记录和解决，但对下列房间应优先检查。

(1) 已列入预订出租的房间。

(2) 已清扫完毕的走客房。检查合格后尽快通知客房中心。

(3) 空房的 VIP 房。

(4) 维修房。查看维修房的维修进度和家具设备状况。

(5) 外宿房。检查外宿房并报告总台。

领班查房可以拾遗补漏、帮助指导、督促考察、控制调节。总之，领班检查工作的标准和要求是上级管理意图的表现(表 3-7)。

表 3-7　领班查房表

楼层：　　　　　　　　　　　　　　　　日期：

| 房　号 | 进房时间 | 出房时间 | 查　房　内　容 |
|---|---|---|---|
|  |  |  |  |
|  |  |  |  |
|  |  |  |  |
|  |  |  |  |
|  |  |  |  |
|  |  |  |  |
|  |  |  |  |
|  |  |  |  |
|  |  |  |  |

检查人：　　　　　　　　　　　　　　　　经理：

> **小资料**
>
> ### 领班查房应注意些什么
>
> 一间客房经过服务员清洁后，领班进去查房，希望领班能脱鞋进入。这样做目的是不把鞋子上的灰尘带到客房，不把脚印印在吸平的地毯上。地毯上留下了服务员的脚印，新入住的客人肯定会认为是不干净的房间。在许多酒店，服务员穿着布鞋，鞋底是塑料的；领班穿着皮鞋，鞋底是橡胶的。塑料鞋底踩在卫生间地面不会留下脚印，橡胶鞋底会留下脚印，如果地面水迹未擦干，脚印会更黑。所以提倡领班查房脱鞋进入房间，这样既不会破坏服务员辛苦做出来的客房卫生，对地毯也是一种爱护和保养。

> 浴缸边沿高处的墙壁、天花板和浴帘靠浴缸的一面是清扫的盲点。因为在做浴缸卫生时，服务员会集中精力注意浴缸内不要留下污垢、毛发等。可实际上，客人在淋浴时，可以不费劲地看到天花板、墙壁和浴帘。服务员的注意力和客人的注意力竟然有 180°的差距！但是，客房清扫必须在短时间内高效率地完成，每做一间客房都必须从顾客的角度来观察是不太现实的，这就要求领班在查房时需要特别注意。领班查房不是沿着服务员的清扫路线重新检查一遍，而是注意一些细节的问题。

### 3．主管重点检查

客房主管是客房清洁卫生任务的主要指挥者，对客房卫生管理的组织、客房清扫整理的质量和楼层对客服务负有全面的责任。加强服务现场的督导和检查，是客房主管的主要职责之一。

楼层主管对客房清洁卫生质量实行重点检查，数量一般为领班数量的 20%～25%。检查每一间 VIP 房；抽查长住房、OK 房、住客房和计划卫生的大清扫房；检查每一间维修房，促使其尽快投入使用。主管在检查的过程中可以督促领班扎扎实实做好工作；进一步保证客房卫生质量；确保客房部经理管理方案的落实；为管理工作的调整和改进、实施员工培训计划和人事调动等提供较为有价值的信息。

### 4．部门经理抽查

在主管、领班检查的基础上，客房部(也有些酒店称管家部)或经理每天还要抽查部分房间的卫生清扫整理情况。这对于掌握员工的工作状况、加强与基层员工的沟通、改进管理方法、修订操作标准、更多地了解客人意见具有十分重要的意义。其抽查方式有两种：一是随机抽查，看是否存在问题；二是重点抽查重点区域、重点客人所住的房间等。

酒店客房卫生质量除上述 4 级检查外，如果有特别重要的 VIP 客人入住酒店，酒店总经理或副总经理都要亲自前来检查。特别是房间布置、添补客用物品、室内卫生、空气，以及赠送或提供给客人的鲜花、果篮、酒水饮料、总经理名片等，都是 VIP 客房的检查重点。此外，副总经理会定期或不定期地抽查客房卫生清扫整理情况，以掌握整理动态，不断改进工作，提高管理水平和服务质量。部门经理查房是了解工作现状、控制服务质量最为有效的方法。

## 3.3.3 实施客房计划卫生制度

客房的计划卫生是指在日常客房清洁的基础上，拟订一个周期性清洁计划，针对客房中平时不易或不必进行清洁的项目，采取定期循环的方式做彻底的清洁保养工作的客房卫生管理制度。

客房诉计划卫生主要包括地面保养(地毯清洗、地板打蜡)、家具设备设施保养(木制家具打蜡，翻转床垫，冰箱除霜，铜器具、烟雾报警器、空调出风口和门窗玻璃的擦拭等)、除尘消毒(清洗浴帘、窗帘,地漏喷药,清洁墙壁)等内容。各酒店客房计划虽然不尽相同,但基本上可以分为定期和不定期两类,一般根据需要制订出周期计划。客房部要制订计划卫生表,如中班每日单项计划卫生表(表3-8),安排服务人员实施,领班检查计划落实的情况。

表3-8 中班每日单项计划卫生表

| 星 期 | 计划内容 |
| --- | --- |
| 星期一 | 吸尘器 |
| 星期二 | 三间的整理 |
| 星期三 | 电话机、垃圾桶 |
| 星期四 | 吸尘器 |
| 星期五 | 楼梯、楼梯扶手和公共区域门 |
| 星期六 | 灯筒、空调格 |
| 星期日 | 立式烟筒、地毯边除毛 |

注:请中班每日认真落实每日单项计划卫生,中班主管每日抽查。

(1) 制订计划卫生日程。客房计划卫生一般可以分为每日计划卫生、季节性计划卫生、年度计划卫生。每日计划卫生是指除完成日常的清洁整理工作之外,每天都要有计划地对客房某一部位进行彻底的清洁。季节性和年度计划卫生清洁范围大,时间长,易安排在经营淡季进行。与前厅部、工程部等部门协商合作,实行封闭楼层,对设备进行全面检修。

(2) 准备计划卫生工具。每次做计划卫生前必须了解需要哪些清洁工具和用品,以做好准备,主要包括梯子、安全带、清洁剂、干湿抹布、刷子等,这都要根据每次计划卫生的具体清扫的地点和项目来确定。

(3) 计划卫生的实施。在制订计划卫生日程的基础上,一般由楼层主管或领班来组织实施,安排每天计划卫生的时间段、人员、使用的清洁工具等,确保计划卫生工作的实施。

(4) 保证计划卫生安全。有些计划卫生项目需要高空作业,如清洁门窗玻璃、高处灯管、墙角、天花板等,必须两人一组协助完成,充分运用安全带、扶梯、椅子,并有人保护,以保证绝对的安全,防止事故的发生。

(5) 加强检查。客房计划卫生完成后,由领班、主管按照清扫卫生质量标准进行检查,以保证计划卫生质量。

【参考资料】

# 本 章 小 结

## 1. 根据客房的实例,充分理解客房清洁保养的含义

清洁指去除尘土、油垢和污渍;保养指保护调养使之保持正常状态。世界权威的卫生组织用一个英文单词SHAPE来概括清洁的特性。S:Safety(安全),即清洁能带来安全卫生;H:Health(健康),即清洁能带来健康;A:Appearance(外观),即清洁代表

了外貌美观，如建筑物表面；P：Protection(保护)，即清洁能给建筑物或设施、设备以保护，同时清洁有利于环保；E：Economic(经济实用)，即清洁能减少浪费，降低成本消耗。

### 2. 用正确的方法来清扫客房

为了提高工作效率，保证客房清洁保养的质量，避免重复劳动和意外事故的发生，服务员要按照从上到下、从里到外、环形整理、干湿分开、抹布折叠使用、先卧室后卫生间、注意墙角的客房清扫的方法来进行。

### 3. 辨别房间的使用状态

客房状态处于动态变化中，客房服务员要了解工作区域的房间状态，及时核对房态，不同的房间状态反映了客人的不同需求，服务员要科学地安排房间的清洁整理顺序。房间状态有：住客房、走客房、贵宾房、请即打扫房、长住房、外宿房、请勿打扰房、轻便行李房、无行李房、加床房、预退房、已清扫房、维修房、未清扫房等。

### 4. 按照正确的清扫顺序来清洁客房，以示对客人的尊重

(1) 常规的清洁顺序。
①挂有"Make up Room"的客房或客人口头上提出要求打扫的客房；②总台急需房；③VIP房；④走客房；⑤住客房；⑥空房；⑦长住房。
(2) 旺季时的清洁顺序。
①总台急需房；②空房；③走客房；④挂有"Make up Room"的客房或客人口头上提出要求打扫的客房；⑤VIP房；⑥住客房；⑦长住房。

### 5. 按照正确的进房程序来为客人服务

(1) 布草车停放在房间门口，吸尘器摆放在布草车一侧。
(2) 站在门前适当的位置(离房门20～30cm)，观察。
(3) 站姿大方端正，正视猫眼。用右手中关节(不能用拳头)轻敲房门两次，每次3下，速度适中，敲门相隔3～5秒钟，最后按一次门铃，同时说"Housekeeping"(客房服务员)。注意有无客人发问，切勿立即用钥匙开门或连续敲门。
(4) 缓缓打开房门，插上取电卡，把"正在清扫牌"挂在门把手上。
(5) 填写进房时间。

### 6. 根据走客房、住客房的特点，按程序进行清扫

见走客房、住客房的操作程序、操作要领及操作要求。

### 7. 能够快速高效地完成客房铺床的技能操作

见3.2如何培养客房铺床操作技能。

### 8. 了解客房卫生逐级检查制度的内容

客房的逐级检查制度主要是指对客房的清洁卫生质量检查实行领班、主管及部门经理三级责任制，也包括服务员的自查和上级的抽查。采用服务员自我检查、领班全面检查、主管

重点检查、部门经理抽查是确保客房清洁质量的有效方法。

### 9. 掌握如何贯彻实施客房计划卫生制度

见 3.3.3 实施客房计划卫生制度。

## 课堂讨论

1. 如何确定客房清扫的顺序？
2. 房间挂请即打扫牌，客人回来后发现房间还未整理，如何处理？
3. 客房如何清扫可以做到高效，没有遗漏？
4. 客房清扫时，对挂有"请勿打扰"牌的房间如何处理？
5. 当清扫完一间客房时，该怎么办？
6. 如何来安排客房的计划卫生工作？

## 体验练习

考察几家同级别的酒店，对比客房清洁保养的工作技巧，归纳总结成功经验。

## 案例分析

### 遇到无房卡的客人时

凭房卡开门是每位服务员所应提供的服务，但是宾客出门忘记带房卡或丢失，需服务员为其开门时，该如何处理呢？

"服务员，帮我开门。"

"先生，请出示一下您的房卡，好吗？"

"我忘了房卡放在哪里了？我很忙，可不可以帮帮忙，开一下门。"

"先生，很抱歉，我们酒店有严格的规定，没有房卡不能为您开门，请您谅解。"

"那怎么办？"

"可以出示您的身份证吗？"

宾客一脸无奈："麻烦，规定是死的，人不是活的吗！"客人从包里拿出证件一脸不高兴。

## 案例思考题

1. 案例中客房服务员的做法是否恰当？
2. 这则案例给酒店服务管理工作带来什么启示？

## 实操训练

1. 中式铺床考核评分标准见表 3-9。

表 3-9 中式铺床考核评分标准

学号：　　　　　　　　班级：　　　　　　　　姓名：

| 项　目 | 要求细则 | 分值 | 扣分 | 得分 |
|---|---|---|---|---|
| 仪表仪容(10 分) | 服装整洁。头发不凌乱，不留长指甲，干净、卫生，面部修饰适度 | 10 | | |
| 床　单(29 分) | 一次甩单定位(两次扣 2 分，三次及以上不得分) | 10 | | |
| | 不偏离中线(偏 2cm 以内不扣分，2～3cm 扣 1 分，3cm 以上不得分) | 3 | | |
| | 床单正反面准确(毛边向下，抛反不得分) | 2 | | |
| | 床单表面平整光滑 | 3 | | |
| | 包角紧密平整，式样统一(90°) | 11 | | |
| 被　套(8 分) | 一次抛开(两次扣 2 分，三次及以上不得分)、平整 | 4 | | |
| | 被套正反面准确(抛反不得分) | 2 | | |
| | 被套开口在床尾(方向错不得分) | 2 | | |
| 羽绒被(31 分) | 打开羽绒被压入被套内做有序套被操作 | 3 | | |
| | 抓两角抖羽绒棉被并一次抛开定位(整理一次扣 2 分，类推)，被子与床头平齐 | 6 | | |
| | 被套中心不偏离床中心(偏 2cm 以内不扣分，2～3cm 扣 1 分，3cm 以上不得分) | 4 | | |
| | 羽绒被在被套内四角到位，饱满、平展 | 3 | | |
| | 羽绒被在被套内两侧两头平 | 3 | | |
| | 被套口平整且要收口，羽绒被不外露 | 2 | | |
| | 被套表面平整光滑 | 3 | | |
| | 羽绒被在床头翻折 30cm(每相差 2cm 扣 1 分，不足 2cm 不扣分) | 3 | | |
| | 两侧距地等距(每相差 2cm 扣 1 分，不足 2cm 不扣分)，尾部自然下垂，尾部两角应标准统一 | 4 | | |
| 枕头(2 个)(12 分) | 四角到位，饱满挺括 | 3 | | |
| | 枕头边与床头平行 | 3 | | |
| | 枕头中线与床中线对齐(每相差 2cm 扣 1 分，不足 2cm 不扣分) | 3 | | |
| | 枕套沿无折皱，表面平整，自然下垂 | 3 | | |
| 综合印象(10 分) | 总体效果：三线对齐，平整美观 | 5 | | |
| | 操作过程中动作娴熟、敏捷，姿态优美，能体现岗位气质 | 5 | | |
| 合　　计 | | 100 | | |
| 操作时间：　　分　　秒 | 超时：　　秒　　扣分：　　分 | | | |
| 实　际　得　分 | | | | |

注：要求 3 分钟内完成，提前不加分，每超时 10 秒钟扣 3 分。

2. 西式铺床考核评分标准见表 3-10。

表 3-10 西式铺床考核评分标准

学号：　　　　　　　班级：　　　　　　　姓名：

| 项　目 | 要求细则 | 分值 | 扣分 | 得分 |
|---|---|---|---|---|
| 仪表仪容<br>(10 分) | 服装、头发整齐干净；面部修饰适度 | 4 | | |
| | 不能跑动，不能跪床 | 3 | | |
| | 操作轻松、潇洒、有节奏，不忙乱，不重复 | 3 | | |
| 第一次甩单、<br>定位<br>(12 分) | 准确一次到位 | 3 | | |
| | 不偏离中心线 | 6 | | |
| | 正面向上 | 3 | | |
| 第一次包角<br>(12 分) | 四个角式样、角度一致 | 4 | | |
| | 四个角均匀、紧密 | 4 | | |
| | 床两侧塞进床垫部分不少于 15cm | 2 | | |
| | 床头床尾塞进床垫部分不少于 15cm | 2 | | |
| 第二次甩单、<br>定位<br>(12 分) | 一次到位 | 3 | | |
| | 不偏离中心线 | 6 | | |
| | 正面向下 | 3 | | |
| 甩毛毯定位<br>(21 分) | 一次到位 | 3 | | |
| | 不偏离中心线 | 6 | | |
| | 毛毯商标在右下方 | 3 | | |
| | 盖单覆盖毛毯翻折 25cm | 6 | | |
| | 毛毯与床头距离 25cm | 3 | | |
| 第二次包角<br>(12 分) | 2 个角式样、角度一致 | 3 | | |
| | 两个包角均匀、紧密 | 3 | | |
| | 床两侧塞进床垫部分不少于 15cm | 3 | | |
| | 床尾塞进床垫部分不少于 15cm | 3 | | |
| 套枕头<br>(6 分) | 四角饱满，外形平整、挺括 | 4 | | |
| | 枕芯不外露 | 2 | | |
| 放枕头<br>(8 分) | 与床两侧距离相等 | 4 | | |
| | 枕头开口处反向于中间床头柜 | 2 | | |
| | 枕头与床单中线重叠 | 2 | | |
| 铺床罩<br>(7 分) | 床面平整美观，床罩与床垫边线重叠 | 3 | | |
| | 床罩盖没枕头不露边，床罩多余部分要塞入枕头中间和底部 | 2 | | |
| | 床尾两角垂直、挺括 | 2 | | |
| 合　计 | | 100 | | |

操作时间：　　分　　秒　　　　超时：　　秒　　扣分：　　分

实　际　得　分

注：要求 3 分钟内完成，提前不加分，每超时 10 秒钟扣 3 分。

## 测 试 题

1. 服务员打扫住客房时,对写字台上客人的零散物品,正确的做法是( )。
   A. 不动客人的物品,以免客人怀疑丢失物品和损坏物品
   B. 为了保持客房的整洁,可将客人的零散物品放入皮包里
   C. 为了保持客房的整洁,应将客人的零散物品整理整齐
   D. 为了保持客房的整洁,应将客人的零散物品放在抽屉里
2. 服务员在铺床时,可以把床上的床罩、毛毯、枕头放在( )。
   A. 床头柜上　　　B. 写字台上　　　C. 地毯上　　　D. 椅子或备用床上
3. 对迎客房卫生的检查应遵循( ),部门经理巡视检查的制度,做到分工明确、责任清楚。
   A. 服务员自查、领班全面检查、主管分段检查
   B. 服务员自查、领班抽查、主管分段检查
   C. 服务员自查、领班抽查、主管全面检查
   D. 服务员自查、领班全面检查、主管重点检查
4. 服务员清扫住客房时,若客人不在房内应将工作车( )停放。
   A. 紧靠在房门的左侧　　　　　B. 紧靠在房门的右侧
   C. 紧靠墙面,挡住房门　　　　D. 在走廊中央
5. 对挂有"请勿打扰"牌的客房,清扫服务员要( )。
   A. 敲门进房打扫　　　　　　　B. 打电话后进房打扫
   C. 和领班一同进房打扫　　　　D. 记下房号暂不打扫
6. 服务员在工作期间,发现有住客将钥匙留在房门钥匙孔上,若客人在房间,必须( )。
   A. 敲门提醒客人,将钥匙放入客房内　　B. 拔下钥匙,放入钥匙格内
   C. 拔下钥匙,交前台处理　　　　　　　D. 拔下钥匙,自行保管
7. 对客人刚退掉的房间进行清扫,称为走客房清扫,俗称( )。
   A. 特别清扫　　　B. 彻底清扫　　　C. 计划清扫　　　D. 一般清扫
8. 客房服务员正在服务台听电话,而有客人来到面前时应( )。
   A. 不予理睬　　　　　　　　　B. 礼貌示意,尽快结束通话,并道歉
   C. 让客人等候　　　　　　　　D. 立即挂断电话
9. 服务员在房间里或在公共区域拾到客人遗留物品都应交( )并做好失物招领记录。
   A. 总经办　　　B. 客房部　　　C. 保安部　　　D. 财务部
10. 挂有"请勿打扰"牌的客房,一般在( )前不要敲该房间的门,但应记下房间号及挂牌时间。
    A. 18:00　　　B. 12:00　　　C. 13:00　　　D. 14:00
11. 在清理脏布件时,客人放在床上的衣服应( )。
    A. 整理后放在床头柜上　　　　B. 用衣架挂好,吊入衣橱内
    C. 整理后放在沙发椅上　　　　D. 整理后放在行李箱上

## 第二篇　客房的常规性管理

12. 迎客房内洗衣袋、洗衣单及刷衣工具配备要齐全，一般放置在(　　)。
    A. 写字台内　　　B. 行李柜上　　　C. 衣橱内　　　D. 床头柜内

13. 台班服务员带客人去客房途中，应走在客人的(　　)。
    A. 正前方　　　B. 右前方　　　C. 左前方　　　D. 侧前方

14. 服务员带初次入店的客人进房后，介绍客房设备、服务项目、住客须知等要热情、大方、自然，一般时间掌握在(　　)左右为宜。
    A. 2 分钟　　　B. 5 分钟　　　C. 8 分钟　　　D. 10 分钟

15. 如果客人预计到店时间较晚(20 点以后)，晚间客房整理可(　　)。
    A. 提前做好　　　　　　　　　　B. 在客人抵达后再做
    C. 和客人协商时间后再做　　　　D. 不做

16. 楼层领班每日检查服务员清扫房间使用(　　)。
    A. 客房维修报告单　　　　　　　B. 房态表
    C. 楼层住客登记表　　　　　　　D. 房间检查表

17. 清洁员在清扫走客房时，房间如有异味，应(　　)。
    A. 开空调换气　　　　　　　　　B. 喷空气清新剂以去异味
    C. 点香改味　　　　　　　　　　D. 打开门窗，进行通风

18. 台班服务员接新到客人住房信息或电梯铃响时，应(　　)，等候客人。
    A. 迅速站到相应的位置　　　　　B. 在值班室里
    C. 站立服务台内　　　　　　　　D. 在客人入住房门前

19. 一般饭店规定台班服务员迎接客人时，应笑脸相迎，鞠躬(　　)，主动招呼问好。
    A. 30°　　　B. 15°　　　C. 45°　　　D. 60°

20. 客房迎宾工作程序主要内容包括(　　)。
    A. 迎梯、引领入房、客房介绍、端茶送水
    B. 梯口迎接、开床、介绍、道别离房
    C. 摆放开水、端茶送水、道别离房
    D. 礼貌问候、详细介绍、道别离房

21. 在清理脏布件时，客人放在床上的衣服应(　　)。
    A. 整理后放在床头柜上　　　　　B. 用衣架挂好，吊入衣橱内
    C. 整理后放在沙发椅上　　　　　D. 整理后放在行李箱上

22. 对下午 2:00 以后，仍挂有"请勿打扰"牌的房间，可由(　　)询问什么时候打扫客房，最后不要忘记说"打扰您了"。
    A. 清扫服务员敲门　　　　　　　B. 值台服务员敲门
    C. 客房服务员打电话　　　　　　D. 总台打电话到该房

23. 如果房间门上挂有"请勿打扰"牌，服务员要注意，此时尽量不要打扰客人，客人特别交代需尽快办理的事项，可(　　)。
    A. 通过电话征询　　　　　　　　B. 敲门后，礼貌征询
    C. 立即进房，礼貌征询　　　　　D. 报告领班进房征询

# 第4章 公共区域清洁保养管理

【本章概要】
1. 布置公共区域清洁任务
2. 清洁保养面层材料
3. 有效使用清洁器具
4. 对清洁剂的管理
5. 正确使用消毒方法

【本章目标】
　　学完本章以后，学生将具备以下能力：
　　(1) 根据酒店公共区域的业务范围，了解公共区域的工作内容；
　　(2) 用公共区域清洁保养质量标准，来评价和衡量公共区域的清洁状况；
　　(3) 按照正确的公共区域日常清洁保养程序来进行操作；
　　(4) 将面层材料的清洁保养知识运用到日常的清洁保养工作当中；
　　(5) 熟知客房物品的消毒方法，并加以正确运用。

公共区域(Public Area，PA)是指公众共有共享的活动区域，除了住店客人之外，前来用餐、开会、娱乐、购物、参观的人往往都要经过公共区域。公共区域的环境、卫生质量的优劣都将直接影响到酒店的整体形象，因此做好公共区域的清洁保养同样重要，不可掉以轻心。

> **微型案例**
>
> **小方法，真功夫**
>
> 酒店每天产生许多垃圾，有的客人或员工也会将有用之物误当垃圾处理掉，等当事人想起来时，垃圾已运送到酒店垃圾处理场。酒店只好发动员工，在堆成小山似的垃圾堆中左一袋右一袋地翻找，直到找到为止。
>
> 这种急客人所急的精神值得赞赏，但酒店付出的人力太大，效率太低，且翻找效果不好。香港四星级酒店京华国际酒店在垃圾处理的问题上有自己的独特做法。
>
> 该酒店共有 487 间客房，每层楼 32 间，分 A、B 两段，由两个清扫员负责，做完客房后将垃圾集中在一个垃圾袋中，里面放一条说明，如负责 15 楼 A 段的，纸条上写明 15FA。公共区域服务员统一将每一楼层的两袋垃圾装到一个大垃圾袋中，再在袋上用防水笔注明具体楼层。酒店其他部门、其他分区的垃圾同样按照此方法注明。一旦需要翻找，范围将大大缩小，只要找出某楼层、某区域的垃圾即可。
>
> 小小方法，举手之劳，源自于管理人员的精心视察，细微之处体现出酒店管理的真功夫。

# 4.1 布置公共区域清洁任务

根据公共区域所处的位置划分，可分为室内部分和室外部分。室内公共区域包括客人活动和酒店员工活动的区域，如大堂、门厅、休息室、康乐中心、舞厅、餐厅、卡拉 OK 厅、公共洗手间、员工通道、电梯、更衣室、员工卫生间、员工食堂、办公室、倒班宿舍等。室外公共区域包括广场、停车场、绿化地带、屋顶、外墙、广告牌、车道等。

## 1. 室内公共区域的清洁

1) 酒店大堂

大堂(图 4.1)是酒店的门面，也是酒店 24 小时都在使用的场所，大量的客人从大堂经过或在这里停留，不免会带进尘土、纸屑等杂物，而这里又是每一位宾客留下第一印象最为重要的地方，所以需要不断地清洁和保养。

(1) 入口。

入口处的清洁保养工作主要是清洁地面和指示牌等，北方地区的酒店在冬季最好不要用水进行冲洗，以防结冰，影响出行安全。为了减少将尘土、沙石带进大厅，在入口处可放置防尘格、踏脚垫，但要及时更换和清洗。入口处的指示标牌也要经常擦拭，保持光亮，摆放整齐。为了给雨雪天气出门的客人带来方便，门口一般还配置雨伞架。

图 4.1　酒店大堂

(2) 休息区。

为了给客人提供休息、等候的环境，在大厅处设有沙发座椅、茶桌等。由于使用频繁，要经常擦拭台面，保证无灰尘、无污迹、无杂物，物品要摆放整齐。

茶桌上的烟灰缸要经常更换，保持里面的烟蒂不得超过三个，在更换整理烟灰缸时要注意是否有尚未熄灭的烟头，以确保安全。撤换烟缸的方式为用右手将一干净烟灰缸盖在脏烟灰缸上，一并拿起，再将干净烟灰缸放回原来位置。

(3) 立式烟筒。

酒店通常设有许多立式烟筒，这些立式烟筒要经常清洁、定期清洗，保持沙石的干净，平时还要检查有无未熄灭的烟头、火种等。

2) 电梯

电梯使用频繁，是需要经常清洁保养的地方。由于电梯的使用不易控制，难免会出现弄脏、摩擦、碰撞等现象，特别是电梯门、地面和厢壁容易留下脚印、手印和碰撞摩擦留下的痕迹。所以，需要经常不断地清洁保养。

对电梯进行清洁保养时要合理安排时间，一般安排在晚间或人流量较少的时间内进行。电梯清洁时既要保持电梯的正常运行和客人的进出，又要避免噪声对客人的影响。对电梯进行清洁保养的具体内容包括电梯门、地面、厢壁及顶部的除尘、除迹，金属部分用金属上光剂擦拭，如果地面铺设地毯，可用吸尘器吸干净地面的沙子、杂物，并可适时用洗地机配合清洁剂清洗。

3) 公共洗手间

酒店公共洗手间使用者众多、使用频率高，这就给清洁保养工作带来了难度。酒店必须保证公共洗手间设备完好、用品齐全、清洁卫生，这同样需要使用者的支持与配合。一些酒店在墙面上贴有提示卡，上面的字极小，促使客人凑近才能看清，待客人读完上面的内容，提示卡也就起到作用了。

【参考图文】

公共洗手间的清洁保养工作包括简单性的清洁保养和彻底性的清洁保养。简单性的清洁保养可随时进行，不影响洗手间的正常使用，注意不要妨碍客人，主要内容有：清洁卫生洁具并进行杀菌消毒；对地面、墙面、镜面、台面、门、拉手、厕纸架、烘手器进行除灰尘、除水迹、除污渍、除异味；清除垃圾、杂物；更换、补充及整理用品。全面彻底的清洁保养工作，往往会影响洗手间的正常使用，因此应在门外放置告示牌，说明暂停使用的原因及何时可以使用，并标明附近洗手间的位置。其具体内容有洗刷地面、墙面、台面等处；冲洗坐便器、便池；地面打蜡抛光；清除水垢等。

4) 餐厅、酒吧

客房部要协助餐饮部做好餐厅、酒吧的清洁保养工作。清洁保养工作的安排要视其营业情况，尽可能安排在非营业高峰时间或营业结束后进行。

餐厅、酒吧的清洁保养工作主要如下。

(1) 清除桌椅、工作台等处的残留物和污迹，保持干净整洁。

(2) 地面、墙面的吸尘、除迹。地面吸尘前要将碎屑等捡拾干净，以免损坏吸尘器；墙面易污染，因此每餐后要及时清洁。

(3) 擦拭灯具、装饰物的尘迹。

(4) 金属器件的除锈上光。

(5) 门、窗、风口处的除尘、除迹。

(6) 木质家具的清洁打蜡。

**小·思考**

**金属器件脏了，该怎么办？**

[参考答案]

(1) 公共区域的金属器件每日定期用抹布抹去表面的尘垢后，要用专用清洁剂反复擦拭，再用干净布抛光擦亮为止。

(2) 每日清扫卫生间时，金属拉手要用干抹布擦拭光亮，不留任何污迹。

5) 会议室

会前，客房部要对其进行全面的清洁保养，并协助有关部门进行场地布置；会中、会后，客房部要合理调配人力，保持场地的清洁，并进行必要的清洁保养工作。

会议室的清洁保养工作主要有以下几个方面。

(1) 清洁、布置接待室。

(2) 会议室桌、椅的清洁保养。

(3) 地面、地毯的吸尘、除迹。

(4) 清洁空调出风口。

(5) 清倒垃圾。

6) 员工更衣室、浴室

员工更衣室、浴室的清洁通常由专人负责，其清洁保养工作的内容和要求有：保持地面干净整洁；清除垃圾、杂物；椅凳摆放整齐；清洁浴室、卫生间；补充卫生用品；家具设备的除尘除迹等。

对员工通道、员工电梯的清洁除白天进行简单清洁外，夜间还要做彻底清洁，以保证卫生。

7) 办公室

办公室的清洁保养工作一般在上班前或下班后进行，并在中间方便的时间清洁一次。办公室有很多重要的文件，清洁时要特别小心，防止文件丢失。有些办公室由于保密和安全的需要，对清洁保养另做特别安排，通常要与有关人员或部门协调沟通，来确定具体的清洁时间。

8) 灯具

酒店大厅、多功能厅等处一般都装有大型吊灯。吊灯的清洁保养工作是一项比较困难细致的工作，必须合理安排，不影响营业场所的使用。

吊灯大多价格昂贵、易损坏、配件不易采购，因此清洁保养吊灯的工作必须由工作认真细致、责任心强、有经验的服务员承担。擦拭吊灯要配齐设备、工具、用品，操作时不能有一点疏忽，要特别注意安全。吊灯饰件要洁净、光亮、无灰尘，清洁后，清洁器具要妥善放置。

### 2. 室外公共区域的清洁

1) 酒店外部环境

酒店外部环境包括酒店负责清洁的区域和酒店周边。这是客人从外部了解、认知酒店的一个非常重要的因素，所以酒店外部区域，每天必须多次清扫，保持整洁，酒店外墙应定期加以清洗。

2) 停车场

(1) 每天清扫停车场地面，保持地面无垃圾。

(2) 每天清倒垃圾，洗净垃圾桶。

(3) 擦拭各种指示牌及装饰物件。

(4) 每天清理沙井、沟渠、花槽等处。

3) 垃圾处理

酒店每天都会产生大量的垃圾，所有垃圾都要集中到垃圾房，统一处理。

(1) 将垃圾中有用的物品如餐具、用具、设备零件等分拣出来，进行登记，移交给有关部门处理。

(2) 经过清理的垃圾，喷洒药物后装进垃圾桶并加盖，以杀灭虫害和细菌。

(3) 垃圾房是处理垃圾的场所，无关人员不得进入。

(4) 当天的垃圾要当天处理，每天定时将垃圾运往垃圾厂或垃圾处理场。如酒店有处理垃圾的设施，可先将垃圾处理后，再运往垃圾场。

(5) 保持垃圾房的清洁卫生，无异味。

(6) 垃圾桶排放整齐，地面无遗留垃圾。

# 4.2 清洁保养面层材料

面层材料主要包括地面和墙面的装饰材料。地面和墙面的清洁保养不仅可以美化和保护地面、墙体的基材，同时可以美化环境，减少因维修或更换装饰材料而带来的费用支出。

用于酒店装饰的面层材料种类繁多，这就给清洁保养工作提出了高要求。下面主要介绍一些常见的酒店面层材料的清洁保养知识。

## 1. 地毯

地毯是一种高档地面装饰材料，具有美观、保温、吸音、舒适等特点。它被广泛地用于客房、餐厅、酒吧、会议室等场所。据统计，星级酒店的地毯铺设面积要占其总面积的65%左右。由此可见，地毯是酒店用于地面装饰的主要材料之一。对地毯进行清洁保养有以下几项措施。

1) 防污

采取预防性措施，可以避免和减轻地毯的污染，这是地毯清洁保养最积极、最经济、最有效的办法。具体的做法如下。

(1) 喷洒防污剂。

地毯在使用前，可以喷洒专用的防污剂，在纤维外表面喷上保护层，能起到隔离污物的作用，即使有污物，也很难渗透到纤维之中，易于清除。

(2) 阻隔污染源。

地毯的污染70%都是人为造成的，酒店在出口处铺上长毯或擦鞋垫是非常必要的。这样可以减少或清除客人鞋底上的尘土污物，避免客人将脏物带进酒店，减轻包括地毯在内的地面污染。

(3) 跟进服务。

通过周到的服务也可以防止污染地毯。例如，有些客人在客房内的垃圾比较多(烟头、易拉罐、废纸、瓜果皮等)，遇到这种情况，服务员要为客人勤换垃圾袋，避免多余的杂物掉在地毯上。

2) 吸尘

在地毯保养过程中，吸尘是最重要、最基本的。吸尘可以去除地毯表面及纤维中的尘埃、沙砾、纸屑等松散形污垢，减少地毯清洗的次数，保持地毯的弹性和柔软度，延长使用寿命。

一般来讲，吸尘频率根据酒店区域而定：使用较频繁的地方(如客房)，每天吸尘1次；人员流动量大的地方(如餐厅、商场)，每天吸尘至少3次。

常规的地毯吸尘可用普通吸尘器，但应定期使用直立式吸尘器彻底吸除地毯基部的杂质、沙砾等。地毯吸尘的程序见表4-1。

表4-1 地毯吸尘程序

| 操作程序 | 操作要领 | 操作要求 |
| --- | --- | --- |
| 吸尘前的准备工作 | 1. 备好吸尘工具<br>2. 检查并清除吸尘区域内大的垃圾和尖利物品 | 备齐工具 |
| 吸尘 | 1. 客房或公共区域的角落、墙边等处应选用合适的吸尘器配件<br>2. 按照由里向外的顺序进行，以免遗漏<br>3. 采用推拉式，推时应逆毛，拉时应顺毛，保证吸过的地毯纤维倒向一致<br>4. 及时去除地毯污渍 | 1. 吸尘器连续工作不要超过2个小时，否则会影响使用寿命<br>2. 操作过程中发现地毯如有损毁，及时上报 |
| 吸尘后的结束工作 | 1. 倒出集尘袋里的杂物并进行清理<br>2. 存放好吸尘器具 | 及时清理集尘袋，否则会影响吸尘效率 |

3) 除渍

地毯使用中难免会被污染,及时除渍、保持地毯的清洁美观是非常必要的。地毯上经常会有局部的小块斑迹,如饮料迹、油迹、食物斑迹等。不同的污渍应用不同的方法加以清除,否则渗透扩散后会留下永远无法清除的脏迹,造成对地毯的损害。常见的地毯污迹清除方法见表4-2。

表4-2 常见的地毯污迹清除方法

| 污渍种类 | 清 除 方 法 |
| --- | --- |
| 果汁、可乐、菜汁、咖啡、葡萄酒等 | 用干布吸干,用海绵蘸上清洁剂擦拭、吸干,再用海绵蘸上清水擦拭、吸干。如仍有污迹可用漂白剂清除,再用清水擦拭,吸干水分 |
| 巧克力、鸡蛋等食物 | 彻底清除食物,吸干汁水,用海绵蘸上清洁剂擦拭,吸干,再用清水擦拭,吸干。如一次效果不好,可重复一次 |
| 番茄酱 | 刮去番茄酱,用海绵蘸上清洁剂擦拭、吸干,再用清水擦拭吸干,也可用漂白剂清除 |
| 口香糖 | 用海绵蘸上干洗剂擦拭,然后用纱布吸干 |
| 口红、指甲油 | 用海绵蘸上乙酸戊酯或专用清洁剂擦拭,吸干,再用海绵蘸上干洗剂擦拭然后吸干 |
| 油渍 | 先吸干油渍,再用海绵蘸上干洗剂擦拭,然后吸干 |
| 蜡迹 | 彻底刮去蜡烛斑点,在斑迹上铺上潮布,用熨斗熨烫,使熔化的蜡液被潮布吸除 |
| 烧焦痕迹 | 去掉烧焦部分,用海绵蘸上干洗剂擦拭,用同样的地毯胶贴或织补 |
| 血迹 | 吸干,用冷水擦拭,水分吸干后,用海绵蘸上清洁剂擦拭,吸干,再用清水擦净,吸干 |
| 压痕 | 用蒸汽熨斗熨烫,再用软刷轻刷或用吸尘器吸,清除痕迹 |

## 2. 地面

1) 大理石地面

对大理石地面进行清洁保养时,方法一定要得当,有效的清洁保养既可保持清洁美观,延长使用寿命,又可防止对大理石地面造成损伤。

(1) 大理石地面的清洗。

① 通风、设置警示牌、清除障碍。

② 将清洁剂溶液放入清洁桶,用地拖或机器将清洁剂溶液适量洒到地面上。

③ 用机器分段分块清洗。

④ 用手工擦洗边角部位。

⑤ 及时用吸水机或地拖清除溶液和污物,用清水彻底清洗。在最后一次清洗时,要在水中加入适量的醋,用以中和碱性。

⑥ 将地面处理干燥。

⑦ 将清洁所用设备、工具和用品妥善收好;撤销警示。

(2) 打蜡抛光。

打蜡抛光是对硬质地面保护的最常用的一种方法。

新铺的大理石地面在启用前必须先清洗打蜡。蜡有底蜡、面蜡之分，底蜡用于封死硬质地面上的小气孔，面蜡用于日常的保养。第一次打蜡可打两层底蜡和两层面蜡。打蜡后，可防止污物渗透，使其表面光洁明亮。在日后的清洁保养中，要及时除尘，通常用尘推干推，必要时，可用中性清洁剂湿拖或清洗。平时，只要用高速抛光就可保持光泽。打蜡时要选择晴好的天气，避免尘土带入打蜡区域。

大理石表面污迹积聚较多时，可用低速洗地机清洗，清除逐渐积累的上光剂和污物，然后重新涂上上光剂。避免使用酸性清洁剂，因为酸性清洁剂会与大理石发生化学反应，使大理石表面变得粗糙，失去光泽和韧性；对碱性清洁剂也要有选择性地使用，因为有些碱性清洁剂，如碳酸钠、碳酸氢钠、磷酸钠等会对大理石造成损伤。

打蜡时要防止碰撞墙面和其他物件，在大理石地面周围的出入口处，要铺放踏脚垫，但不能直接在大理石地面上放置踏脚垫或有橡胶底的地毯，因为它们会与蜡粘连，形成难以清除的污渍。

大理石地面打蜡的程序如下。

① 设置警示。
② 通风。
③ 用胶纸带封住离地面 60cm 以下的插座。
④ 面对自然光。
⑤ 涂蜡动作要流畅，用力要均匀。
⑥ 不可遗漏，把两个区域的交界处轻轻带过。
⑦ 每涂一层，要等干后用机器磨去粗糙不平处，然后再涂另一层蜡。
⑧ 封蜡要在 12～16 小时后才干。
⑨ 上光抛磨。
⑩ 将清洁工具、设备和用品妥善收好；撤销警示。

2) 木质地面

酒店常用木质材料作为某些场所的地面装饰，如会议室、酒吧、舞厅、健身房、客房等。木质地面有软木材料(松木、杉木等)和硬木材料(杨木、柳木、榆木等)之分，可做成企口板或拼花板等。木质地板的特点是自重轻，导热性能低，有弹性，舒适度好，美观大方。但其容易随空气中温度、湿度的变化或长时间用水清洁而导致裂缝、翘起、破损、腐朽，耐火性差，而且木材纤维易破裂、磨损。

对木质地面的清洁保养要注意以下几点。

(1) 新的木质地板在使用要前先砂擦、吸尘、打蜡抛光，以隔热防潮、防渗透、防磨损。

(2) 在铺设木地板的区域入口处铺一块尼龙地毯垫，每天清理更换，以减少行人出入时带进的灰尘和沙砾。客人活动频繁区域(如客厅、多功能厅、舞厅等处)需每天抛光。

(3) 用喷上静电除尘水的拖把除尘或尘推推尘，也可使用吸尘器吸尘，保持地面光亮、无灰尘。

(4) 在木质地板上打蜡，一般需打三层蜡，而且每一层都需抛光。

(5) 蜡面局部有脏迹，要采用合理的方法清除，可用抛光机、喷洁蜡局部擦洗，待其干后,进行补蜡并抛光。

(6) 木质地板不宜用水反复清洗,去除旧蜡时,先用磨砂机干磨,再用吸尘器吸去杂物,边角部位用钢丝绒手工处理。

(7) 地板上的污迹避免磨刨或用过重尖锐的金属在地面上推拉,否则会使木板表面受损或变薄而不符合使用的要求。

(8) 用过的工具清洁妥善存放,将清洗区域恢复原状。

3) 水磨石地面

水磨石是造价相对较低的一种材质,而且美观耐用,通常铺在出入口、员工通道、楼梯等场所。对水磨石地面的清洁保养要注意以下几点。

(1) 水磨石地面表层孔隙多,需用水性蜡。

(2) 经常除尘、除迹。

(3) 避免沾染油脂类污物。

(8) 适时清洗。清洗前,先用干净的温水预湿地面,然后用合适的清洁剂溶液清洗,最后用清水冲洗干净并擦干。水磨石地面对碱敏感,使用碱性清洁剂会使其质地粉化。在清洁保养时,通常选用含碘硅酸盐、磷酸盐等的清洁剂和合成清洁剂。

4) 瓷砖地面

瓷砖是由黏土混合于水放在窑中烧制而成。瓷砖有不可渗透的特性,其表面光滑。瓷砖可抗酸、油脂和水,但可被强碱侵蚀。对瓷砖地面的清洁保养要注意以下几点。

(1) 日常清洁保养中一般无特别要求,在湿水或使用不正确的清洁剂时,瓷砖地面会很滑。

(2) 避免使用粗糙的东西摩擦,否则会使瓷砖面永久磨损。

(3) 避免使用强碱性的清洁剂,平时用抹布或拖把将地面擦拭干净即可。

(4) 避免使用强酸清洁剂,因为此类液体会侵蚀瓷砖表面及拼接处,使瓷砖失去光泽和发生脱落。

5) 混凝土地面

混凝土地面强度好,吸水性强,长久耐用。其多用于停车场、楼梯、运输通道等处。对混凝土地面的清洁保养要注意以下几点。

(1) 混凝土地面启用前,需用聚酯、环氧树脂、水基蜡或酚醛清洁处理。

(2) 在日常清洁保养中,可用扫帚、湿拖把清洁。

(3) 必要时用中性清洁剂清洗。

## 3. 墙面

墙面是人们视线首先触及的部位,墙面的美观程度会直接影响客人的整体感受及对酒店的评价,所以对墙面的清洁保养也是酒店经营中不可忽视的一个环节。墙面装饰材料品种繁多,如硬质墙面、贴层墙面及涂料墙面等。这些墙面材料的特性与同质的地面材料有相同之处,但也有需要特殊注意的地方,比如保养的做法和要求。

1) 硬质墙面

酒店用得最多的硬质材料墙面有大理石和瓷砖。因为墙面很少受到摩擦和严重污染,主要是灰尘、水汽等。大厅墙面多采用大理石,主要污染为灰尘;厨房和卫生间的墙面装饰多为瓷砖,主要受到灰尘和水汽的污染。硬质墙面的最大好处就是具有防水、防污、防火和装饰的性能。

对硬质墙面的清洁保养如下。

(1) 经常去除表面的灰尘和污迹。

(2) 先用浸过清洁剂的布擦拭一遍,再用清水彻底湿擦。

(3) 定期用蜡水清洁,使表面形成保护层,对墙面起到保护作用。

(4) 厨房、卫生间的墙面可用碱性清洁剂清洗,但洗后要用清水彻底漂净。否则时间长,表面会失去光泽。

2) 贴层墙面(墙纸、墙布)

贴层墙面(墙纸、墙布)主要用于客房、餐厅、会议室、酒吧等,是酒店使用最广的墙面材料。墙纸、墙布都是经过一定处理而制成的,具有装饰性强、色彩明艳、不易褪色、透气等特点。对贴层墙面的清洁保养如下。

(1) 可使用干布、鸡毛掸子、吸尘器等去除表面的灰尘和蜘蛛网。

(2) 对耐水的墙纸、墙布可用浸过中性、弱碱性清洁剂的毛巾擦洗,再用清水湿布擦净,擦洗后用纸巾或干布吸干。

(3) 对不耐水的墙纸、墙布只能使用干擦的方法,如用橡皮或细砂纸等轻擦去除。

3) 软墙面

这种软墙面装饰具有独特的质感和触感,主要是用锦缎等织品浮造墙面,内衬海绵等材料,可以突出酒店的高雅与华贵,同时还可以吸音、保温,是一种高级的墙面装饰方式。对软墙面的清洁保养如下。

(1) 用干布、鸡毛掸子、吸尘器等去除表面的灰尘和蜘蛛网。

(2) 不宜水擦或经常用清洁剂擦拭,且应防止褪色或形成明显的水迹。

(3) 在装饰墙面的时候,宜采用距地面 1m 以下的地方木板贴面,1m 以上的地方用软墙面装饰。这样既不影响装饰效果,又便于保养。

4) 木质墙面

木质墙面一般采用柚木板、水曲柳板、榉木板、胶合板等粘贴而成,其表面常刷有硝基清漆。常用于大厅、会议室、餐厅、办公室、客房等。对木质墙面的清洁保养如下。

(1) 除尘、除垢,用干抹布沿墙面从上而下擦拭。

(2) 对局部轻度污迹,可用浸过清洁剂的半干抹布在表面用力反复擦拭,然后用干净湿抹布彻底擦净。

(3) 定期打蜡上光,需选用家具蜡,以保证墙面的光洁度。

(4) 防止硬物或尖锐物碰撞或擦伤墙面,如有破损,则需由专业人员维修。

5) 涂料墙面

涂料墙面是室内墙面装饰中最普通的一种装饰方式,主要有耐水性和不耐水性的涂料类别。对涂料墙面的清洁保养如下。

(1) 用干布或鸡毛掸子清除灰尘和蜘蛛网。

(2) 有污迹时,对于不耐水性的涂料,可用干毛巾、橡皮或细砂纸轻擦,注意不要留下痕迹;对于耐水性的涂料,将浸有中性清洁剂的毛巾拧干,再用干净湿布彻底擦净。

(3) 由于涂料墙面容易脱落,因此要定期重新粉刷墙面。

6) 文化石墙面

文化石墙面是一种用各类文化砖装饰而成的较为时尚、典雅的墙面。它具有墙面凹凸不平，易于积尘的特点，这就给清洁工作带来了很大的难度。平时清洁保养时可用掸子掸去灰尘，要细心，以防遗漏。

## *4.3* 有效使用清洁器具

酒店装饰的个性化，使得在装修材料的选择上也日趋多样。为了保证环境的美观程度，提高清洁工作效率，清洁器具的配置情况也越来越完善。清洁器具既反映了酒店对清洁保养工作的重视程度，也是文明操作的标志，工作效率和质量的保证。从清洁保养工作的需要来说，酒店必须配有精良齐全的清洁器具。

### 1．清洁器具的种类

客房部所使用的清洁器具种类很多，一般可分为以下两类。

1) 一般清洁器具

一般清洁器具是指最常用的、不需要电动机驱动而可以直接用手工操作的清洁工具，如抹布、扫帚、拖把、工作车、玻璃清洁器、刷子等。一般清洁器具在使用上具有灵活性和方便性，不受电源等因素的影响和限制，适用范围比较广，价格较低，易维修保养。有些工作需要使用机器清洁设备，但必须配合使用一般清洁器具才能取得良好的效果，而有些工作只使用一般清洁器具就可以完成。

2) 机器清洁设备

酒店清洁保养离不开人工操作，但要不断提高酒店清洁保养的水准，还要借助于现代化的机器清洁设备。机器清洁设备通常是指由电动机驱动的清洁器具，如吸尘器、吸水机、洗地机、吹干机等。它具有对环境污染小、使用方便、工作效率高的特点。

### 2．清洁器具的使用与保养

1) 一般清洁器具

(1) 抹布。

抹布是清洁家具设备及其他物品表面的主要用具，是清洁保养工作中使用最多的工具之一。在使用抹布时，通常要将抹布折叠起来，可多次使用，从而提高效率、保证质量。为了防止抹布的混淆和交叉使用，可选用不同质地和颜色的布料，以便于操作和提高清洁质量。用过的抹布要及时洗涤、消毒，并进行妥善保管。在抹布的配备上要充足，杜绝服务员将客用布草当作抹布使用。

(2) 扫帚。

扫帚基本用于扫除灰尘、杂物。特别是个体较大的脏物和一些尘土，只有使用扫帚才可清除干净，而且效率高、效果好。扫帚主要用于清扫酒店室外或后台的地面。

(3) 拖把。

在清洁工作中，拖把最基本的用途是清洁光滑地面。拖把也称水拖把，与之相配套的器具有拖把拧水器、拖地桶和拖地车。酒店中所用的拖把有圆头型和扁平型两种，其尺寸可大可小，选择什么样的拖把主要取决于使用的场所和部位。在使用湿拖把时，要清洗干净，尽量将水拧干，以无水滴为宜。拖把要及时清洗或清洁，因为使用一段时间后，上面已经积累了一些灰尘、污物，如果继续使用不但不能清洁地面，还会污染别处。使用后的拖把，要洗净晾干，挂放起来，以防止霉烂、滋生细菌。

(4) 拖把拧水器。

拖把拧水器是与拖把相配套的器具，其作用是拧干拖把，避免了操作者用手拧拖把而导致的不卫生、不雅观。在设计上，有滚轴式、下压式和边压式等几种，其中以下压式为佳，滚轴式容易损伤棉质拖把的纤维，所以较少使用。

(5) 拖地车。

拖地车是可以推动的小型工具车，它由清洁桶、拧水器、车架组成。拧水器可架在清洁桶桶沿上，清洁桶安装在带有轮子的车上，也可以将轮子直接安装于桶底。清洁桶内壁往往有定量刻度标志，以便配制清洁剂溶液时使用。流动作业时使用拖地车更加方便高效。

(6) 尘推。

尘推也称尘拖、地面推尘器。它主要用于清除光滑地面的尘土、沙砾等杂物。尘推由两个部分组成，即尘推头、尘推架。尘推头有棉类和纸类两种。棉质尘推头价格偏贵，但可以洗涤且较耐用；纸类尘推头价格稍低，使用方便，但不耐用。

当尘推失去粘尘能力时，要重新用牵尘剂处理才可再用。尘推变脏后可用碱水清洗，晾干后用牵尘剂处理，再用胶袋封好备用。

(7) 玻璃清洁器。

玻璃清洁器主要用于清洁玻璃、镜面和其他光滑的面层。使用玻璃清洁器可以堤高工作效率，而且安全可靠、简便易行。玻璃清洁器主要包括伸缩杆、擦拭器、刮刀等配件。在使用后要拆卸下来，清洗擦拭干净，分开存放。

玻璃清洁器的使用方法是：用水枪或注射器或擦拭器喷涂水或清洁液浸湿玻璃后，用擦拭器擦拭，然后再用刮刀刮净层面上的水和污渍，然后用吸水布将刮刀上的污渍擦净，顺向刮净层面，可快速将玻璃清理干净。

2) 机器清洁设备

(1) 吸尘器。

吸尘器全名为电动真空吸尘器，它可以吸除其他清洁工具难以清除的灰尘，如缝隙、墙角及形状各异的各种摆设上的尘埃，清洁程度和效果都比较理想。因此，对地板、家具、帘帐、垫套和地毯等处都可使用吸尘器来进行吸尘。吸尘器应用范围广泛，是酒店日常清洁保养工作中不可缺少的清洁设备。常用的吸尘器有桶式（图4.2）、直立式、两用式和背式等几种。

① 桶式吸尘器。它是完全靠吸力去完成工作的，由于没有电动旋转刷的辅助，清理地毯的效力不如直立式吸尘器效果好，较适合清理不太脏的地毯。由于桶式吸尘器具备强劲的吸力并有一些特别的配件，对清理地板、家具、帘帐、织物垫套等，效果很好，比较适合在楼层客房内使用。

图 4.2 桶式吸尘器

② 直立式吸尘器。它利用装在吸嘴内的电机推动旋刷,可将深藏在地毯中的尘土、污垢、砂粒等从绒毛中松脱下来,然后再将这些脏物吸走,吸尘效果较好。直立式吸尘器吸尘,不用弯腰曲背,非常方便。但直立式吸尘器的吸嘴通常较为高阔,噪声也往往比桶式吸尘器大,因此,适用在非营业时间清洁大面积的地毯或餐厅等公共区域,不适合在客房区域使用。

③ 干湿两用吸尘器又称吸水吸尘机。它主要用于地板有水的情况,可用来吸水使用。当大面积没铺地毯的地板需要去蜡层和清扫时,吸水吸尘机可去掉地板上的残水。

④ 背式吸尘器。其通常体积小、质量轻,使用者把它背在背上,便可灵活地使用,因此,适用于登高吸尘或楼梯吸尘。背式吸尘器既可接电源,也可配蓄电池使用。

(2) 洗地毯机(图 4.3)。

洗地毯机。其种类很多,常用的有两种,即干泡洗地毯机和喷汽抽吸式洗地毯机。洗地毯机可清洗纯羊毛、化纤、混纺以及植物纤维等地毯,具有省时省力、节水节电、工作效率高的特点。

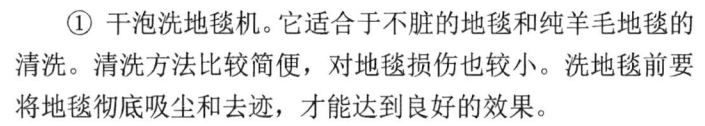

① 干泡洗地毯机。它适合于不脏的地毯和纯羊毛地毯的清洗。清洗方法比较简便,对地毯损伤也较小。洗地毯前要将地毯彻底吸尘和去迹,才能达到良好的效果。

图 4.3　洗地毯机

② 喷汽抽吸式洗地毯机。其洗涤力强,去污效果好。但其操作起来较笨重,而且对地毯破坏性较大,所以不宜多用。

(3) 洗地机。

洗地机又称擦地吸水机,兼具擦洗机和吸水机的功能,集喷水、洗地、吸水为一体,将擦洗地面的工作一步完成。它的特点是效率高,适合于大面积地面的清洗,如酒店的大厅、走廊、停车场等。

(4) 吹干机。

吹干机常用于地毯、地面清洁后的吹干。吹干机一般根据地面的潮湿程度调节风速(一般分为三速),以促进地毯、地面的水分蒸发,加快地毯、地面干燥的速度。

# 4.4　对清洁剂的管理

清洁剂的使用是为了使被清洁物品更干净、更美观,以提高工作效率。但清洁剂和被清洁物品都有较复杂的化学成分和性能,使用不当不仅达不到预期效果,反而会损伤物体。正确合理地使用清洁剂对做好客房清洁保养工作有着重要意义。

## 1. 清洁剂的种类与用途

目前酒店常用的清洁剂大致有以下几种。

1) 酸性清洁剂

酸性清洁剂通常为液体,也有少数为粉状。酸具有一定的杀菌除臭功能,且能中和尿碱、水泥等顽固斑垢,主要用于卫生间的清洁。同时,酸具有腐蚀性,也可用于除锈、去盐渍,但有些物品的清洁禁止使用酸性清洁剂，如地毯、木器和金属器皿等。

(1) 盐酸(pH=1)。主要用于清除基建留下的污垢，如水泥、石灰等，效果显著。

(2) 草酸(pH=2)。用途与盐酸、硫酸钠相同，但清洁效果比硫酸钠强，使用时要特别注意。

(3) 硫酸钠(pH=5)。硫酸钠能够与尿碱起中和反应，可用于卫生间坐便器的清洁，但不能大量长期使用。

(4) 坐便器清洁剂(1<pH<5)。为酸性，但含有合成抗酸剂，主要用于清洁客厕和卫生间便器，有特殊的洗涤除臭和杀菌功效。使用时按说明书稀释，且必须倾倒在坐便器和便池内的清水中，而不能直接倒在被清洁物表面，且刷洗后要用清水冲净。因此，使用坐便器清洁剂既能保证卫生清洁质量，又能缓解强酸对瓷器表面的腐蚀。

(5) 消毒剂(5<pH<9)。主要呈酸性，可用于卫生间消毒，也可用于杯具消毒，注意使用后用清水漂净。84消毒液为其中比较好的一种。

2) 中性清洁剂

(1) 多功能清洁剂(7<pH<8)。多功能清洁剂略呈碱性，含有表面活性剂，可去除油垢，对物体表面损伤小，且有防止家具生霉的功效，除不能用来洗涤地毯外，其他地方均可使用。多功能清洁剂为酒店用量最大的一种清洁剂，宜用于日常卫生清洁，但对特殊污垢作用不大。

(2) 地毯清洁剂。这是一种专门用于洗涤地毯的中性清洁剂，因含有泡沫稳定剂的量有所不同，可分为高泡和低泡两种。高泡用于干洗地毯，低泡一般用于湿洗地毯。用低泡洗地毯时宜用温水稀释，去污效果更好。

3) 碱性清洁剂

(1) 玻璃清洁剂(7<pH<10)。玻璃清洁剂一般是呈中性或碱性，有桶装和高压喷灌装两种。前者类似多功能清洁剂，主要功能是除污斑。使用时不可用抹布蘸上清洁剂直接擦拭，以免造成玻璃面发花。正确的使用方法是对准脏迹喷一下，然后立即用干布擦拭。后者内含挥发性溶剂、芳香剂等，可去除油垢后留有香味，同时在玻璃表面留下透明保护层，方便清洁工作，省时省力，效果好，但价格较高。

(2) 家具蜡(8<pH<9)。在日常客房清扫中，服务员只是用抹布对家具除尘，或用经稀释的多功能清洁剂去除家具表面的油污。但长期使用清洁剂会使家具表面失去光泽，因此还应定期使用家具蜡。使用方法是倒适量的家具蜡在干布或家具表面，擦拭一遍，15分钟后用同样方法再擦拭一遍。

(3) 起蜡水(10<pH<14)。起蜡水碱性强，可将旧蜡及脏垢浮起而达到去蜡除污的功效，主要用于需要再次打蜡的大理石和花岗岩等石质地面。

4) 上光剂

(1) 擦铜水。多呈糊状，主要作用是氧化掉铜制品表面的铜锈而使铜制品光亮如新。因擦铜水会将镀层氧化掉，故只能用于纯铜制品，不能用于镀铜制品。

(2) 金属上光剂。含轻微腐蚀剂、脂肪酸、溶剂和水，主要用于纯金属制品，如锁把、扶手、水龙头、浴帘杆等，对其进行除锈去污和上光。

(3) 地面蜡。

① 地面蜡可分为封蜡和面蜡：封蜡主要用于第一层底蜡，内含填充物，可堵塞地面表层的细孔，起到光滑的作用；面蜡主要是打磨上光，增加地面的光洁度和反光强度，使之更

为美观。

② 地面蜡还可分为水基蜡和油基蜡：水基蜡主要用于大理石地面；油基蜡主要用于木板地面。使用时两者不能弄混。

5) 溶剂

溶剂为挥发性极强的液体，常常用于清除油污，挥发后不会留下痕迹，又能使怕水的清洁对象避免浸湿。

(1) 地毯除渍剂。专门用于清除地毯上的特殊斑渍，特别适合怕水的羊毛地毯。一般有两种类型：一种专门用于清除油脂类脏斑，另一种专门用于清除果汁类色斑。发现脏斑必须及时用毛巾蘸上地毯除渍剂，在脏渍处擦拭，否则效果不明显。

(2) 酒精。指药用酒精，主要用于电话机消毒。

(3) 牵尘剂。浸泡尘拖，用于对大理石、木质地板等免水拖地面的日常清洁和维护，除尘功效明显。

(4) 杀虫剂。主要指喷罐装杀虫剂。对房间定时喷射杀虫剂后密闭片刻，能杀死蚊、蝇和蟑螂等爬虫和飞虫。

(5) 空气清洁剂。空气清洁剂中含有杀菌化学成分和香料，不但可以杀菌，喷洒后还能祛除异味，使室内香气四溢。使用时，要注意适量，香型选择要考虑适合大众习惯，以气味清淡为宜。留香时间长的为品质好的空气清洁剂。

## 2．清洁剂的管理

1) 清洁剂的安全管理

减少浪费，保证安全使用，是清洁剂管理工作的主要目的。高压罐装清洁剂、挥发溶剂清洁剂、强酸和强碱清洁剂都是不安全的。前两者属易燃易爆物品，后两者会对人体肌肤造成伤害，若管理不当会带来一定的安全隐患。所以，在管理中需注意以下几点。

(1) 制订相应的规章制度，培训员工掌握放置和使用清洁剂的正确方法。

(2) 督促和检查员工按规程进行操作。

(3) 禁止员工在工作区域吸烟，以减少危害源。

(4) 选购产品时应尽可能挑选不助燃、不易燃、生物降解性好的清洁剂。

(5) 在使用强酸和强碱清洁剂时，需先做稀释处理，并尽量装在喷壶内再发给员工使用。

(6) 配备相应的防护用具，如合适的清洁工具、防护手套等。

2) 清洁剂的存储与分发

(1) 清洁剂的存储。

有些清洁剂是易燃易爆物，须妥善存放。建立严格的存储制度，可防止由于保管不当造成的损失。

① 保证清洁剂库房通道畅通、清洁干燥，由专人保管。

② 一次性购入不能太多，一般以一个月的使用量作库存较为适宜，防止过量造成安全隐患。

③ 定期清洁仓库，检查存货。

④ 用防水笔或标签在所有的容器上做标记。
⑤ 容器要摆放整齐，盖紧盖，保持清洁。
⑥ 易燃、易爆的高压罐装清洁剂应远离热源和散热器。
⑦ 库房要保持通风，严禁烟火，并配备消防器具。

(2) 清洁剂的分发。

合理分发清洁剂既能满足清洁需要，又能避免对物品的损坏和浪费。

① 清洁剂的发放一般由主管或领班专门负责，每天下班前对楼层作补充。
② 定期进行盘点统计。
③ 用量大的清洁剂购回时多为大桶装浓液，分发时严格按比例统一加以稀释。
④ 新型的清洁剂分配器可自动稀释清洁剂浓度，操作简单，节省人力，减少浪费，方便员工。
⑤ 一些较难控制、价格又高的清洁剂(如家具蜡、玻璃清洁剂、空气清新剂等)要严格控制用量。通常可凭经验或做试验，测算一罐可用多长时间、供多少房间。发放时必须以空罐换新罐，避免流失和浪费。

# *4.5* 正确使用消毒方法

对客人用过的物品等进行消毒，是酒店做好卫生工作、保障客人安全的一个非常重要的环节。消毒方法很多，常见的消毒方法有以下几种。

## 1．物理消毒法

1) 高温消毒

高温消毒可分为煮沸消毒与蒸汽消毒两种。其原理是在高温状态下，菌体内的蛋白质凝固致使其死亡。

(1) 煮沸消毒法。

煮沸消毒法是将洗刷干净的茶具置于100℃的沸水中煮15～30分钟进行的消毒。此方法适用于瓷器，但不适用玻璃器皿。

(2) 蒸汽消毒法。

蒸汽消毒法是将洗刷干净的茶具和酒具等放到蒸汽箱中，蒸15分钟进行的消毒。此方法适用于各种茶具、酒具和餐具的消毒。

2) 干热消毒法

干热消毒法是通过氧化将微生物细胞原生质破坏，致其死亡的一种消毒方法。

(1) 干烤法。

目前客房楼层常用的消毒柜多属此类，它是采用红外线照射灭菌的方法进行消毒。将洗刷干净的茶具放入消毒柜中，然后将温度调至120℃，干烤30分钟即可。

(2) 紫外线消毒法。

此法可用于卫生间的空气消毒。只要安装30瓦紫外线灯管一支，灯距地面2.5m左右，每次照射2小时，就可使空气中的微生物减少50%～75%，有时还能达到90%以上。

小·思考

**该如何对客房茶杯、水杯进行消毒？**

[参考答案]

清洁茶杯、水杯应一冲、二洗、三消毒、四保洁，消毒时将杯具整齐地放置在电器消毒柜内，通电 30 分钟达到消毒目的，并用杯套将杯具套好，消毒后的杯具不能有污迹、茶垢和指纹。客房杯具应一日一消毒。

## 2．化学消毒法

化学消毒剂能使微生物菌体内的蛋白质变性，干扰微生物的新陈代谢，抑制其快速繁殖，以及溶菌。

1) 浸泡消毒法

使用浸泡消毒法，必须先把化学消毒剂溶解，同时严格按比例调制好，才能发挥效用。浓度过高，易留下余毒，伤害人体；浓度过低，则达不到消毒的目的。其操作方法是：将洗刷干净的杯具分批放入消毒溶液中浸泡 5 分钟，然后用清水冲洗干净并擦干即可。

常用的化学消毒剂溶液有以下几种。

(1) 氯亚明。又称氯胺，适用于客房内各种杯具的消毒，其对金属器皿有褪色和腐蚀作用，因此保存时应密封、避光置于干燥处。配好的溶液只能使用一天，第二天就不能再用了。

(2) 漂白粉。配制浓度为 3‰，搅拌均匀后即可使用。它不能用于杯具的消毒，但可用于水果和棉织品的消毒。

(3) 高锰酸钾。配制浓度为 1∶2000 水溶液，可用于各种杯具和水果的消毒。高锰酸钾水溶液为紫红色，如果溶液变为黄褐色，则应更换新液，以保证杀菌能力。

(4) 84 消毒液。是一种高效、无毒、去污能力强的一种消毒液。能快速杀死甲、乙型肝炎、艾滋病、脊髓炎病毒和细菌芽孢等。配制浓度为 0.2%或 0.5%的水溶液，适用于餐具、茶具、酒具、家具、蔬菜、水果等的消毒。

但 84 消毒液的原液易伤皮肤，如果不慎接触，用清水冲洗即可。保存时注意避光和避热。

【参考视频】

2) 擦拭消毒法

用药物的水溶液擦拭客房内的设备和家具，以达到消毒的目的。

(1) 房间。服务员在对客房进行定期消毒时，可用化学消毒溶液进行擦拭消毒。例如，用 10%浓度的石炭酸水溶液或 2%浓度的来苏水溶液擦拭房间内的家具设备。

(2) 卫生间。服务员打扫完走客房的卫生间后，应对其进行消毒。可采用化学消毒溶液进行擦拭消毒。例如，用 2%～3%浓度的来苏水或 84 消毒液擦拭卫生间洁具。消毒完毕，要紧闭门窗 2 小时，然后进行通风。

对房间和卫生间消毒,用得较多的是化学消毒剂的消毒方法。化学消毒剂对人体有一定的腐蚀作用,在进行消毒时,应注意采取保护措施,如有接触,用清水冲洗即可。

3) 喷洒消毒法

为了避免化学消毒剂对人体肌肤的损伤,可采用喷洒的方法进行消毒。例如,用浓度为1%~5%的漂白粉澄清液或石炭酸溶液,对房间的死角或卫生间进行喷洒。但应注意禁止将漂白粉和酸性清洁剂同时使用,以免发生氯气中毒。

喷洒消毒宜采用快干型的消毒剂。

### 3．通风和日照

1) 通风

通风不但可以改变室内空气环境,而且可以防止病菌和螨虫等孳生物,因此要注意改善客房的通风和空调效果,使之保持良好的空气环境。

因为适宜的湿度和温度会使一些致病的微生物在空调内繁殖生长,故使用空调应注意定期更换空调的滤膜。

2) 室外日光消毒

利用阳光中的紫外线作用,可以杀死一些病菌。所以,定期翻晒床垫、床罩、棉被、枕芯,既可起到消毒作用,又可使其松软舒适。

3) 室内采光

室内采光是指阳光通过门窗照射到地面,以此杀死病菌。一般冬季有 3 小时的日照,夏季有 2 小时的日照,即可杀死空气中大部分的致病微生物。

# 本 章 小 结

### 1．根据酒店公共区域的业务范围,来了解公共区域的工作内容

公共区域(Public Area,PA)是指公众共有共享的活动区域,除了住店客人之外,前来用餐、开会、娱乐、购物、参观的人往往都要经过公共区域,公共区域的环境、卫生质量的优劣都将直接影响到酒店的整体形象,因此做好公共区域的清洁保养同样重要,不可掉以轻心。

根据公共区域所处的位置划分,可分为室内部分和室外部分。室内公共区域包括客人活动和酒店员工活动的区域,如大堂、门厅、休息室、康乐中心、舞厅、餐厅、卡拉 OK 厅、公共洗手间、员工通道、电梯、更衣室、员工卫生间、员工食堂、办公室、倒班宿舍等。室外公共区域包括广场、停车场、绿化地带、屋顶、外墙、广告牌、车道等。

### 2．用公共区域清洁保养质量标准,来评价和衡量公共区域的清洁状况

见 4.1 布置公共区域的清洁任务。

### 3．按照不同公共区域的清洁保养程序来进行操作

见 4.1 布置公共区域的清洁任务。

### 4. 将面层材料的清洁保养知识运用到日常的清洁保养工作当中

见 4.2 清洁保养面层材料。

### 5. 熟知客房物品的消毒方法，并加以正确运用

1) 物理消毒法

高温消毒(煮沸消毒法、蒸汽消毒法)；干热消毒法(干烤法、紫外线消毒法)。

2) 化学消毒剂消毒法

氯亚明、漂白粉、高锰酸钾、84 消毒液。

## 课堂讨论

1. 客房部负责的公共区域主要包括哪些范围？
2. 如何做好公共区域的清洁保养？
3. 客房部在清洁保养工作中要使用哪些清洁器具？
4. 选择清洁剂时应考虑哪些因素？
5. 客房杯具如何正确消毒？

## 体验练习

走访酒店和装饰装潢市场，鉴别并比较不同面层材料，掌握这些材料的特性和保养技巧。

## 资料借鉴

目前酒店普遍的清洁手段仅仅能达到"单一面"的浅层除尘水平，并不能做到"全方位"的深度清洁标准。这种清洁理念及清洁手段的落后与单一，不但会使酒店顾客受到病菌侵入的潜在威胁，也可能由此损害酒店的品牌与声誉。

(1) 地毯保养。

地毯是灰尘、细菌集结最多的地方。这些细菌会产生各种各样的异味。特别是酒店大堂的地毯，是客人的必经之地，踩踏次数最高，细菌、灰尘的污染最严重，如果不仔细清洁，产生的异味将会大大降低酒店的印象分。客房地毯是客户接触最多的，如果这里的地毯产生异味，就不只是丢失客户如此简单。

(2) 客房布草。

一般酒店的客房布草基本上是"一客一换，长住客一周一换"，但仅仅只是将外套进行了更换和清洗，内部的棉芯之类酒店并没有采取有效的措施进行消毒清洁。很多病菌具有强大的生命力，残留在布草之中，并且这些进入枕芯、棉芯之内的病菌与纤维接触，会产生异味。

### 资料分析

1. 从清洁保养管理的角度来看，上述资料给了我们哪些启示？
2. 通过查阅资料，寻找解决问题的好办法。

## 测 试 题

1. 楼层领班的基本职责是负责客房楼层公共区域的保洁，填报设备维修单，负责楼层员工的日常岗上培训，处理客人遗留物品，协助楼层员工满足客人服务要求，此外还负责（　　）等。
   A. 客房清扫　　　　　　　　　　B. 为住客房做夜床
   C. 客房水杯的清洁消毒　　　　　D. 客房小酒吧控制

2. 楼层服务员应保证客房及楼层公共区域的（　　）和设备的完好。
   A. 卫生、整齐、安全　　　　　　B. 明亮、无尘、安全
   C. 整洁、宁静、安全　　　　　　D. 干净、安静、安宁

3. 客房服务员应掌握楼层清扫和服务操作规程；熟悉饭店的服务设施和服务项目、营业时间；掌握各种清洁设备、器具、用品的性能、特点、使用方法和维修保养知识；还应熟练掌握（　　）。
   A. 中餐宴会服务程序　　　　　　B. 吸尘器的维修保养知识
   C. 安全保卫工作常识　　　　　　D. 打字、复印要领

4. 客人使用过的刀、叉、勺、咖啡壶等器皿，最好用（　　）进行消毒。
   A. 煮沸消毒法　　　　　　　　　B. 浸泡消毒法
   C. 化学消毒法　　　　　　　　　D. 高温消毒法

5. 服务员对房内放的口杯、茶杯进行消毒，一般采用（　　）为佳。
   A. 擦拭消毒法　　　　　　　　　B. 干热消毒法
   C. 煮沸消毒法　　　　　　　　　D. 化学消毒法

# 客房部物资管理

## 第 5 章

【本章概要】
1. 客房部物资概况
 (1) 划分客房部物资；
 (2) 控制客房用品；
 (3) 使用与保养客房设备。
2. 管理楼层库房
 (1) 存储与保管楼层库房物品；
 (2) 签领楼层库房物品。
3. 管理与控制布件
 (1) 配备楼层布草；
 (2) 管理与控制布草房；
 (3) 有效管理洗衣房。

【本章目标】
学完本章以后，学生将具备以下能力：
 (1) 了解客房所包含的用品，并加以分类；
 (2) 对客房用品的消耗进行统计和分析；
 (3) 按照客房用品的保养要求，进行恰当的清洁保养；
 (4) 掌握楼层布草间用品的配备标准；
 (5) 对布草房、洗衣房的工作流程有一个了解，以便与他人进行良好的沟通协作。

客房部的物资是客房部正常运转的保障，是客房部员工从事客房工作的凭借物和技术保证的依据。选好、用好、保养好、管理好客房的各种物资是客房部物资管理的责任，对提高客房产品质量、提高物资使用效率、增强客人信任度、创造良好的经济效益具有重要意义。

> **微型案例**
>
> ### 特种客房的配备
>
> 　　一天，某酒店接到一个特殊的预订电话，两天后，知名残疾人士刘先生要来到在这里，参加一个重要活动，其家属王女士要求酒店尽量为刘先生的生活起居提供方便。预订员便向客人推荐了酒店专为坐轮椅客人准备的残疾人客房。
>
> 　　两天后，刘先生在酒店机场代表的陪同下来到酒店，总台接待员立即安排刘先生住进酒店专设的残疾人客房，并为客人提供房内登记的方便。
>
> 　　刘先生在行李员的陪同之下来到位于3层楼电梯旁的残疾人客房，他发现门把手特别低，自己坐在轮椅上就可以方便地打开房门。进了房间，他发现两张床之间的距离特别大，轮椅可以自由地在床之间移动，猫眼、空调开关以及走火图等的位置都比较低，坐在轮椅上可以很方便地使用。接着，刘先生发现卫生间内有许多扶手，有专用的淋浴轮椅，并配以手握式淋浴器。刘先生参观完毕后，行李员对刘先生说："您还满意吗？有什么需要我帮助您的吗？"刘先生很放心地对行李员说："你们想得真周到，这儿很方便，我可以自己照顾自己，如果需要的话，我会给你们打电话的。希望可以不用，因为自己能够照顾自己的感觉真好！"行李员听刘先生这样说，就向客人告辞："刘先生，祝您居住愉快！"然后离开了刘先生的房间。

# 5.1 客房部物资概况

客房物资的齐全完好是做好客房工作的物质基础和技术保证，直接关系到酒店的整体服务质量和声誉。客房物资的使用效率和经济效益的发挥则有赖于客房部管理人员对物资的整体管理。

## 5.1.1 划分客房部物资

当前对客房物资的分类有很多种，应用最多的是按照物资本身具有的价值和使用年限，将客房物资分为客房用品和客房设备。

**1. 客房用品**

客房用品是指配置在客房中供客人使用的各种物品，按照消耗形式可分为一次性消耗用品和多次性消耗用品。

(1) 一次性消耗用品(图 5.1)。如茶叶、信封、信纸、香皂、沐浴液、洗发液、牙刷、牙膏、卫生纸等。这些用品一次性消耗，一次性完成使用价值。

(2) 多次性消耗用品。如床上用品、浴巾、酒店宣传品、杯具等。这些用品可连续多次供客人多次使用，价值补偿要在一个时期内多次逐渐完成。

图 5.1　一次性消耗品

## 小资料

### 一次性客用品的配备

1. 卫生用品

(1) 香皂每个房间不少于两块，备皂碟(皂盒)，每块净重不低于 30g，五星级酒店其中至少一块净重不低于 45g。

(2) 浴液、洗发液、护发素、润肤露每个房间两套，每件净重不低于 35g。

(3) 牙刷每个房间两把。

(4) 牙膏每个房间两支，每支净重不低于 10g。

(5) 漱口杯每个房间两个。

(6) 浴帽每个房间两个。

(7) 卫生纸每个房间两卷。

(8) 卫生袋每个房间两个。

(9) 拖鞋每个房间两双。

(10) 污物桶(垃圾袋)每个房间两个，分别放于卧室、卫生间内。

(11) 梳子每个房间两把。

(12) 浴帘每个房间一个。

(13) 洗衣袋每个房间两个。

(14) 面巾纸每个房间一盒。

(15) 剃须刀每个房间两把，另备剃须膏。

(16) 指甲锉每个房间两把。

(17) 棉花球、棉签每个房间备有一套。

(18) 五星级酒店可配备浴盐(泡沫剂、苏打盐)。

2. 文具用品

(1) 文件夹每个房间一个。

(2) 每个房间普通信封、航空信封和国际信封均不少于两个，明信片不少于两张。

(3) 信纸、便笺、传真纸每个房间各不少于四张，传真纸不少于两张。

【参考图文】

【参考视频】

(4) 圆珠笔每个房间不少于一支。
(5) 铅笔每个房间配备一支，与便笺夹配套。
(6) 便笺夹每个房间一个。

3. 服务提示用品
(1) 服务指南、电话使用说明、住宿须知、送餐菜单每个房间各一份。
(2) 电视节目表、价目表、宾客意见表、防火指南每个房间各一份。
(3) 每个房间配备"请勿打扰"牌、"请打扫房间"牌、"请勿在床上吸烟"牌、"送餐服务"牌各一份，正反面内容应一致。
(4) 每个房间配备洗衣单两份，酒水单一份。
(5) 晚安卡每床一份。
(6) 标贴(或标牌)每个房间不少于两个。

4. 饮品、其他
(1) 茶叶每个房间配备两种茶叶，每种不少于两小袋，也可用容器盛放。
(2) 五星级酒店配备两小袋咖啡及相应的调配物，也可用容器盛放。
(3) 火柴每个房间不少于两盒。
(4) 擦鞋器每个房间不少于两个。
(5) 针线包每个房间两套。
(6) 杯垫每个房间不少于四个。
(7) 礼品袋每个房间两个。

## 小·思考

发现客人带走客房内非一次性用品时，怎么办？

[参考答案]

(1) 报告领班，由领班找客人单独交涉，不伤害客人自尊心。
(2) 态度和蔼，语气委婉，说明此事物不包括在房费内，如需购买作纪念品，可代其购买。
(3) 当客人承认并归还物品时要致谢，如客人加以否认，且物品价值较大，可将其作为"不受欢迎的客人"处理。

## 2. 客房设备

按照设备的使用区域及范围，客房设备可分为清洁设备和客房使用设备。

1) 清洁设备
清洁设备主要包括客房员工在做客房清洁保养时所使用的设备，在前面章节已介绍。

2) 客房使用设备
在客房区域供客人使用的设备，主要有各种家具、电器、卫生洁具及安全装置等。

## 5.1.2 控制客房用品

### 1. 客房用品配备的原则

一般酒店星级、客房档次越高,所配置的客房用品的品种越齐全,品位越高雅。客房用品的配置应符合酒店的级别和客房的类型,还要展现酒店的特色。

1) 保证质量,顾客至上

无论是一次性消耗用品,还是多次性消耗用品,无论是低星级的酒店还是高星级的酒店,选择客房用品时,都应牢记质量第一,给客人以安全感,充分体现"宾客至上"的指导思想。

2) 配备合理,美观适用

客房客用物品的配备既要满足客人日常起居生活的需要,又要合理实用。如在酒店客房配备的针线包中,加上一个方便穿针引线的小物件,就可大大地方便客人,要是再配上一把小剪刀,就更加体现出服务的周到了。很多客人特别是欧美国家的客人都希望在床前有一个闹表,这样的配备既精致、价格又不高,非常受客人的欢迎。如图 5.2 所示为多功能架。

在式样、包装上应注重美观,与客房内的其他设备相适应,以达到酒店的宣传作用。同一类型的客房里所配置的客房用品在质量、样式上必须统一,才能产生整体协调的美感;客房用品的摆放位置和方法要统一,以体现服务工作的规范性;客房用品的品种和数量也要统一,这样不仅让客人产生公平感,而且还有利于酒店有效地控制客房用品。

3) 环保节能,避免浪费

环保节能是全世界人民共同的任务,也是很多酒店追求的目标。酒店应尽量选用可再生环保的客用物品。如在淋浴间的墙壁上配备可添加液体的洗浴液容器或香波挤压器(图 5.3),客人根据自己的用量按压容器即可,这样既方便了客人,又环保节能,避免浪费,节约了成本。

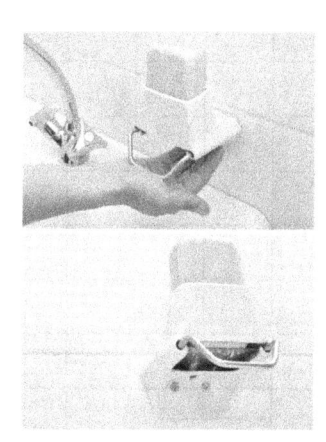

【参考图文】

图 5.2　多功能架　　　　图 5.3　香波挤压器

## 2. 客房用品消耗分析

在实际工作中客房部应加强对客用物品消耗情况的统计，做到每天汇总，每月统计，定期分析比较。从而制定出客用物品的消耗定额，进行客房用品的消耗控制。

客房服务员完成每天的客房清扫任务后，要填写一份每日客房用品耗量表(表 5-1)，再由领班汇总楼层每日消耗量(表 5-2)。有些酒店不设 13 楼，是为避免不必要的麻烦。

表 5-1  每日客房用品耗量表

楼层_____          日期_____          员工姓名_____

| 品 名 | 房 号 | | | | | | | | | | | | 总数 |
|---|---|---|---|---|---|---|---|---|---|---|---|---|---|
| | 01 | 02 | 03 | 04 | 05 | 06 | 07 | 08 | 09 | 10 | 11 | 12 | |
| 香皂 | | | | | | | | | | | | | |
| 洗浴液 | | | | | | | | | | | | | |
| 洗发液 | | | | | | | | | | | | | |
| 护肤露 | | | | | | | | | | | | | |
| 卫生纸 | | | | | | | | | | | | | |
| 牙具 | | | | | | | | | | | | | |
| 梳子 | | | | | | | | | | | | | |
| 浴帽 | | | | | | | | | | | | | |
| 卫生袋 | | | | | | | | | | | | | |
| 剃须刀 | | | | | | | | | | | | | |
| 指甲锉 | | | | | | | | | | | | | |
| 棉签 | | | | | | | | | | | | | |
| 信纸 | | | | | | | | | | | | | |
| 信封 | | | | | | | | | | | | | |
| 铅笔 | | | | | | | | | | | | | |
| 圆珠笔 | | | | | | | | | | | | | |
| 火柴 | | | | | | | | | | | | | |
| 拖鞋 | | | | | | | | | | | | | |
| 擦鞋器 | | | | | | | | | | | | | |
| 茶叶 | | | | | | | | | | | | | |

### 表 5-2  楼层每日消耗用品汇总表

统计人＿＿＿＿＿＿＿＿　　　　　　　　　　　　日期＿＿＿＿＿＿＿＿

| 品 名 | 楼 层 | | | | | | | | | | | | 总数 |
|---|---|---|---|---|---|---|---|---|---|---|---|---|---|
| | 3F | 4F | 5F | 6F | 7F | 8F | 9F | 10F | 11F | 12F | 14F | 15F | |
| 香皂 | | | | | | | | | | | | | |
| 洗浴液 | | | | | | | | | | | | | |
| 洗发液 | | | | | | | | | | | | | |
| 护肤露 | | | | | | | | | | | | | |
| 卫生纸 | | | | | | | | | | | | | |
| 牙具 | | | | | | | | | | | | | |
| 梳子 | | | | | | | | | | | | | |
| 浴帽 | | | | | | | | | | | | | |
| 卫生袋 | | | | | | | | | | | | | |
| 剃须刀 | | | | | | | | | | | | | |
| 指甲锉 | | | | | | | | | | | | | |
| 棉签 | | | | | | | | | | | | | |
| 信纸 | | | | | | | | | | | | | |
| 信封 | | | | | | | | | | | | | |
| 铅笔 | | | | | | | | | | | | | |
| 圆珠笔 | | | | | | | | | | | | | |
| 火柴 | | | | | | | | | | | | | |
| 拖鞋 | | | | | | | | | | | | | |
| 擦鞋器 | | | | | | | | | | | | | |
| 茶叶 | | | | | | | | | | | | | |

根据上述表格填写的数据每日、每月统计汇总一次。然后根据每日消耗量总表做出每月楼层耗量汇总表，分析每间房每天的平均耗用量，再结合住客率及上月情况制作每月消耗分析对照表(表 5-3)。

### 表 5-3  每月消耗分析对照表

制表人＿＿＿＿＿＿＿＿　　　　　　　　　　　　日期＿＿＿＿＿＿＿＿

| 品 名 | 单位 | 单价/元 | 上月消耗 | 金额/元 | 本月消耗 | 金额/元 | 与上月相比 | |
|---|---|---|---|---|---|---|---|---|
| | | | | | | | 增/(%) | 减/(%) |
| 信纸 | 张 | | | | | | | |
| 信封 | 个 | | | | | | | |
| 铅笔 | 支 | | | | | | | |
| 圆珠笔 | 支 | | | | | | | |
| 意见卡 | 张 | | | | | | | |
| 行李牌 | 个 | | | | | | | |
| 火柴 | 盒 | | | | | | | |
| 拖鞋 | 双 | | | | | | | |

续表

| 品　名 | 单位 | 单价/元 | 上月消耗 | 金额/元 | 本月消耗 | 金额/元 | 与上月相比 ||
|---|---|---|---|---|---|---|---|---|
| | | | | | | | 增/(%) | 减/(%) |
| 早餐卡 | 张 | | | | | | | |
| 擦鞋器 | 个 | | | | | | | |
| 茶叶 | 袋 | | | | | | | |
| 酒单 | 张 | | | | | | | |
| 洗衣袋 | 个 | | | | | | | |
| 洗衣单 | 张 | | | | | | | |
| 礼品袋 | 个 | | | | | | | |
| 香皂 | 块 | | | | | | | |
| 洗浴液 | 瓶 | | | | | | | |
| 洗发液 | 瓶 | | | | | | | |
| 护肤露 | 瓶(盒) | | | | | | | |
| 卫生纸 | 卷 | | | | | | | |
| 面巾纸 | 盒 | | | | | | | |
| 牙具 | 个 | | | | | | | |
| 梳子 | 把 | | | | | | | |
| 浴帽 | 个 | | | | | | | |
| 卫生袋 | 个 | | | | | | | |
| 剃须刀 | 个 | | | | | | | |
| 指甲锉 | 个 | | | | | | | |
| 棉球 | 包 | | | | | | | |
| 棉签 | 盒 | | | | | | | |
| 杯垫 | 个 | | | | | | | |
| | | | | | | | | |
| 合　计 | | | | | | | | |

| 上月住客率 | 本月住客率 | 与上月相比 || 上月每间房消耗额 | 本月每间房消耗额 |
|---|---|---|---|---|---|
| | | 增/(%) | 减/(%) | | |
| | | | | | |

统计并制订每月客用品的使用量。

1) 全部客用消耗品的消耗定额

可以用下列公式计算：

全部客用消耗物品的消耗定额=每间客房配置的客用物品的总金额×(出租客房的间数/天数)×平均消耗率

例如，每间客房全部可用消耗物品的总金额是 8 元，平均消耗率是 60%，某楼层某月出租客房的总数为 576 间/天，计算该楼层本月客房客用消耗物品的消耗定额。

该楼层本月客房客用消耗物品的消耗定额=8 元/间×576 间/天×60%=2764.80 元/天

2) 单项客用消耗品的消耗定额

可以用下列公式计算：

单项客用品的消耗定额=(每间/天客房的配置数)×(出租客房的间数/天数)×平均客用品消耗率

其中，平均客用品消耗率=消耗数量÷配置数量

例如，客房内的茶叶，每间客房每天供应 4 包，平均每间客房每天的消耗量为 3 包，其平均消耗率为 3/4，即 75%。如果某一楼层本月客房的出租总数为 576 间/天，试计算该楼层本月茶叶的消耗定额。

该楼层本月茶叶的消耗定额=4 包/间×576 间/天×75%=1728 包/天

## 3．客用品的有效控制

客用品的控制是客房用品管理最重要的一个环节。它涉及的客用品品种多，使用的频率高，数量大，耗费比重大，这些用品又具有很强的实用性，故不可忽视。对客房用品的控制通常从三方面着手。

1) 领班督导服务员

(1) 通过工作表控制客用品消耗量。

客房服务员按规定数量和品种为客房配备和添补用品，并在客房服务员工作表上做好登记。领班凭《客房部楼层员工工作表》对客房服务员使用客用品的情况进行核实，分析和比较服务员在每个房间的平均消耗量，防止出现客用品浪费和流失等情况发生。

(2) 现场检查和督导。

现场检查和督导是指领班检查和督导客房服务员清扫房间的工作流程，杜绝员工野蛮操作，减少客用品的浪费和损坏。要求客房服务员在引领客人进房时，必须按服务规程介绍房间设备用品的性能和使用方法，避免不必要的消耗。例如，少数员工在清扫整理房间时为了省事，将一些客人未使用过的消耗品当垃圾扔掉，或者乱扯乱扔客房用品等，领班应及时对其加强爱护客用品的教育，尽量减少浪费和人为的破坏。同时也要关注客人，避免客人损坏房间物品。

### 小思考

**客人在地毯上扔烟头损坏地毯时，怎么办？**

[参考答案]

(1) 很有礼貌地提醒客人要爱护公共财产，同时需要按规定赔偿损坏的物品。

(2) 重要证据如烟头烟灰和烧痕要保留，索赔时应有礼有节，客人一般能接受。语气应委婉，不可伤害客人的自尊心。

(3) 赔偿款交总服务台开好收据，并做好记录。

(4) 及时通知维修部门或自己动手修补地毯。

2) 领班责任制

楼层配备客房用品管理人员，做到专人负责。各种客房用品的使用主要是在楼层进行的，因此，使用的好坏和定额标准的掌握关键在领班。领班每天汇总本楼层消耗用品的数量，做好统计并向上级汇报，同时根据楼层的存量和一周的消耗量开出领料单。

3) 客房部的全面控制

客房部对全酒店各楼层客房用品的控制：一是客房中心库房的管理员负责整个客房部的客用品发放、保管、汇总和统计工作；二是楼层主管建立相应规范和采取有效措施，使客用品的消耗在满足业务经营活动需要的前提下，达到最低限度。

设立客房部中心库房的酒店，可由中心库房的物品领发员或客房服务中心对客房楼层的客用品耗费的总量进行控制；负责统计各楼层每日、每周和每月的客用品使用损耗量；结合客房出租率及上月情况，制作每月客用品消耗分析对照表。

楼层主管或客房部经理对客用品的控制主要是通过制定有关的管理制度和加强对员工的思想教育来实现的。

为防止客人的偷盗行为，要求酒店实行访客登记制度，尽可能少设出入口；对多次性消耗用品，如烟缸、茶杯、茶叶盒等可标上酒店标志；管理好工作车；等等。

## 5.1.3 使用与保养客房设备

不同档次和类型的客房虽然设备配备的标准规格不同，但提供宾客使用的设备必须是完好安全的。

客房设备选择的基本原则是：技术上先进，经济上合理，符合酒店的档次，满足客人的需要，有利于提高服务质量和工作效率。

### 1．床

床的支架，必须牢固稳定，为了防止床架被弄脏，可在床架上套上床裙，用床裙围护床架的四边。

对床垫的清洁保养不仅可以增加床垫的使用年限，还可以使其保持良好的使用状态。具体做法如下。

(1) 及时清洁床垫。服务员要经常清除床垫上的灰尘、污迹。清除床垫上的污迹时，不能将软垫平放，因为这样水和清洁剂会渗透到弹簧钢丝上，使钢丝锈蚀。正确的做法是将软垫竖立起来，用软刷和合适的清洁剂擦洗，然后用干布吸去水分，再用电吹风机吹干或让其自然干燥。

(2) 在床垫上加铺保护垫。保护垫必须吸水性好、易于洗涤，用松紧带固定在床垫上防止打滑，这是保持床垫清洁的基本措施之一。

(3) 定期翻转床垫。根据使用情况制订计划，定期翻转床垫，使其各部位受力均匀，磨损相同，避免出现凹凸或倾斜。为了有效地加以控制，通常要将软垫的两头和两面做上标记，并对所有的床垫都统一标号，每次的翻转进行统一规定。

如正面为单数，反面为双数，正面左下角标号为"1"，正面右上角标号为"3"，反面左下角标号为"2",反面右上角标号为"4"。第一个季度将所有床垫调整为标号"1"在左下角,标号"3"在右上角;第二个季度第一周将所有床垫从右向左翻转180°,使标号"2"置于左下角;第三个季度第一周将所有床垫从床头向床尾翻转180°,使标号"3"置于左下角;第四个季度第一周将所有床垫从右向左翻转180°,使标号"4"置于左下角。依此类推,循环进行。

(4) 注意通风散热,避免受潮。床垫的散热孔不能堵塞,否则受潮后易发霉。

(5) 注意检查,及时维修。服务员要经常检查软垫的面料、滚边有无破损,弹簧有无松动或脱落,发现问题及时保修。

## 2. 沙发

(1) 选用耐磨、易洗、色彩与客房相协调的面料制作沙发套,防止沙发面层被磨损和污染。

(2) 经常吸尘,及时除迹,定期清洗。

(3) 在易脏部位放置花垫,可起到保护和美化的作用。

(4) 经常翻转坐垫,如有损坏及时维修。

## 3. 木质家具

1) 防潮

木质家具要避免在潮湿的环境中使用,受潮后容易变形、开胶和脱漆。一般要距墙5~10cm,平时不能用带水的抹布擦拭家具,不要把受潮的物件如衣服、毛巾等搭放在木质家具上。

2) 防虫蛀

木质家具容易滋生蛀虫,对木质家具要按照除虫灭害的要求和方法进行处理,防止虫蛀。

3) 定期打蜡

木质家具定期打蜡,是木质家具的综合性保养措施。使用专用的家具蜡,取适量涂擦家具,可以起到隔热防潮、防渗透、防止失去光泽、降低灰尘附着力、保持清洁明亮、清除轻微擦伤等作用。正确的做法是将油性家具蜡倒在家具表面或干布上擦拭一遍,15分钟后再重复擦一遍。

4) 防摩擦损伤

对木质家具要采取一系列办法,防止其受到损伤。尤其是桌子、台子等家具的顶面,由于要摆放用具用品,并且要经常擦拭,很容易受摩擦而损伤。为了避免出现这种情况,要注意摆放在桌子、台子等家具上的用品底部必须光滑,不得有毛刺;也可使用杯垫、垫碟等,以防损伤物品。

5) 防热

木质家具过度受热后容易收缩、开裂,因此,要避免阳光直射、暴晒和烘烤,并远离暖气等热源摆放。

6) 保证家具正常使用

经常检查家具的抽屉抽拉是否灵活,抽屉的拉手是否完好、稳固,如有问题及时报修。检查抽屉内有无杂物和遗留物品,如有应立即清理杂物,将遗留物品交客房服务中心。

### 4. 电视机

电视机是客房必备的电气设备之一，为了更好地为客人提供服务，延长电视机的使用寿命，对电视机的使用保养要严格地按照要求进行。

(1) 电视机应安放在通风良好的地方，要注意保护好电源线，避免其受到损伤。

(2) 电视机应用柔软的干布和中性清洁剂擦拭。

(3) 电视机长期不使用时，应用布罩好，以免落灰，定期请维修人员检查。夏季每月通电一次，时间2小时以上；冬季每3个月一次，每次3小时以上，以驱湿气。遥控器长期不用时，应取出电池。

(4) 非专业人员不要打开机箱后盖，否则有电击危险。

### 5. 电冰箱

(1) 保持冰箱的清洁。内部附件及外表可用浸有温水或中性清洁剂的软布擦洗。阴雨天气及潮湿季节，空气中的水分会凝结成水珠附在冰箱外壳上，这是正常现象，只需用柔软的干布擦拭即可。

(2) 电冰箱要放置在通风的地方，不要让太阳直射。冰箱背部要与墙有10cm的距离，以保证散热。

(3) 冰箱内存放的食品和饮料不宜过多，不可储存汽油、油漆、酒精等易挥发、易燃物品。不可将热的物品放入冰箱内。

(4) 尽量减少冰箱门打开的次数，门打开的时间要短。冰箱要保持使用的连续性，不可日开夜关。电源一旦中断，要等5分钟后再接通电源。

(5) 长期不使用时，应拔下电源插头，取出食品，保持箱体内外干净；温控器调节盘置于"0"或"MAX"(强冷)的位置，使温控器处于自然状态，延长其使用寿命。每月应通电一次，通电时间0.5～1小时。

### 6. 空调

(1) 要经常给房间通风，不要让太阳直射。

(2) 定期检修，添加冷冻液和润滑油等，以延长使用寿命。

(3) 每隔2～3个月清洗一次过滤网，保证通风流畅。

**小·思考**

**该如何正确开启空调？**

[参考答案]

(1) 在开空调之前，应先关闭门窗，防止冷(热)气外泄。

(2) 使用冷气时，送风口横栅格以水平方向为佳。竖栅格时冷气量重，尽量朝上排气，可使空调冷气扩散均匀、送风顺畅。

(3) 清洁过滤网，当关闭空调再启动时，至少停机3分钟后再启动。团队客人到达前一小时开机，使客人进房后感到非常舒适。

## 7．灯具

(1) 擦拭灯罩尤其是灯泡、灯管时，用干的软布擦拭，并需切断电源，以防触电。

(2) 电线应保持表面无破损。

(3) 经常检查安装灯具的天花板和墙壁，其安装部位是否有不稳、松弛的现象，是否有异常的噪声、过热等，要保证灯具处于完好有效的状态。

## 8．卫生洁具

(1) 经常擦洗，保持清洁卫生。

(2) 定期清洗洗面盆、浴缸下水塞及下水口，并杀菌消毒，保证无污迹，无堵塞。

(3) 擦洗时，一般选用稀释中性清洁剂，切忌使用强酸或强碱，因为它们不仅会破坏卫生洁具瓷面光泽，损坏釉质，还会腐蚀下水管道。

(4) 防止水龙头或淋浴喷头关闭不紧漏水，发现情况及时报修。

### 小·思考

当客人询问客房设施的使用方法时，该怎么办？

[参考答案]

客房服务员应熟悉房内一切设备设施名称、性能和使用方法，适当进行操作示范指导(如电子门锁的开启、控制面板的调节、自动电热壶的使用和电视频道的调整等)。

### 小·资料

#### 酒店客房为客人设计"经历"

酒店设计中的客房设计，往往被认为是最容易的，甚至有很多酒店业内的朋友也这么认为，相对大堂、餐厅、夜总会而言，他们觉得客房都是一个样子，"就那么几件东西！，实在不复杂"。糟糕的是，在这种想法的影响中，有些酒店业主在客房设计中也对设计师完全没有更高的要求。客房，于是千篇一律、平俗而没落。

这种"雷同"和"模式化"扼杀着一个个酒店，特别是大量中等星级酒店的生命。

实际上，客房是酒店客人的真正归宿。世界上98%以上的酒店客房是客人驻留时间最长的地方(有些赌场酒店除外)，酒店也以销售客房的收入为其主要的经济收益来源。无论从客人的角度还是从酒店方的角度，客房都是最重要的地方。

经调查发现，客人对自己入住的酒店会有一种"期待"，这种期待对于客房更表现得十分具体和敏感。经常有人在推开自己要住的客房门的一刹那，会产生短时间的兴奋，这就是"心理期待"的作用。如果进到房间，看见似曾相识、平庸无奇的一堆东西，他们会立刻大失所望；而如果他们发现房间内很多颜色、形式、陈设品、家具都是未曾见过的，新奇的，而且很美，很高雅，他们就会感到一种极大的满足和愉悦。住酒店的人，无论度假还是公差，还是商务旅行，都渴望有这种"经历"。

"经历"，通过室内环境和客房内每一个物品注入客人的印象和体验中：一个意想不到的简洁而实用的电视柜，一个奇特的玻璃球制的照明开关，一组精美松软的大枕头，一个嵌在床头的、用树脂成型的逼真的小鸟雕塑，一个坐在坐便器上还可以看到卧室里电视节目而且还能就近拿到遥控器的"隔而不闭"的卫生间，一把极富现代感的椅子，一个方便精巧的小书架⋯⋯只要是客人没有见过的，都会变成他(她)的"经历"。客人有了这种经历，就会为酒店树起口碑。

# 5.2 管理楼层库房

各种客房用品主要是在楼层使用消耗的，因此，建立楼层家产、客用品的领班责任制，是客房部管理好家产、客用品的关键所在，也是楼层库房管理的重要内容。图 5.4 所示为楼层库房。

图 5.4　楼层库房

## 5.2.1　存储与保管楼层库房物品

### 1．各类客房物品的配备标准

制定各类客房的物品配备标准，可以有效地保证服务质量和控制客用品的消耗。

房内所配备的客用物品，要以客房的类别和档次为依据，在品种、数量、规格、质量要求等方面应有统一的标准。酒店在制定这些标准时，应参照行业标准、竞争对手的标准以及国际标准等，做到既符合实际情况又要有创新，注重实效。各类客房物品的配备标准一般制作成表格，如家具更新项目表、洗涤更新项目表、易耗品替换项目表等，最常见的就是易耗品替换项目表(表 5-4)。这种表格使用率高，因为这类物品经常更换、增减，如果没有准确的记录，易造成物品管理的混乱。

表 5-4　易耗品替换项目表

| 项　目 | 定　量 | 日　期 | 备　注 |
|---|---|---|---|
| 服务夹 | 1 | | |
| 衣架、裤夹 | 12 | | |
| 鞋篮 | 1 | | |
| 衣刷 | 1 | | |
| 冰桶 | 1 | | |
| 水晶茶盘 | 1 | | |
| 水杯 | 4 | | |
| 烟灰缸 | 2 | | |
| 化妆盒 | 1 | | |
| 漱口杯 | 2 | | |
| 花瓶 | 1 | | |
| 皂盒 | 1 | | |
| 面巾盒 | 1 | | |
| 雨伞 | 1 | | |

## 2．楼层库房存储标准

楼层库房应该储存客房各类客用物品，以供楼层周转使用。对楼层库房所储备的物品，也应将品种、数量等用卡条或表格列明，并贴在库房内，供盘点和申领时对照用。客用消耗品的存储量通常以一周使用为标准，其他非消耗品则根据各楼层的客房数量及客情等具体情况确定储量标准。

## 3．楼层库房的物品保管

客房部楼层库房的物品保管通常由一名领班负责几个楼层、几个库房，按照领班负责制的要求，做到专人领发，专人保管，责任到人，不多人经手。配置和存储在各处的物品要由专人保管，做到谁管谁用、谁用谁管，各人对所管所用的物品负责，避免职责不明、责任不清、互相依赖、互相推诿，从而避免物品的浪费和流失。如果领班休息或临时有事交给别人负责，必须严格履行有关手续。为了使楼层库房的物品保管好，应采取以下措施。

1) 防止浪费和流失

在客用物品的日常管理中，要严格控制非正常性的消耗，如送给他人使用、员工自己使用、对客人超常规供应等，否则很容易造成客用物品的浪费和流失。

2) 合理使用

客房服务员在工作中要有成本意识，注意回收各种有价值的物品，并进行再利用。同时还要防止因使用不当而造成的损耗。

3) 避免库存积压，防止自然损耗

很多客用物品，尤其是客消耗物品都有一定的保质期，如果库存过多易造成积压、过期，难免出现自然损耗。目前市场货源充足，没有必要库存过多的这类物品。

4）完善制度

为了有效地控制客房客用物品的消耗，客房部必须建立一套相关制度，在客用物品的保管、收发、使用和消耗等方面加以规定和要求，并依据制度实施各种管理和控制措施。

5）加强统计分析

客房各楼层要对每天的物品消耗进行统计，经理要进行核实。如果管理不善，在领取、使用、保管等环节就会出现问题。客房部中心库房要对每日、每周、每月、每季度、每年度的客用物品的消耗情况进行统计，并结合盘点了解客用物品的实际消耗情况，将结果报给客房部经理。造成与实际定额标准偏差较大的原因是多方面的，有的属于正常情况，有的属于不正常情况，要做具体分析。只要实际情况与定额标准偏差较大，就必须分析原因，找出解决处理的办法。例如，一段时间内客房出租率急剧上升，超出预定出租率，使物品使用过量，则属正常消耗。

在客用品消耗控制中，既要力争节约，又要讲究适度，不能因过分要求节约而影响服务质量，通常要有一个合理的限度。

**小思考**

客房物资用品品种多、用量大、不易控制时，该怎么办？

[参考答案]

首先要正确认识客房物资用品是客房部组织接待服务活动，向客人提供优良服务的物资凭借，它反映了酒店的等级和规格，又直接影响客房部营业收入的多少和经济收入的高低。加强物资用品管理，保证客人的需要，降低消耗是客房部管理的重要任务之一。要严格遵守物品的领发手续，向部门反映用品的质量，保证前台物品的供应，做好各种原始记录，使物资用品不流失、不浪费。

## 5.2.2 签领楼层库房物品

楼层库房物品的签领是由领班负责的。楼层库房的空间大小、客房出租率的高低都是在制订楼层库房物品领取计划时需要考虑的因素。通常各酒店客房部都会根据自己的情况制定一项规定，并以书面的形式基本固定下来，让各楼层领班基本上按照这一规定实施，如有特殊情况也基本能满足客人的需求。

# 5.3 管理与控制布件

布件又称为布草或棉织布品。在酒店的经营当中，它不仅是一种日常生活必需品供客人使用，也可以用来装饰布置环境、烘托气氛等。

按照布件的用途，通常可以分为以下几类。

(1) 床上布件。包括床单、枕套、被罩等。

(2) 卫生间布件。包括面巾、地巾、浴衣、浴巾等。

(3) 其他布件。包括餐巾、台布、口布、窗帘、椅套等。

## 5.3.1 配备楼层布草

酒店星级的高低、规模的大小、客房楼层的物品存储空间的大小都是决定客房用品数量的因素。

### 1．布草配备标准

1) 明确标准间配备量

客房布草的配备是客房布草管理工作中的一个重要问题。客房布草的配备必须有合理的定额标准，要防止定额不合理(过少或过多)而影响客房布草的正常供应，造成不必要的浪费和损耗。以下是标准间的配备量。

(1) 毛巾类。

浴巾每个房间两条；面巾每个房间两条；方巾每个房间两条；地巾(脚垫)每个房间一条；浴衣每张床一件。

(2) 床上用品。

床单每张床不少于一条；枕套每张床不少于两个；棉被每张床一条；被罩每张床一个；衬垫每张床一条；窗帘每个窗户一套。

由于各酒店档次和洗涤条件不同，其配备布草的数量就有差异。制定消耗定额时，要考虑酒店的档次、资金情况，以及维持正常布草运转所必需的数量。整个客房部的布草总数按客房出租率为100%的需求量配备。以床单为例，三星级酒店要求配置3～4套(一套在用，一套换洗，一套周转，一套备用)。配备完成后，只有到了更新周期才陆续补充和新购。

2) 确定年度损耗率

损耗率是指布草的磨损程度，直接影响了楼层布草间的基本储存量。为了保持酒店的规格和服务水准，酒店对布草要进行更换和添补。确定损耗率的基本准则有以下两条。

(1) 根据酒店自身等级的要求。

不同类型和等级的酒店确定的布草损耗标准是不同的。例如，经济型酒店布草制品要到破损才能淘汰，豪华酒店的六成新就淘汰改作他用。

(2) 根据布草的洗涤寿命。

不同质地的布草有不同的洗涤寿命。例如，全棉床单的耐洗次数为250～300次，混纺的略长一些；全棉枕套的耐洗次数约为150次；毛巾类约为150次。如果酒店自己的洗涤条件差，加上不按洗涤程序和规范进行操作，也会降低耐洗次数。但如果送店外的洗涤公司洗涤，洗涤寿命也将降低。

3) 布草盘点

通过盘点，了解布草的使用、消耗和储存情况，发现问题及时处理。要定期对布草进行盘点，大致一个月一盘点。布草盘点要认真细致和全面。盘点前，要将盘点的日期和时间通知有关人员，盘点时最好停止布草的流动，以防止漏盘和重盘，盘点后必须填写布草盘点统计表(表 5-5)。

表 5-5 布草盘点统计表

| 品 名 | 额定数 | 客房 定额 | 客房 实盘 | 楼层工作间 定额 | 楼层工作间 实盘 | 布草房 定额 | 布草房 实盘 | 盘点总数 | 报废数 | 补充数 | 差额总数 | 备注 |
|---|---|---|---|---|---|---|---|---|---|---|---|---|
| 毛巾 | | | | | | | | | | | | |
| 浴巾 | | | | | | | | | | | | |
| 面巾 | | | | | | | | | | | | |
| 地巾 | | | | | | | | | | | | |
| 浴衣 | | | | | | | | | | | | |
| 床单 | | | | | | | | | | | | |
| 枕套 | | | | | | | | | | | | |
| 被罩 | | | | | | | | | | | | |
| 衬垫 | | | | | | | | | | | | |
| 床裙 | | | | | | | | | | | | |
| 窗帘 | | | | | | | | | | | | |

为了把盘点工作做好，各酒店可根据自身情况制定盘点制度。定期盘点的时间或周期，视酒店客房部具体情况自定。盘点时，对现有布草情况进行检查、核对、统计，然后与定额标准进行比较，得出盘盈和盘亏的数据，采取相应的措施。

盘点的主管人员应在场，年终盘点须请财务部协助。在得出需补充的数量后，制订采购计划，同时应先查明补充原因，即进行盘亏分析，杜绝浪费。为了保证酒店利益，采购计划中除有采购数量外，还应提出采购的质量要求，即详细的质量技术参数，避免购进价高质次的布草。

## 2. 布草的存储

布草在合适的环境中按正确的要求存储，不但能够提高布草的使用效率，还能延长布草的使用寿命。

(1) 具有适宜的温、湿度，通风透气，保持清洁，防止微生物繁殖。

(2) 墙面材料须经过防渗漏、防霉、防蛀处理，地面材料以 PVC 地砖为佳。

(3) 备用布草要按先进先出的原则投入使用，尽量减少库存时间。

(4) 新布草必须经洗涤后才能投入使用。

(5) 洗涤后的布草要在搁架上放置一段时间，以利其散热透气。

(6) 布草分类上架并附有货卡。

(7) 布草房不能存放其他物品，特别是化学物品和食品。

(8) 要有消防设施，并定期进行安全检查。

(9) 布草房限制无关人员进出。

## 5.3.2 管理与控制布草房

在酒店经营活动中，不论有无洗衣房，布草房是必须设立的。它主要负责酒店所有布草、制服的收发、分类和缝补等工作，保证酒店布草和制服的及时供应。酒店应加强布草房的管理工作，为酒店经营活动做好后勤服务。

### 1．布草房的业务范围

布草房负责酒店所有布草、制服的收发、存放业务，以保证酒店对合格布草的需求。布草房的具体业务范围包括：

(1) 对餐饮部、客房部等部门的布草进行收发、盘点、分类、存放与保管。
(2) 与洗衣房协调，做好制服和布草的清点、送洗与验收工作。
(3) 负责员工制服的更换、保管与修补。
(4) 负责制服和布草的更新与报废。
(5) 定期对布草进行盘点。

### 2．布草的收发

为了使布草有一定的保养时间，布草收发应遵循先洗先出、保证质量、对等交换的原则。

1) 客房布草的收发

(1) 楼层提出申请。每天由楼层客房服务员根据出租率提出"每天楼层布草需求单"，并交领班核准签名。
(2) 配货。布草收发员根据需求单上的需求品种和数量准备干净布草待运。
(3) 运送。用布草车将配好的干净布草送到楼层。
(4) 签收。布草收发员将送到楼层的干净布草与需求单一起带到楼层，该楼层服务员核对，并在需求单上签收。

2) 餐厅布草的发放

(1) 接收。布草收发员逐一清点餐厅脏布草的品种、数量，并做好记录。
(2) 发放。收发员按记录本上的数量逐一发放干净布草。餐厅布草一般采用"以一换一"的发放方法，即以脏布草换回同等数量的干净布草。
(3) 签收。餐厅服务员在领取干净布草后，要在表单上签字。

3) 制服的发放

(1) 申领。由申领部门填写"制服申领单"，注明员工部门、工种，经部门经理审批。
(2) 发放。制服房根据员工身材准备制服，加工或改动制服的长短、肥瘦。员工试穿合适后，将号码标记在制服上，并将配套的其他物件按规定统一发给员工。一套制服交员工自己保管，另一套由制服房保存。
(3) 记录。将发放制服情况登记在"员工制服登记卡"上并存档。
(4) 换洗。在规定时间内员工送洗脏制服，收发员清点准确，取出相应的干净制服(干净制服与脏制服号码须一致，以保证专人专用)。再次核对，送交员工手中，并要求其在表单上签字。

### 3．布草的存放与盘点

1) 布草的存放

由于布草平时分散在各处，为了便于使用和盘点等，存放必须定点定量、分类存放。凡是与布草使用和保管等有关的员工，都必须知道布草应该存放的地点、放置的具体位置、种类、数量及摆放方法。在平时的工作中，只要检查核对一下即可知道种类全不全、数量够不够、有无差错，这样既提高了工作效率，又能加强员工的责任心。

2) 布草的盘点

(1) 客房布草的盘点。

① 通知。预先通知有关部门及人员做好准备。

② 清点。根据不同的规格，在同一时间段内对所有布草进行清点，包括储存在楼层布草间、工作车、洗衣房、布草房的布草。清点时，需停止布草的流动，防止漏盘和重盘。

③ 汇总。将全部盘点结果汇总填写在盘点表上。

(2) 餐厅布草的盘点。

① 通知。预先通知餐饮部、洗衣房和布草房做好准备。

② 盘点。检查餐饮部存放的脏布草和干净布草。根据不同的规格、颜色，在同一时间段内对所有项目进行盘点，盘点时要停止布草的流动，防止漏盘和重盘。

③ 汇总。将全部盘点结果汇总填写在盘点表上。

### 4．布草的修补与报损

1) 布草的修补

(1) 检查。从洗衣房洗回的所有干净布草和制服，布草房服务员都需认真检查是否有破损。

(2) 修补。能够修补的布草、制服，需交缝纫工做必要的缝补。

(3) 鉴定。所有低于标准的布草、制服，都要经客房部经理鉴定后，才能决定是否继续使用或做报废处理。

(4) 再利用。将可再利用的报废布草进行再利用，改制成婴儿床单、枕套、洗衣袋等。

2) 布草的报损

所有布草在使用和洗涤过程中都会产生磨损，最后达到报废程度。在工作中客房服务员如果发现可能报损的布草，要及时将其挑拣出来报主管经理。

(1) 提出申请。

申请报废的布草有以下情况：

① 使用年限已到；

② 由于某原因布草破损，无法修补；

③ 布草有无法清除的污迹；

④ 统一调换新式样等。

(2) 核对、审批。

布草报废有严格的核对、审批手续。发现不合格布草要及时挑出，由主管来认定，同时填写布草报废单(表5-6)，报客房部经理审批。

表5-6 布草报废单

品名_____  规格_____  申报人_____

| 报废原因 | 数　量 | 处理意见 |
| --- | --- | --- |
| 无法除迹 | | |
| 无法修补 | | |
| 年限已到 | | |
| 其他 | | |
| 合　计 | | |

批准人_____　　　　　　　　　　　　　　日期_____

### 5. 布草房管理的注意事项

(1) 必须能够满足客房出租率100%时的使用和周转需要。
(2) 必须能够满足客房一天24小时运营的使用和周转需要。
(3) 必须能够适应洗衣房的工作制度对布草周转所造成的影响。
(4) 符合酒店关于客用布草换洗的规定和要求。
(5) 考虑布草调换、补充的周期及可能发生的周转差额和损耗流失等情况。
(6) 能够保证洗熨过的布草有一段保养的时间。
(7) 制订更新布草品种及规格的计划。
(8) 布草损耗率的统计。

## 5.3.3 有效管理洗衣房

洗衣房(图5.5)承担着整个酒店布草、制服和客衣的洗涤、熨烫等业务，和客房工作有着非常重要的联系。洗衣房的管理水平、工作效率和工作质量都将直接影响到酒店经营活动的开展和客人对酒店整体形象的评价。

### 1. 洗衣房的业务范围

洗衣房是酒店的后勤保障部门，是保证酒店经营活动正常进行不可缺少的一个部门。洗衣房的具体业务范围包括：

(1) 负责洗涤、熨烫酒店客房部、餐饮部布草的工作。
(2) 负责提供客衣的洗涤、熨烫服务。
(3) 负责酒店员工制服的洗涤工作。

图5.5 洗衣房

### 2. 洗衣房的工作流程

1) 客房和餐厅布草的洗衣流程
(1) 客房、餐厅的布草清点后送到洗衣房。
(2) 将收回的棉织品根据种类和洗涤方式分类整理，特别要注意客房餐厅的毛巾同床单的分类。

(3) 根据洗衣机的使用容量,称量布草再放进洗衣机。

(4) 布草洗涤并脱水。

(5) 在床单、枕套等压烫前,都有一个整理过程,若发现有未清洗干净的,需挑出交回再处理。

(6) 床单、枕套经压烫处理,毛巾经烘干处理。

(7) 对压烫好的床单、枕套和烘干后的毛巾进行机器折叠或人工折叠。

(8) 根据不同的要求整理并捆绑,如床单每 10 张一包装,浴巾每 10 条一包装,餐巾每 10 条一包装。

(9) 清点送回至客房、餐厅。

2) 客衣、员工制服的洗衣流程

(1) 打码分类。每件衣服都做上标号,将号码钉在衣领、衣袖、裤腰处。同一份衣服要同一号码。

(2) 清洁特殊斑渍。

(3) 湿洗或干洗。根据服装的质地和式样,选择适当的洗涤方式。

(4) 烘干、熨烫(图 5.6)。

(5) 折叠、上架。外套、制服必须用衣架悬挂,其他则折叠装包,有破损的及时修复。

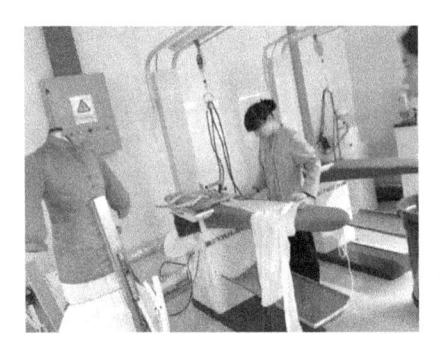

图 5.6 衣服熨烫

## 3. 洗衣房的设备管理

在很多酒店,洗衣房设备的管理一般由工程部负责,但洗衣房管理人员及员工也要做好日常设备的管理,积极与工程部密切合作,确保设备的正常运转。加强对设备的管理,既可以减少维修次数、延长设备的使用寿命、降低成本,又能保证前台工作的正常运行。

(1) 做好固定资产管理。洗衣房设备属于酒店的固定资产,建立设备账卡档案,是做好设备管理的基础工作。

(2) 加强设备使用前的培训工作。洗衣房设备操作技术性较强,在使用前应做好员工的培训工作,使员工掌握设备的性能、操作技术和相关的维护知识。此项培训工作最好由设备供应商承担,也可由酒店专业人员负责。员工经培训合格后才能上岗操作。

(3) 制订设备操作程序,明确操作要求。为了确保设备的正常运行,操作设备必须按照一定的程序进行(表 5-7)。

表 5-7 洗衣操作规程

| 操作程序 | 操 作 要 领 | 操 作 要 求 |
| --- | --- | --- |
| 准备工作 | 1. 使用前,对洗衣机的机门、滚筒、洗涤用品、加注器、传动皮带等做目视检查<br>2. 打开各机位电闸,检查各按钮、开关的灵敏程度,温度、蒸汽、气压是否正常 | 严格操作,认真检查 |
| 衣物分类 | 将不同质地、颜色、洗涤温度的衣物分别放置 | 检查客衣、制服有无破损、褪色等情况 |

续表

| 操作程序 | 操作要领 | 操作要求 |
|---|---|---|
| 装机 | 1. 将不同洗涤要求的衣物分别放入机内<br>2. 装载量为洗衣机设计容量的85% | 1. 设备不得超负荷洗涤<br>2. 关机门时应注意切勿使机门夹住衣物 |
| 开机洗涤 | 1. 根据洗涤要求，选择洗涤程序<br>2. 洗衣原料应在进足水位后再投入机内，不可与干衣物同时投入<br>3. 衣物若要做漂白处理，应按要求操作 | 设备运行过程中员工不得离开岗位，注意观察，若有意外马上切断电源、水源、气源 |
| 关机装衣 | 1. 洗衣机使用完毕后，关闭机内电源开关<br>2. 准备好干净装衣车，将洗净的衣物装入车内 | 注意检查洗衣机内有无小件衣物遗留 |
| 结束工作 | 1. 设备使用完毕后，都应检查电动机及传动系统是否有异常<br>2. 关闭蒸汽阀、冷热水开关、总电源开关<br>3. 按要求做好洗衣机的保养工作 | 对洗衣机做适当清洁，保证设备内外洁净 |

# 本 章 小 结

## 1. 了解客房所包含的用品，并加以分类

按照消耗形式可分为以下几种。

(1) 一次性消耗用品。如茶叶、信封、信纸、香皂、沐浴液、洗发液、刷牙、卫生纸等。这些用品一次性消耗，一次性完成使用价值。

(2) 多次性消耗用品。如床上用品、浴巾、酒店宣传品、杯具等。这些用品可连续多次供客人多次使用，价值补偿要在一个时期内多次逐渐完成。

## 2. 对客房用品的消耗进行统计和分析

在实际工作中客房部应加强对客用物品消耗情况的统计，做到每天汇总，每月统计，定期分析比较。用"全部客用消耗品的消耗定额"和"单项客用消耗品的消耗定额" 统计每月客用品的使用量，从而制订出客用物品的消耗定额，进行客房用品的消耗控制。

## 3. 按照客房设备的保养要求，进行恰当的清洁保养

见5.1.3 使用与保养客房设备。

## 4. 掌握楼层布草间用品的配备标准

客房布草的配备须有合理的定额标准，要防止定额不合理(过少或过多)而影响客房布草的正常供应，造成无谓的浪费和损耗。

## 5. 对布草房、洗衣房的工作流程有一个了解，以便与他人进行良好的沟通协作

见5.3.2 管理与控制布草房，5.3.3 有效管理洗衣房。

## 课堂讨论

1. 客房部如何统计客房用品消耗和确定客房用品配备？
2. 客房部用品的消耗实行定额管理，在执行具体规定时，该注意哪些问题？
3. 如何做好布草房的管理工作？
4. 洗衣房工作有哪些注意事项？

## 体验练习

参观酒店的布草房和洗衣房，了解其布局和设备用品等，熟悉布件的收发、存放和洗衣房的洗涤业务流程，设计出布草房和洗衣房的工作流程图。

## 案例分析

### 布件管理令人头疼

某酒店的客房部对于布件管理一直都很头疼，因为根据正常周转量设定的布件，在每3个月一次的盘点中，发现投入数与盘点数总是对不上。特别让客房部经理不解的是，除了有一些损坏的布件有数可查外，其他布件丢失数量异常惊人。楼层布件的补充，是由布件房员工根据楼层领班填写的每日布件需求数量送到楼层的。客房部布件周转量是按四套来配备的：一套在房间，一套在工作间，一套在洗衣房，一套备用。酒店通常的做法是：楼层服务员将房间使用过的布件收出，装入工作车布件袋里，再从每层的布件通道扔下去。接布件的地方不在洗衣房内，而是在员工电梯旁边的一间小房子里，这样就需要洗衣房员工每天负责运送。布件掉下来的地方放一辆布件车，有时堆积的布件太多，该车很快会被抛下来的布件装满。在撤换布件车时，再扔下来的布件就会掉在地上。有时为了方便，布件干脆就不放到布件车上直接进行搬运；有时洗衣房的工作人员还会踩在布件上进行撤换。为了解决布件管理中存在的问题，减少布件的丢失和报损，客房部在思考解决办法。

### 案例思考题

1. 为什么会发生这样的情况？该如何解决？
2. 客房部在物资管理方面应注意哪些问题？

## 测 试 题

1. 床单和枕套的质量主要取决于纱支数、织物密度、纤维长度、制作工艺和( )等因素。
   A. 耐洗次数　　　　　　　　　　B. 尺寸规格
   C. 颜色质量　　　　　　　　　　D. 厚薄程度

2. 客房内属于馈赠客用品的有( )。
   A. 圆珠笔、衣架、茶叶　　　　　B. 房间用餐菜单、宾客意见书、明信片
   C. 文具用品、剃须刀、指甲具　　D. 香皂、牙具、小方巾

3. 客房用品种类繁多，因而在选择时必须坚持( )的原则。
   A. 保证质量经久耐用　　　　　　B. 美观实用、符合星级和标准要求
   C. 与房内装饰的色调相一致　　　D. 体现本店风格

4. 饭店客用品的选择要美观、实用，符合其星级和档次，且需满足客人生活需要，使客人感到( )。
   A. 方便　　　　　　　　　　　　B. 礼遇规格
   C. 有一定档次　　　　　　　　　D. 物有所值

5. 饭店选择客房用品，一般是从( )出发的。
   A. 饭店的风格　　　　　　　　　B. 符合饭店的星级标准
   C. 实用性　　　　　　　　　　　D. 礼遇规格

6. 某饭店有客房300间，年平均出租率为60%，香皂单房配备为2块/(间·天)，香皂的年度消耗定额为( )块。
   A. 13.14万　　　B. 11.14万　　　C. 12.14万　　　D. 12万

7. 下列属于客房多次性消耗物品的是( )。
   A. 起瓶器、冰桶、化妆品
   B. 床上用品、卫生用品、文具用品
   C. 烟缸、火柴、茶叶
   D. 电话使用说明、服务指南、房间用餐菜单

8. 同一客房卫生间的毛巾配备要求应( )相同。
   A. 数量　　　　B. 质量　　　　C. 种类　　　　D. 颜色

9. 三星级标准客房卫生间配备毛巾有( )。
   A. 大浴巾、面巾、方巾、地巾　　B. 小浴巾、面巾、方巾、地巾
   C. 大小浴巾、面巾、方巾、地巾　D. 浴巾、地巾、面巾

10. 客房配备的小方巾、烟缸、酒具等属于( )。
    A. 一次性消耗品　　　　　　　　B. 馈赠品
    C. 固定资产　　　　　　　　　　D. 多次性消耗品

11. 客房部棉织品总量是根据单房配备量按客房(　　)配备的。
    A. 出租率为85%                              B. 实际出租率
    C. 出租率为100%                             D. 预测的平均出租率
12. 客房部的易耗品年度定额配备量是以单房每天需要量为基础，根据(　　)制定的。
    A. 客房出租率为85%                          B. 全年客房实际出租率
    C. 客房出租率为100%                         D. 客房预测平均出租率
13. 客房配置的剃须刀、指甲具、文具用品属于(　　)。
    A. 一次性消耗品                             B. 备品
    C. 固定物品                                 D. 多次性消耗品
14. 某饭店为三星级，床单每天一换，床单洗涤寿命为300次。客房单间配量为3套，每套4条，则该饭店床单年度损耗率为(　　)。
    A. 35%            B. 40%            C. 42%            D. 45%
15. (　　)是布件织物的质量标志之一。
    A. 颜色质量       B. 耐洗次数       C. 规格尺寸       D. 厚薄程度

# 第6章 客房部安全管理

【本章概要】
1. 客房安全
(1) 认知客房安全；
(2) 保障客房安全的原则。
2. 保障客房安全的措施
(1) 配备客房安全设施设备；
(2) 处理突发事件。

【本章目标】
学完本章以后，学生将具备以下能力：
(1) 根据客房安全管理的原则，为客人提供安全周到的服务；
(2) 充分认识客房各项安全设施设备配备的重要性；
(3) 根据火灾发生的原因，做好火灾预防；
(4) 掌握对火灾应急处理的方法；
(5) 根据酒店盗窃案件发生的原因，做好防盗工作；
(6) 做好对醉酒客人的服务工作；
(7) 遇生病客人，做好接待工作。

住店安全是客人选择酒店、评价酒店的一个非常重要的因素。客人在住店期间大部分时间都是在客房中度过的，客房的安全工作就显得尤为重要。为了保障客人的住店安全，增强安全意识，酒店要建立健全安全管理制度。在客房的设计上、物资的配备上、服务环节上都要充分考虑到各种安全因素，并能在紧急情况下采取有效的应急措施。

> **微型案例**
>
> 2015 年最后一天，世界最高楼——迪拜哈利法塔附近阿德里斯酒店突发大火，造成 1 人死亡、14 人受伤。
>
> 1. 事发酒店
>
> 该酒店属于五星级酒店式公寓，酒店大楼高 302m，共 63 层，有客房 626 间，距离 828m 的世界第一高楼哈利法塔仅数百米。该主题酒店是新城的地标建筑之一，是仅次于哈里发塔的第二高建筑，也是观看对面哈利法塔烟火表演的最佳酒店，同时本建筑也有烟花表演，当晚入住率 100%，有宾客上千人。
>
> 2. 事发原因
>
> 大火由跨年烟花所致，酒店第 20 层外墙燃起，火势并没有蔓延到楼体内部，在 4 支消防队的努力下，最后火势基本得到控制。
>
> 3. 灾情处理
>
> 火灾发生后，警方迅速在事发酒店附近划出隔离线，紧急疏散人群。
>
> (1) 迪拜新城主题酒店的内部消防设施完善，使外部大火没有很快蔓延到酒店内部，给入住酒店的客人逃生创造了充足的时间。
>
> (2) 酒店有完善的紧急处置能力。客人们在警察和酒店工作人员的指挥下，井然有序地撤离到酒店外面的安全地带。
>
> (3) 酒店周围的几十万游客在警察和志愿人员的指挥下，迅速被疏散到安全地区，这不得不佩服迪拜警方的险情组织处置能力，这也是跟平时的训练演习分不开的。
>
> (4) 迪拜政府新闻办公室在火灾的第一时间就通过推特等社交媒体，宣布庆新年烟花表演照常进行，显示了迪拜政府的大智慧，并没有因为火灾意外事故而取消烟火表演。
>
> (5) 迪拜新闻办公室第一时间宣布，迪拜政府安排酒店客人入住迪拜控股集团名下的五星级酒店，入住客人多数是常年住客，这就意味着要安排他们整年的住宿。

# 6.1 客房安全

客房安全是一个综合性的含义，它包括客房环境的安全、人的安全和服务内容的安全三个方面的内容。

## 6.1.1 认知客房安全

**1．客房环境的安全**

指酒店客房所涉及的区域范围没有危险状态和潜在的危险因素，客人不会有恐慌和不安全感，同样酒店也要努力为员工营造一个安全和谐的工作环境。

**2．人的安全**

保障人的安全是做好所有安全工作当中的重中之重。客房安全的首要工作就是保障人身和财产的安全。无论是酒店的客人还是酒店的员工，生命的安全都是最重要的。有些高星级酒店这样告诉自己的员工，当发生火灾的时候要首先保障你们自己生命的安全，在有限的能力范围内再去解救需要帮助的客人，由此可见酒店对员工的重视，员工安全才是第一位的，只有优秀的员工才能提供优秀的服务。

**3．服务内容的安全**

客人从入住客房开始，就开始享受到了客房员工提供的各项服务工作，包括提供的各项设备设施、客房的清扫、客人要求的租借服务、洗衣服务等。这些显性和隐形的服务都要满足客人对安全感的需要，特别是员工与客人交往时的态度、服务效率、服务质量，都直接影响了客人的心理安全。如客房是客人住酒店期间的私人场所，没有特殊情况，任何人都不得进入该房间，酒店要充分保障客人的个人隐私安全。

## 6.1.2 保障客房安全的原则

酒店的经营是面向社会的，酒店的客人也来自于社会的不同阶层，防范安全隐患，不给犯罪分子可乘之机，是做好酒店安全管理的重要工作。客房是为客人提供住宿和各项服务的地方，人、财、物比较集中，酒店既要给客人提供安全的服务，又要保障客人的安全，可见客房安全是整个酒店安全工作的重点。

**1．为客人提供安全服务**

客人入住酒店是来享受服务的，从基本的服务项目和服务环节中都要让客人满意放心，这样才能让客人找到安全感，从而加深对酒店的信任和依赖。为了满足客人对安全服务的需要，有些酒店在客房内配备了可放入手提电脑大小的密码箱，以解除客人对电脑安全的担心，也没有了电脑必须随身携带之苦。如果一位客人在酒店住了一段时间，对酒店的整体印象都不错，结果在退房前发现自己的钱包被盗，他还会对酒店依然信赖吗，留下的恐怕只有遗憾和不满了。

**2．积极预防，安全第一**

积极预防是酒店安全管理工作的基础，没有安全意识和保障，酒店的经营就无法运行，因此，酒店的首要任务就是要保证安全。酒店在进行安全管理时，必须考虑到可能危害客人安全的各种因素和危险处境，不要给任何安全隐患留下可乘之机，要加强防范。同时也要进行定期的安全检查，及时发现并消除不安全因素，将损失降到最小。

### 3．安全工作的全员性

安全工作不只是一个人、一个部门的事，它是全酒店的共同责任。员工是酒店的主人，了解酒店，深知薄弱环节和不安全因素的症结。只有依靠员工，调动员工的积极性，培养员工的责任心，才能全面做好安全工作，杜绝不安全情况的发生。如发现电线老化及时报废更新，防止客人触电；发现卫生间有大量积水及时清除，防止客人滑到；发楼层房间有噪声及时解决，以免引起客人投诉。

**小思考**

在楼层发现可疑的人时，怎么办？

[参考答案]

(1) 观察对方的情况，然后上前询问："对不起，××先生(女士)请问您是否找人？" 注意对方的神态语气，如有异常情况，及时通知领班和保安部。

(2) 同时通知客房部所有楼层的服务员注意观察。

## *6.2* 保障客房安全的措施

随着高科技的发展，犯罪分子作案的手段越来越"高明"，酒店面临的客房安全问题也越来越突出，提高安全意识，加强安全工作的检查，积极预防，切实落实各项安全管理制度，是保证酒店安全的重要措施。

### 6.2.1 配备客房安全设施设备

安全设施是指一切能够预防、发现违法犯罪活动，保障安全的技术装备。它由一系列的机械、工具、仪器、仪表等组成。客房部的工作涉及酒店的各个部门，配备安全的设备设施是做好安全工作的必要条件。通常酒店会配备监控、报警等系统，并对重点的设施设备的使用加以严格的规定。

#### 1．监控、报警系统

1) 电视监控系统

电视监控系统主要安置在酒店公共区域、客房楼层通道、人多而又不易控制的地方。它是由摄像机、录像机、多台电视屏幕、图像切换机等组成。电视监控系统的设置不仅可以提高酒店的安全性、预防安全事故的发生，还可以优化酒店的安全服务质量，保证客人的住店安全。酒店通过摄像头摄录的情况,发现可疑人物或不正常现象,并及时采取有效措施。

### 小·案例

## 电子眼防控客房安全

近日某市各大宾馆的住宿客人接连发生失窃事件,这个信息引起某酒店的高度重视。一天深夜,酒店的保安监控室监视器中显示 11 楼电梯前有人来回走动,而他们并没有按电梯按钮。由于后半夜楼层电梯口的电灯和客房过道的廊灯都只亮一部分,灯光昏暗,所以探头摄入的影像较模糊,看不清人影形象。忽然,小刘发现过道内两个人影中的一个趴在一间房门前的地上。小刘断定情况异常,立即报告了保安主管。接报后,保安主管立即调集人员分三组,其中一组堵住电梯,另外两组从大楼的东西两头的安全通道悄悄上楼。当保安人员到了 11 楼安全通道口时,2 个嫌疑人听到动静立即闪进一间房间,一看房号是 1105,主管立即断定这伙是窃贼,于是请求 110 支援,同时一直监视着该房间。2 个小偷被抓后供述他们白天在宾馆开房,然后关注楼层其他住客,当发现作案目标时,便等到下半夜,伺机作案。运用这种方法他们已经成功作案 10 余起。

【案例点评】

小偷在该酒店被成功抓获,得益于客房区域监控探头发挥的重要作用,当然也和工作人员的高度警惕性及对工作认真负责的精神是分不开的。作案分子能屡次得手,是因为大多数酒店的电子探头形同虚设和监控人员失职所致。为了保证安全,保安在深夜巡逻的次数应多一些;即便是深夜,楼层过道灯光应该还是要保持足够的亮度以保证监视荧屏的清晰度。

2) 报警系统

安全报警系统是酒店防盗窃、防抢劫、防火灾安全网络的一个重要内容,以此来保护人身和财产安全。当出现安全隐患的时候,它可以进行监督控制,并及时报警。常见的安全报警器主要有:主动红外线报警器、被动红外线报警器、微波报警器、超声波报警器、开关报警器和声控报警器等。

有些酒店在总台安置的报警装置就在脚边,一旦发生抢劫的事情,踩上报警装置就可报警,并且该装置不会发出任何响声,是一种安全的报警策略。

3) 火灾监控报警系统

多数酒店都是高层建筑,一旦发生火灾,会给酒店、消费者乃至社会都带来很大的损失。因此有关部门规定,酒店必须要建立自己的消防监控系统,即在酒店客房、走廊、娱乐场所、餐饮包房等区域安置火灾监控报警系统。常见的火灾监控报警器有以下几种。

(1) 烟感报警器(图 6.1)。安装在 4m 以下高度时,其保护面积为 $100m^2$,因此它适用于烟多而升温慢的场所,如客房、餐饮包房等。烟感器对烟雾产生感应,就会自动发出报警信号。酒店常用的烟感器有两种:一种是离子式感烟

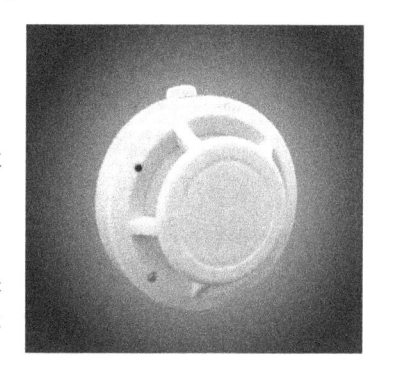

图 6.1 烟感报警器

探测器；另一种是光电式感烟探测器。

(2) 手动报警器。手动报警器一般安装在每层楼的入口处或服务台附近的墙面上。当发现附近有火灾时，可以立即打开玻璃压盖或打碎玻璃使触点弹出，进行报警。另外还有一种手压报警器，只要按下这种报警器的按钮，即可报警。

(3) 热感报警器(温感报警器)。当火灾的温度上升到热感器的动作温度时，热感器的一弹片便自动脱落造成回路，引起报警。

## 2. 钥匙控制

客房门锁是保护客人人身财产安全的一个关键，而周密的钥匙系统是客房最基本的安全保障。钥匙丢失、随意发放都会给酒店带来严重的安全问题和隐患。

目前，酒店常用的电子门锁有：IC卡锁、磁卡锁、磁片机械锁、电子光卡锁、电子密码锁等。电子门锁的广泛使用，使客人开门时只需将磁卡对准门上的磁卡阅读器，密码正确则自动打开房门，增强了客房的安全保密性。

精品酒店品牌现已推出用智能手机当做门房的钥匙，入住酒店的客人只需用自己的智能手机就能打开自己的房门。随着微信预订的成功实现，客人微信支付后，就可以获得一个电子钥匙，点击即可轻松打开酒店房门(图6.2)。或许几年以后，我们入住酒店时就不用再到前台办理烦琐的手续了。希尔顿酒店集团正考虑为旗下大部分酒店更换全新门锁，未来顾客使用手机就可以开启房门，不需要再从前台领取房卡。

1) 钥匙的功能

(1) 有效控制。客人在入住酒店时会得到一张磁卡钥匙，每张磁卡都有一个相应的开启房门的密码，磁卡表面不会透露客人的任何信息。如果客人不慎丢失磁卡钥匙，只需到总台重新办理一张磁卡，前一张磁卡密码即会自动失效。因此酒店可以对磁卡钥匙进行有效控制，可以预设有效使用时间，过时钥匙就无法打开房门。

图6.2　手机当房卡

客房服务人员要掌握电子门锁的知识，不仅要自己会使用，同时也要教会客人使用。

锁对磁卡的反应有如下几种可能。

① 绿灯闪烁。表示有效进入。
② 红灯闪烁。表示门反锁可紧急进入。
③ 绿灯闪亮一次。表示所有复位卡、封门卡、测电池卡有效。
④ 红灯闪亮一次。表示卡有效但门被反锁。
⑤ 灯不亮。表示卡无效或读卡错误。
⑥ 红绿灯同时闪亮。表示使用饭店内部开门卡时低电提示。

(2) 监控。如果某客房发生失窃，管理人员只要检查门锁系统就可以调查出这段时间之内所有进入该客房的记录。客人和有关工作人员都有打开房门的磁卡，但号码不同，上面记载了进房次数和进房时间，以备发生情况便于调查。

(3) 增设服务功能。将装在房门上的门锁微处理器连接到主机上，与酒店其他系统配合，如与电视、电话系统连接起来，因磁卡密码不同，服务人员就不能随意打客房电话，也不能收看客人付费的电视；如与能源管理系统联网，客人打开房门即可开通室内空调、照明等设备；如与酒店物业管理系统相连，磁卡钥匙还可作为信用卡，凭卡在酒店消费；如与电梯系统相连，只有住店客人才能乘电梯到指定楼层。这将会给客人和酒店的管理带来更多的方便。

(4) 较强的安全性。除了电子门锁系统外，还有生物门锁系统，它是利用人的生理特征如指纹、声音、头像等作为门锁开启的信息。由于生理特征比密码更具有特殊性，因而给客人和酒店带来更大的安全和方便。

> **小·资料**
>
> 高星级酒店已安装红外感应器，服务员无须敲门、按铃或查看有无"请打扫"牌，只需坐在楼层工作室注视红外感应显示器，就可知道哪些客房有人，哪些没人，并据此酌情打扫整理或开夜床等，这样，服务员能适时适当地为客人服务，而不会再去干扰、影响客人的起居、工作，同时又丝毫不会触犯客人的隐私。
>
> 日本的爱情酒店为提高客人的隐私权，让客人在房间里从电视上即可了解自己的账单；客人要离开时，只要把信用卡插入门口的付款机付款便可，这些做法能让住此酒店的客人不遇到其他客人，保证了客人的秘密，受到客人的欢迎。
>
> 洛杉矶世纪广场拥有最精致的电子套房，导入系统能自动地辨认客人并开启房门，置放在套房入口的微型摄像机能让客人不用打开房门就可以看见来访者并与之对话。
>
> 北京某酒店在房门外墙角平台放上一盆鲜花，当客人离开时，就将鲜花挪走，当客人进房后，又将鲜花放在门边上，以方便向客人提供无打扰服务。

2) 钥匙的种类

(1) 区域钥匙。区域工作钥匙是客房清扫员用来清扫时的专用钥匙，专开所辖区域内的房间。

(2) 客用钥匙。仅供客人住店期间使用，只能开启所租房间的房门。为了更好地管理磁卡钥匙，由总台统一发放，客人自带保管。

(3) 楼层总钥匙。是指能打开一层楼所有房间的钥匙，以便领班检查房间和服务员打扫整理房间，或客人丢失、忘记携带钥匙时为其开门用。

(4) 客房万能钥匙。能打开所有客房门锁的一种钥匙。专供客房部正、副经理和维修部门使用，可开启客房部所辖各楼层客房及公共区域所有的房门。

(5) 紧急钥匙。这是一种能打开反锁房间的钥匙，它一般由保卫部门负责管理。当房间门被反锁时，用万能钥匙是不能打开的。若房间内发生异常情况，可用紧急钥匙开锁进房处理。

3) 钥匙的管理制度

(1) 客房部的钥匙由客房部办公室专人直接负责，在办公室内设有存放钥匙的钥匙箱或钥匙柜，箱内每把钥匙都应有编号，以明确其开启的楼层和房间号。

(2) 楼层领班和服务员上班领取钥匙时，必须履行签字手续，包括领取钥匙的时间、钥匙的编号、领取人及签名等。工作完毕将钥匙及时交回，要对钥匙进行检查、签字，放入钥匙架内，任何人不得将钥匙带离酒店。

(3) 员工应对所掌握的钥匙负责，要随身携带工作钥匙，不能放在房务工作车上，如暂时离开酒店，钥匙须先交回客房部。

(4) 禁止随便使用工作钥匙为陌生人和忘带钥匙的客人开启房门，更不能转交他人使用或保管。

(5) 客人将钥匙丢失，让客房服务员打开房间门，要及时向上级汇报。

(6) 若客人离店，钥匙留在房内，客房服务员要将钥匙收回，及时交给领班和管理者。

(7) 若发现钥匙出现裂痕或折断，客房部经理须将残破钥匙交有关部门经理认定，方可配制新钥匙。

(8) 如楼层总钥匙丢失，该楼层所有房间门锁必须全部更换。遗失钥匙的员工，必须接受保卫部门的调查。

(9) 如果其他部门员工需要进房工作，客房服务员必须陪同进房，并进行记录，直到该员工完成工作方可离开。

(10) 钥匙的交接。钥匙的交接是客房办公室人员交接班时的一项重要的必不可少的工作内容。应认真核对钥匙箱中存放的钥匙，钥匙的编号是否相符，发放出去的钥匙在登记本中应有明确登记，确保持钥匙人在岗。特别在下班高峰期一定要严格检查交回的钥匙。

## 小案例

某酒店，客房服务员小魏上午清扫完客房后，没有收到钥匙，不慎丢失。当她下午整理客房时才发现钥匙不见了，因害怕领导批评，因此，没有报告领班，而是约服务员小刘、小赵二人帮她一同寻找。找了一个多小时也没有找到，万般无奈报告领班，领班报告主管。主管一方面通知安全部加强该楼层的保卫工作，防止坏人捡到钥匙后去客房偷窃；另一方面让小魏与保安人员继续寻找钥匙，然后让其他服务员用备用钥匙打开小魏所辖范围内的客房，进行整理，保证客房服务工作的正常进行。不久，小魏在商品部找到了钥匙，楼层工作恢复正常秩序。事后，小魏受到通报批评，并被处以罚款。

【案例点评】

本案例中钥匙丢失的原因是服务员小魏未按规定将钥匙上交领班或将钥匙妥善保管，而是随身带出工作间去就餐、购物，造成丢失。事故发生后，服务员小魏应首先报告上级，及时处理，落实补救措施。钥匙管理是饭店工作中一项非常重要的任务，钥匙丢失不仅会损害饭店的利益，更重要的是会直接危及客人的人身和财产的安全，因此，客房服务人员必须从思想上高度重视，严格按照饭店规定的制度和程序，保管好客房钥匙，防止钥匙的丢失。

## 小思考

**客用钥匙丢失了怎么办？**

[参考答案]

客用钥匙丢失了，应马上检查丢失原因，采取必要的措施，及时处理以保证客人的生命财产安全。客房部经理应亲自查找，并报告值班经理，更改IC卡密码，修改电脑程序，并督促服务员仔细回忆，做好记录。

### 3. 其他安全设施

(1) 客房门上装有窥镜，门后装有安全防盗链，张贴安全指示图，标明客人的位置或安全通道方向，安全指示图涂上荧光剂。

(2) 房内配有防毒面罩、私人保险箱，卫生间内装有紧急呼叫按钮。

(3) 安全通道门上安装有昼夜明亮的红色安全指示灯，一旦发生火灾、停电或由于其他原因使通道灯不亮，安全指示灯会马上开通。

(4) 绿色安全出口指示灯为全自动消防应急标志灯。当电源因故障而不能正常供电时，标志灯在1秒钟的时间内转换成备用电源工作的应急状态，始终使标志清楚明确，有效地引导人员安全疏散。

## 6.2.2 处理突发事件

酒店的宾客同其他任何人一样需要安全、需要保密、需要帮助，使自己免受人身、财产的损失。当遇到突发事情的时候，酒店要积极的采取措施(有紧急的应对方案和很好的执行策略)，充分保障客人的安全。在酒店中常遇到的突发事件有以下几种。

### 1. 火灾

火灾在酒店当中虽然很少发生，一旦发生大型火灾，后果是非常严重的。了解火灾发生的原因，可以防患于未然，不仅保护了酒店内人员的人身和财产安全，同时也可以使酒店的经营正常进行下去，给客人和员工以安全保障。

1) 火灾形成的原因

(1) 未熄灭的烟蒂、火柴棒随处乱扔，引起地毯、沙发、床单、衣服等可燃物着火。

(2) 宾客在床上吸烟不慎，烟头引起可燃物起火。

(3) 电冰箱、电视机、电风扇等开启后，使用时间过长，导致元器件发热起火。

(4) 客房电器设备安装不良，绝燃材料损坏，短路引火。

(5) 私自增加电器设备，引起负荷量超载造成电路短路，引起火灾。

(6) 客房内客人所带的易燃易爆物品引起火灾。

(7) 服务员为了方便把未熄灭的烟头倒入垃圾袋或吸尘袋内引起火灾。

(8) 宾客在灯罩上烘烤衣物引起火灾。

(9) 客房内台灯、壁灯、立灯等灯罩与灯泡相触或距离太近，引起火灾。

(10) 在客房内维修动火，未采取防火措施引起火灾。

(11) 在客房内使用化学涂料、油漆等，没有采取防火措施。

(12) 可燃气体发生燃料爆炸。

(13) 防火安全系统不健全，消防设施不完备等。

2) 灾情的应急处理

一旦发生火灾，客房服务员要有高度的责任心，沉着冷静，迅速采取有效措施，及时报警，疏导客人，保护好现场，保证人员的人身财产和国家财产安全，将损失减少到最小。

(1) 查明火源。

当报警器发出火警信号时，应停止手中的一切工作，迅速赶到现场。了解火势状况，查明火源和失火的燃烧物，并采取有效方法扑灭火源。

当报警器未发出火警信号指示，可是已闻到烟火的气味时，服务人员应立即查找火源。

(2) 及时报警。

保持镇静，不可惊慌失措。查明火源、火情后，及时向有关部门报告。火情严重时，拨打火警电话 119；火情不是很大时，拨打内线火警电话，讲明详细地址、火情、燃烧物及报告人。报警时，一定要语音清楚。

(3) 灭火扑救。

在自身安全的情况下，自己或呼唤较近同事，尽快利用就近灭火设备将火扑灭。如果火源燃烧面积较小，可根据火情用水桶、灭火器材、消防栓等进行扑救。

根据火情采取有效的措施，电器着火，应先关电源，后灭火；气体着火，先关气后灭火。同时要注意宾客人身、财产的安全。

(4) 疏散宾客。

火灾发生时，应迅速打开紧急出口和安全梯。协助引导客人撤离火灾现场，将其带到安全的地方集中。要逐一检查楼层的每一个房间，各层的楼梯口、门口都要有人指挥把守，为客人指引疏散路线。

(5) 保护现场。

灭火后，要有专人保护好现场，一切无关人员禁止入内。

### 小资料

酒店高层建筑发生火灾后的特点是火势蔓延速度快，火灾扑救难度大，人员疏散困难。在酒店高层建筑火灾中被困人员的逃生自救可以采用以下几种方法。

(1) 尽量利用建筑内部设施逃生。

利用消防电梯、防烟楼梯、普通楼梯、封闭楼梯、观景楼梯进行逃生；利用阳台、通廊、避难层、室内设置的缓降器、救生袋、安全绳等进行逃生；利用墙边落水管进行逃生；将房间内的床单或窗帘等物品连接起来进行逃生。

(2) 根据火场广播逃生。

高层建筑一般装有火场广播系统，当某一楼层或楼层某一部位起火且火势已经蔓延时，不可惊慌失措盲目行动，应注意听火场广播和救援人员的疏导信号，从而选择合适的疏散路线和

> 方法。
> (3) 自救、互救逃生。
> 利用各楼层存放的消防器材扑救初起火灾。充分运用身边物品自救逃生(如床单、窗帘等)。对老、弱、病残、孕妇、儿童及不熟悉环境的人要引导疏散，共同逃生。

3) 灭火器材的选择与使用

如图 6.3 所示为多种形式的灭火器。

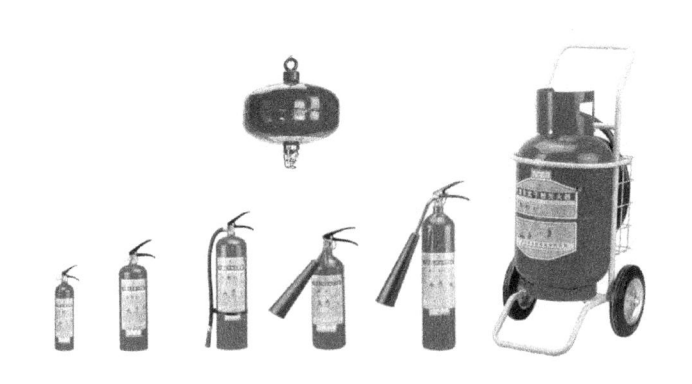

图 6.3　灭火器

(1) 二氧化碳灭火器。

二氧化碳灭火器主要用于扑救着火范围不大的油类物质、电石、精密仪器设备、重要文件等，但不适于金属钾、钠等物品引起的火灾。

其原理为：液态二氧化碳从灭火器喷出后，迅速蒸发，变成固体雪花状的二氧化碳。固态的二氧化碳射至燃烧物体上，受热蒸发变成气体。当二氧化碳气体在空气中达 30%～35%时，燃烧即会停止。所以二氧化碳灭火器的作用是冷却燃烧物和耗掉空气中氧的含量，使燃烧停止。手提式二氧化碳灭火器有两种：一种是手动开启式即鸭嘴式，另一种是螺旋开启式。

① 手动开启式灭火器。在使用时应先拔出保险销，一手持喷筒把手，对准着火物体，另一手把鸭舌往下压，二氧化碳即喷出，不用时将手放开即自行关闭。喷射时应将喷嘴对着火源外部，由外向内喷射。

② 螺旋开启式灭火器。在使用时应先将铅封去掉，一手握住喷筒把手，对准着火物体，另一手将手轮按逆时针旋转开启，二氧化碳气体即行喷出。

二氧化碳灭火器喷射的有效射程一般为 3m。喷射时应从火源上方往下喷射，并要保持一定的角度，使二氧化碳能迅速覆盖住火源。同时要注意风向，不能逆风使用，以免影响使用效果。二氧化碳灭火器是高压容器，不怕冻，但怕高温，其存放环境温度为 10～45℃，所以不可放在火源和热源附近，并要定期检查。

(2) 干粉灭火器。

可用于扑灭大多数类型的火灾，如易燃液体、纸类、纺织品、金属、电引起的火灾等。

干粉灭火器是一种微细的粉末与二氧化碳的联合装置,靠二氧化碳气体作动力将粉末喷出灭火的一种工具。干粉无毒、无腐蚀作用。应将其存放在阴凉通风,不能在日光下暴晒或强辐射热下烘烤,以防二氧化碳气体因温度升高而膨胀,造成漏气。干粉灭火器有手提式和推车式两种,酒店用得多的是手提式干粉灭火器。

使用方法:拔出保险销,一手拿着喷嘴胶管,对准燃烧物体,另一手握住提把,拉动提环,粉雾即喷出。干粉灭火器的有效射程为 4.5m。

(3) 泡沫灭火器。

主要用来扑灭油类、可燃液体和可燃固体的初起火灾,但是不宜扑灭可溶性液体(如酒精等)的火灾,也不可用于电走火的火灾扑救。

泡沫灭火器内装有酸性物质(硫酸铝)和碱性物质(碳酸氢钠)。这两种水溶液经混合后发生化学反应,产生化学泡沫。另外在碱性物质中还有一定量的甘草汁或空气泡沫液作发泡剂,可使泡沫稳定、持久,提高泡沫的表面张力,但不参加化学反应。灭火的泡沫具有一定的黏附性,可以覆盖于一般可燃固体的表面,形成泡沫覆盖层,隔绝空气,降低燃烧物附近氧的浓度,以达到灭火效果。

使用方法:将灭火器颠倒握牢,使泡沫从外向内射向火源。其有效射程一般为 8~13.5m。

(4) 酸碱灭火器。

酸碱灭火器利用两种药液混合后喷出来的水扑灭火焰,适用于扑救竹、木、棉、毛、草、纸等一般可燃物质的初起火灾。

使用方法:颠倒筒身,上下摇晃几下,将液流对向燃烧最猛烈的地方喷射,最大射程为 10~12m。

(5) "1211" 灭火器。

"1211"是卤化物二氟一氯一溴甲烷的代号,是卤代烷灭火剂的一种。"1211"灭火器可用于扑灭油类、化工原料、易燃液体、精密设备、重要文件及电气着火,但不适于活泼金属、金属氢化物及本身是氧化剂的燃烧物质火灾。酒店多用手提式"1211"灭火器。

使用方法:先拔掉安全销,然后握紧压把开关,压杆就使密封阀开启,"1211"在氮气压力作用下,通过吸管由喷嘴射出。当松开压把时,压杆在弹簧作用下,恢复原位,阀门开关停止喷射。使用时,应垂直操作,不可放平和颠倒使用。喷嘴要对准火焰根部,并向火焰边缘左右扫射,快速向前推进,防止复燃。对于零星火种可以点射灭火。

"1211"灭火器应放在取用方便的地方,不要放在加热设备附近,也不应放在阳光暴晒和放有腐蚀性物质的地方。

(6) 消防栓。

消防栓装置主要是用水来扑灭火灾。水可以起到冷却的作用,而且汽化后的水还可以排开空气中的氧气,使燃烧过程因缺氧而被抑制。

因水能导电,事先要切断电源,不能用来扑灭不溶于水和比水轻的易燃液体引起的火灾,如苯、醚类,也不能用来扑灭沸点低于 80℃ 的易燃液体的起火,尤其不能用来扑救金属钾、电石、多卤化物、钠、过氧化钠等物品引起的火灾,因为这些物品能与水发生化学反应,产生剧毒的气体。

使用方法:打开消防柜,取下出水口的堵头,装上消防栓接口,接上消防水带,接口要衔接牢固。然后将水袋甩开,注意水带不要拧花和打结,最后拧开闸门,即将水送往火场。

使用完毕，先关掉闸门，将水带解开，卸下接口，把堵头装好。消防水带每次使用后要冲洗干净，晒干卷好，进行定期检查，如漏水要及时修好，以备安全使用。

4) 防火的要求——三懂四会

为了加强酒店从业人员的消防安全意识，懂得消防的有关知识，要求必须达到"三懂四会"的消防工作考核标准。

(1) 三懂。懂得本岗位发生火灾的危险性；懂得怎样预防火灾以及预防措施；懂得灭火方法。

(2) 四会。会报警；会使用消防器材；会扑救初起火灾；会疏导宾客。

## 2．盗窃

防盗工作是酒店安全工作的又一项重要内容，杜绝盗窃事故的发生，不给盗窃分子可乘之机，客房部有责任加强防范工作，积极采取有效措施，充分保障住店客人、员工和酒店的财物不受损失。

1) 失窃的原因

酒店客房经常会发生失窃案件，客房服务环境的特殊性为盗窃者作案提供给了便利场所。客房失窃的原因是多方面的，主要有以下几种情况。

(1) 宾客盗窃。

宾客盗窃是指住店宾客中的不良分子有目的的或者是顺手牵羊的偷盗行为。如住店客人在住店期间趁该房间的客人忘记关门或客人在卫生间而窜入房间行窃。

(2) 外来人员盗窃。

社会上一些不法分子冒充酒店的客人，骗取服务员的信任，取得房间的钥匙作案或以会客的身份到房间作案。

(3) 内部员工盗窃。

当酒店内部管理混乱，员工盗窃就极易发生。他们利用工作之便小偷小摸，渐渐养成习惯，这种习惯常常会互相影响，促使其他员工进行模仿。

2) 防盗的措施

据统计，在客人报称丢失物品中，有40%是由于放错了地方，30%是客人记忆不清，30%是真正丢失。酒店要加强内部员工的思想教育，提高思想觉悟，确保酒店客房的安全，防止盗窃事故的发生。

(1) 楼层服务台值班人员，必须坚守岗位，掌握客人的特征、国籍、姓名、性别及出入情况。非住店人员不得随便进入楼层。不设服务台的酒店，应加强巡逻。

(2) 客房服务员要为住店客人保密，对客人的隐私应注意不要外泄。防止盗窃者了解客人情况后进行盗窃活动，发现可疑情况要立即报告。

(3) 清扫卫生过程中，如有非本房间的住客进入时，客房服务员要问明情况，提高警惕。

(4) 来访者要到客房会见住客，须得到被访者允许后才能进入。

(5) 客房服务员要严格执行清扫表格的登记制度(进出时间)。服务员离开房间后，要将房间门锁好，不给盗窃者以可乘之机。

(6) 客房服务员打扫卫生时，要将钥匙随身携带，不可将其放在卫生车上或插在门锁上，以防丢失。

(7) 钥匙领取要有专人管理，并及时登记。交接班要有文字记录，如发现钥匙丢失，应立即向上级报告，迅速采取措施。

(8) 加强对内部员工的教育，防止极少数不法分子进行内盗。客房员工之间要互相监督，严格按工作程序办事。

## 小·案例

### 房 间 被 盗

一天，某酒店客房部王主管按照惯例去查房。当他查至1502房间时，发现房门虚掩未锁，房间里边还有响声。细心的王主管立即查看了服务员的客房清扫日报表，表上显示该房间是空房。为什么门未锁，而里边又有响声呢？王主管便轻轻地推开门，循声四下查看。听到卫生间门后有响动，当推开卫生间门侧身一看，门后靠墙站着一名男子。王主管马上返身将门锁上，并立刻拨通安保部电话报警。

安保部马上赶到1502房间，将这名男子带走。后经审查，此人乃外地的流窜作案分子。据他供认，到15楼走出电梯后，见1502房门虚掩未锁，便大着胆子推门而入。发现房内无人时，偷窃了房间小酒吧的酒水和毛巾。

那么房门为什么虚掩而未锁呢？原来，客房服务员在清扫完毕这间客房后，为补齐房内各种客用品，便去了库房而未将旁门锁上。她认为这是间空房，觉得每次用钥匙开门麻烦，于是酿成了这起"入室偷窃案件"的发生。

【案例点评】

本案例中的客房服务员没有按照规章制度，严重违反了操作规程的要求，为盗窃分子提供了作案机会。作为客房服务员，在清扫客房时，无论什么房态，都应将门打开，而不应将门关上，清扫完毕要及时将房门锁好。即使要补充客房用品，也要随出随锁门，并准确记录进出客房的时间和工作内容。

3) 报失后的应急处理

(1) 客人反映客房失窃时，客房服务员只听取客人反映的情况，不做任何结论或否定客人的观点，避免为今后的调查工作带来麻烦。

(2) 请宾客仔细回忆一下，丢失物品可能放置的位置，或掉在什么地方(特别是细小的东西，很容易掉到枕头下面、沙发接缝、沙发底、床底等地方)。在征得宾客同意的前提下帮助查找，以免发生不可想象的后果。

(3) 客房服务员应采取积极协助的态度，如果确实找不到，要及时向上级管理人员汇报。

(4) 如果是重大的失窃，要保护好现场。将宾客的外出、房间的来访等情况提供给酒店和公安部门，并协助其调查处理。

## 3．醉酒客人的处理

无论是店内客人还是店外客人在酒店中发生醉酒现象，酒店都要采取恰当的措施，根据具体情况适时劝导，使其安静，并提供相应的服务。通常情况下要及时上报，尽量安抚客人，以免打扰其他客人和造成不必要的损失。

1) 处理方法

(1) 发现醉酒客人要注意其醉酒的程度及行为。

(2) 重度醉酒应及时报告上级及保卫部门。

(3) 轻度醉酒应劝客人回房休息。

(4) 提供相应服务，将纸巾、热水瓶、茶杯、垃圾箱等放在床边，以方便客人取用。

(5) 特别留意此房的动静。

(6) 将房间的火柴、打火机撤出，以防意外。

(7) 交接班时要做好相应的记录。

2) 注意事项

(1) 如客人醉酒后在楼层或公共区域大吵大闹，损坏物件，干扰和影响其他客人，应马上请保卫人员前来强行制服。

(2) 如需搀扶客人回房休息，客房服务员千万不可一人独自搀扶，可请同事或保安人员帮助。

(3) 客人回房休息，客房服务员不可随便为其宽衣，以免发生误会。

### 4．生病客人的处理

一些客人会因为旅途劳累、水土不服或其他原因而突然患病，遇到紧急情况时要表示关怀和帮助，并积极地采取恰当的处理方法。

1) 处理方法

(1) 发现客人生病要表示关怀和给予帮助。

(2) 礼貌询问客人病情。

(3) 提醒客人，酒店内专门配备了医生服务。如没有店内医生的酒店，应征询客人意见，是否去医院。

(4) 了解客人的生病原因。

(5) 为客人提供必需的生活用品，如纸巾、茶杯、热水瓶、垃圾桶等。

(6) 询问客人有无需要代办事项。

(7) 随时留意房内动静。

(8) 将情况告知领班或主管。

(9) 在交接班记录本上做好记录。

2) 注意事项

遇到客人突然得病，在照顾时要特别注意以下事项。

(1) 客房服务员不要轻易乱动客人，或擅自拿药给客人吃，应立即报告上级，并由酒店医务人员护送病人到医院治疗。

(2) 如客人要求代买药品，服务员应婉言拒绝，并劝客人前去就诊；若客人坚持让服务员代买药品，服务员应及时报告大堂经理。

(3) 照料生病客人时，服务员做好必要的准备工作后即可离去，不得长时间留在病客房间。病客若有需要可电话联系，每天做好护理记录。

(4) 客人住院治疗期间，要及时电告其家属，酒店管理人员应亲自慰问患病客人。

## 5. 意外受伤客人的处理

客人住店期间在酒店内因某种原因而受到伤害时，店方应积极地采取恰当的处理方法。

(1) 客房管理者得知后，应立即赶到现场，安慰客人。

(2) 如果是轻伤，可请客人到医务室包扎；若伤势较重，应打电话至医务室，请医生前来处理；对需送医院治疗并住院的情况，应记下医院的名称和病床号，回到酒店后填写相关表格。

(3) 协助大堂副理与伤者的家属、同事、领队等联系。

(4) 管理者应视客人的伤势选择恰当的时机到房间探望问候，向客人表示慰问。如事故责任在店方，还应向客人道歉，安排员工对该房的客人在服务上给予特殊的照顾。

(5) 对事情发生的经过做好记录，调查事故发生的原因，从中吸取教训，防止类似事故再次发生。

### 小·思考

**遇到客人不慎滑倒摔伤，你应怎么办？**

[参考答案]

(1) 客人在宾馆内滑倒摔伤后，服务员应主动帮助。联系医务室医生上门治疗，如伤势太重，则由医生决定送医院看病治疗。

(2) 根据客人在入住登记时购买的人身意外伤害保险向保险公司反映情况，由保险公司业务员落实事实原因，进行医疗住院费赔偿。

(3) 部门派人前往医院慰问病人，并及时通知受伤客人家属。

(4) 切实做好防范工作，提醒客人小心地滑，检查扶手，加强防滑设施用品配备，防患于未然。

## 6. 客人死亡的处理

客人死亡的情况多发生在客房，如客房长时间挂"请勿打扰"牌；客人情绪低落，连日沉默不语；访客离去后不见客人出来且房内久无动静；房内有异常动静等，这就要求服务员对楼层的异常情况要多留心并及时报告管理人员。一旦发现客人在房间内死亡，应及时做出处理。

(1) 保持冷静，将房门上锁以保护现场，切不可移动尸体或任何物品。

(2) 立即通知客房部经理、总经理和保安部，由保安部报告公安机关并派人保护现场，等候调查。

(3) 调查验尸后，如属于正常死亡，经警方出具证明，由酒店通知死者家属并协助处理后事。如认定为非正常死亡，酒店应积极协助调查。

(4) 有关工作人员要密切配合公安机关调查取证，尽可能详细地提供线索，同时也要注意做好保密工作。一方面是出于尊重客人的考虑，酒店从业人员对客人的任何事故都有保密的责任；另一方面，如果事故扩散出去，不仅使其他客人产生恐慌，影响酒店声誉，还会给侦破工作带来困难。

(5) 发生事故的客房事后要加以严格消毒，客用品报请销毁。

(6) 事件处理结束后，客房部要做记录并将所有经过及处理的结果报告总经理。

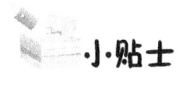

### 小贴士

(1) 客人咳嗽，提供姜汤服务或感冒冲剂。

(2) 客人牙疼，妙招味精水漱口(含1分钟)。

(3) 客人胃疼，小米粥安神养胃、生花生米。

(4) 客人头疼，提供止疼片。

(5) 客人腰疼，提供靠背，床上加被。

(6) 客人肚子疼，根据原因提供红糖水、暖水袋，或止疼片。

(7) 客人腹泻，提供PPA。

(8) 客人嗓子不舒服，主动送上胖大海水、冰糖雪梨水。

(9) 客人右手受伤，用餐时主动提供勺子。

(10) 客人不小心烫到，马上给客人冷敷、贴土豆片或涂烫伤膏。

(11) 客人被蚊虫叮咬，主动送上花露水或风油精。

(12) 客人醉酒，主动送蜂蜜水，住店客人及时与客房沟通继续为其送蜂蜜水等解酒饮品。

【参考视频】

# 本 章 小 结

## 1. 根据客房安全管理的原则，为客人提供安全周到的服务

客房是为客人提供住宿和各项服务的地方，人、财、物比较集中。客房安全是整个酒店安全工作的重点。本着"为客人提供安全服务；积极预防，安全第一；安全工作的全员性"的原则，做好安全服务工作，保障客人安全。

## 2. 充分认识客房各项安全设施设备配备的重要性

安全设施是指一切能够预防、发现违法犯罪活动，保障安全的技术装备。它由一系列的机械、工具、仪器、仪表等组成。客房部的工作涉及酒店的各个部门，配备安全的设备设施是做好安全工作的必要条件。通常酒店会配备监控、报警等系统，并对重点的设施设备的使用加以严格的规定。

## 3. 根据火灾发生的原因，做好火灾预防

火灾在酒店当中虽然很少发生，但一旦发生大型火灾，后果是非常严重的。了解火灾发生的原因，可以防患于未然，不仅保护了酒店内人员的人身和财产安全，同时也可以使酒店的经营正常进行下去，给客人和员工以安全保障。常见的火灾原因有：

未熄灭的烟蒂、火柴棒随处乱扔；宾客在床上吸烟；电器使用不慎；私加电器设备；携带易燃、易爆物品；在灯罩上烘烤衣物；在客房内动火；使用化学涂料、油漆等；防火安全系统不健全等。

### 4. 掌握对火灾应急处理的方法

一旦发生火灾，客房服务员要有高度的责任心，沉着冷静，迅速采取有效措施，及时报警，疏导客人，保护好现场，保证人员的人身财产和国家财产安全，将损失减少到最小。

(1) 查明火源。了解火势状况，查明火源和失火的燃烧物，并采取有效方法扑灭火源。

(2) 及时报警。保持镇静，不可惊慌失措。查明火源、火情后，及时向有关部门报告。

(3) 灭火扑救。在自身安全情况下，自己或呼唤近距离同事，尽快利用就近灭火设备将火扑灭。

(4) 疏散宾客。协助引导客人撤离火灾现场，将其带到安全的地方集中。

(5) 保护现场。灭火后，要有专人保护好现场，一切无关人员禁止入内。

### 5. 根据酒店盗窃案件发生的原因，做好防盗工作

见 6.2.2 节中盗窃的相关内容。

### 6. 做好对醉酒客人的服务工作

见 6.2.2 节中醉酒客人的处理的相关内容。

### 7. 遇生病客人，能做好接待工作

见 6.2.2 节中生病客人的处理的相关内容。

## 课堂讨论

1. 为保障住店客人的安全，酒店有必要采取哪些措施？
2. 酒店服务人员如何避免对客人的敲门打扰？
3. 如何加强客房钥匙管理？
4. 如何防止盗窃事故的发生？
5. 火灾发生时，我们应该做什么？
6. 如果发生火灾，如何选择灭火设施？
7. 遇到醉酒客人，我们怎么处理？
8. 遇到生病客人，我们能做些什么？

## 体验练习

1. 在客房模拟实验室，对学生进行火灾发生时应对技能的训练。
2. 参观一家酒店，设计一份火灾逃生路线图。

## 案例分析

一天，某酒店客房的实习服务员小王正在清扫 905 房间时，发现隔壁 906 房间门口正站着一名男子，双手抱着个大西瓜，这名男子见到小王后请她帮忙把裤子后袋里的钥匙拿出来开一下门。小王见该男子裤袋后似有钥匙状物品，感到伸手去拿不方便。于是便在未确认对方身份的情况下，用自己的工作钥匙为其打开了房门，并礼貌地请该男子进房。结果导致 906 房间的客人物品被盗。

## 案例思考题

1. 为什么会发生这样的情况？该如何解决？
2. 客房部为保障住店客人的安全，应采取哪些措施？

# 测 试 题

1. 客用保险箱服务的关键是(　　)。
   A. 客人亲自存取　　　　　　　　B. 确保其钥匙的安全
   C. 规定存取时间　　　　　　　　D. 确信是贵重物品
2. 宾客患突发性疾病，服务员要沉着冷静，在没有(　　)的情况下，不可对客人施予任何治疗。
   A. 医务人员　　B. 家属陪同　　C. 接待单位同意　　D. 饭店领导同意
3. 饭店在楼层走廊装配的防火设施设备有(　　)。
   A. 消防栓、灭火器　　　　　　　B. 紧急疏散图、防火标志牌
   C. 防火隔离门、安全消防灯　　　D. 疏散图、安全门
4. 饭店为防止客人在床上吸烟不慎引起火灾，常在床头控制柜上放置(　　)。
   A. 烟缸　　　　　　　　　　　　B. 防火须知
   C. 安全疏散图　　　　　　　　　D. 防火标志牌
5. 宾客酗酒现象在饭店时有发生，其处理方式因人而异。一般应根据醉客的(　　)，适时劝导，使其安静。
   A. 醉酒程度　　B. 同行人情况　　C. 情绪表现　　D. 性别
6. 如果服务员在楼层走廊遇见醉客回房，应(　　)。
   A. 勿单独扶客入房　　　　　　　B. 主动扶客入房
   C. 马上通知医务室　　　　　　　D. 马上报告上级
7. 宾客在店内意外受伤后，服务员要调查了解宾客受伤原因，并视情(　　)。
   A. 给其服药　　　　　　　　　　B. 慰问宾客

C. 采取改进措施　　　　　　　　　　D. 给予补偿

8. 服务员发现客人在房间休克，要立即采取措施，联系急救站或附近医院，并注意( )。
   A. 进行现场急救　　　　　　　　　B. 不要随意搬运客人
   C. 迅速开窗通风　　　　　　　　　D. 马上和同事将客人抬至大堂

9. 发现客人醉酒后大吵大闹，服务员通常应( )。
   A. 劝其离店　　　　　　　　　　　B. 劝其采取醒酒措施
   C. 尽量将其安置回客房休息　　　　D. 通知保安采取措施

10. 遇见醉酒较深、情绪激动、破坏饭店财产的客人，服务员应立即通知上级和饭店有关人员，必要时可请( )将其制服，以免扰乱其他住客或伤害自己。
    A. 同岗位男士　　　　　　　　　　B. 保安人员
    C. 巡视管理人员　　　　　　　　　D. 上级领导

11. 饭店客房内装配的防火设备设施物品包括( )。
    A. 烟缸、浴缸　　　　　　　　　　B. 烟感报警器、紧急疏散图
    C. 防火标志牌、自来水龙头　　　　D. 消防栓、烟感报警器

12. 行动不便的客人上下电梯时，服务员要( )。
    A. 主动按电梯　　　　　　　　　　B. 帮助提行李
    C. 提醒客人注意安全　　　　　　　D. 主动搀扶

13. 饭店为防止客人因吸烟不慎引起火灾，在房间内( )应放置防火标志牌。
    A. 写字台上　　　　　　　　　　　B. 茶几上
    C. 床头控制柜上　　　　　　　　　D. 卫生间台面上

14. 宾客在饭店内意外受伤，如处理不当，会影响( )，造成不必要的经济损失。
    A. 服务标准　　B. 员工情绪　　C. 饭店安全　　D. 饭店声誉

15. 客人在店内意外受伤，服务员要马上( )。
    A. 征询是否需要去医院　　　　　　B. 为其购药
    C. 报告领班　　　　　　　　　　　D. 给其提供合适的药品

# 人力资源管理

## 第7章

【本章概要】
1. 录用与培训员工
(1) 分析劳动定员;
(2) 选择招聘途径与录用员工;
(3) 培训员工。
2. 评估员工工作与有效激励
(1) 评估员工工作;
(2) 激励员工。

【本章目标】
学完本章以后,学生将具备以下能力:
(1) 针对酒店的类型和运营状况,来合理地配备客房员工;
(2) 根据酒店客房部的工作内容和经常遇到的问题,对客房员工进行有效的培训;
(3) 根据客房员工的表现和员工的个性特点进行考核和激励。

酒店的经营是人在经营，酒店的竞争实质上是人才的竞争。作为酒店最为宝贵的资源，如何进行人才的选配和培养，组建一支专业能力过硬的强大员工队伍，是每家酒店追求的理想状态和需要思考的问题。人力资源管理不仅仅是人力资源部的主要工作，同时也是客房部的主要任务。客房部的工作区域广，任务量繁重，要达到酒店利益的最大化，成本的最小化，就要对客房部人力资源的管理提出了更高的要求。结合酒店经营的实际，合理选用、培养人才，提高员工整体素质，增强员工的责任感和归属感，由被动工作变为主动服务，由此来带动酒店的整体经济效益和社会效益，才是酒店不断发展的动力。

### 微型案例

日本前邮政大臣野田圣子，是当时内阁中最年轻的阁员，也是唯一一位女性大臣。可是有谁能想到，她的事业起点却是从喝坐便器水开始的呢。野田圣子的第一份工作是在帝国酒店当管理人员，在受训期间负责清洁卫生间，每天都要把坐便器擦得光洁如新才算合格。可野田圣子自出娘胎以来从未做过这样粗重的工作，因此第一天伸手触及坐便器的时候，她几乎呕吐，甚至在上班不到一个月便开始讨厌这份工作。有一天，一名与她一起工作的前辈在抹完坐便器后居然伸手盛了满满一杯坐便器水，并在她面前一饮而尽，理由是向她证明经她清洁过的坐便器干净得连水都可以喝。此时，野田圣子才发现自己的工作态度存在问题，没有资格在社会上肩负起任何责任，于是对自己说："就算洗一辈子坐便器，也要做个洗坐便器最出色的人。"结果在训练课程的最后一天，当她抹完坐便器之后，也毅然喝下了一杯坐便器水。这次经历成为她日后做人、处事的精神力量的源泉。

# 7.1 录用与培训员工

【拓展阅读】

客房部员工的配备和工作安排，实际上是对人力资源的利用过程，它关系到酒店人员配备是否合理，人员能否有效利用，工作能否正常顺利进行等多个方面。劳动定员是酒店人力资源管理的一项重要内容和基础工作，这一工作是对员工进行科学合理的组合，以达到最佳的工作效果。

## 7.1.1 分析劳动定员

**1. 影响劳动定员的因素**

客房部的劳动定员不仅是人力资源部的工作职责，同时也是客房部和各级管理人员的职责。劳动定员要考虑多方面的因素，从现代科学的人力资源管理来看员工数量要与实际工作相符，人多未必好办事、办好事，只有在员工分工责任明确、工作满负荷的情况下，才能高质量、高效率地完成工作任务。

1) 客房服务模式

客房部组织结构从劳动组织形式上确定了客房部的业务分工、职责范围及用人质量和数量的要求，其中两个重要的因素是服务模式和管理层次。客房服务一般有两种模式，即客房服务中心制和楼层服务班组制。前者注重用工高效率和统一调控，因而对降低客房部门的劳动力成本支出有着重要意义。而后者则有利于做好楼层的安全保卫工作。每一种服务模式都直接影响客房部的劳动定员，酒店应根据本身情况确立客房服务模式，本着尽量压缩层次、减少分支机构和工作岗位的原则，进行合理的岗位、人员配置。

2) 客房工作量

在确定客房部的服务模式后，就要对客房部的工作量进行预测、分析，工作量是客房部劳动定员的一个非常重要的因素。工作量的大小与客房部的业务范围有关，工作量的大小与定员成正比。工作量一般可分为固定工作量、变动工作量和间断性工作量三个部分。

(1) 固定工作量。

固定工作量是指那些只要酒店营业就必须去按时完成的日常性例行工作任务。它反映了一个酒店或部门工作的基本水准。如客房定期保养工作、所有公共区域的日常清洁整理工作、计划卫生工作、客房服务中心的工作、洗衣房的工作等。只有保质保量地完成这些工作，才能使部门甚至酒店的营运正常进行。

(2) 变动工作量。

变动工作量是指随着酒店业务量等因素的改变而变化的工作量，如客房的清扫、对客服务及一些特殊情况的处理等。客房部主要是根据客房出租率的变化来预测工作量，通常以预测的年平均客房出租率为基准来做进一步的具体预测，如某酒店开房率最低可达40%，最高可达100%，全年平均开房率为70%，则一般以70%为计算工作量的基础。

(3) 间断性工作量。

间断性工作量是指那些时间性、周期性较强，只需定期或定时完成的非日常性工作量。如外窗的清洗、金属器材的擦拭、多功能厅的清洁、地毯的清洗、大理石地面的打蜡等工作。这项工作量需要管理者逐项分解和测试单项操作标准，来较准确地预算工作量。

3) 工作定额

工作定额是指每个员工在单位时间内，在保证服务质量的前提下平均完成的工作量指标。确定工作定额是一项比较复杂的工作，但它可以使劳动定员、确定用工标准有据可依，还能充分调动员工的工作积极性，提高工作效率。工作定额的确定通常需要考虑以下几个方面的因素。

(1) 工作环境。

不同酒店建筑、装潢风格不同，客房类型、客人身份和生活习惯不同，员工工作环境千差万别，都直接影响着客房员工的工作速度，工作定额的制定应具体情况具体分析，看起来相同的工作量实际上相差很大。

(2) 规格标准。

客房布置规格、工作的标准高对定额的影响是显而易见的，必然耗时较多，这样每个员工的工作定额就要少一些，以使员工能有充裕时间把工作做得更到位。

(3) 人员素质。

工作定额的科学制定，与员工的素质有很大关系。酒店员工的年龄、性别、性格、文化程度、专业技术水平、爱岗敬业、团队合作、服从意识等，都将直接影响工作效率和工作效果。因此，应首先了解员工的素质水平，并将其作为制定劳动定额的依据。

(4) 工作用具的配备。

从清洁剂、手工用具到机械设备都是保证客房员工高效率完成任务不可缺少的工作用具。客房部应根据工作内容和操作要求配备合适的工作用具，并在一定工具配备的条件下预测工作定额。所以，客房部在制订工作定额时，必须考虑劳动工具的配备情况。

制订工作定额要考虑的因素很多，一旦确定定额标准，还需根据具体情况做适当的调整。

## 2．劳动定员的方法

酒店劳动定员的方法有很多种，根据工作性质、工作岗位、工作内容的不同，通常有以下几种方法。

1) 比例定员

根据酒店的档次、规模定员，按全员量定工种和岗位的人数。例如，客房部人数约占酒店总人数的30%；设楼层服务台的楼层客房服务员人数与客房数的比例为1∶4～1∶3；设客房服务中心的酒店，楼层客房服务员人数与客房数的比例为1∶5左右。

根据客房部某部分员工人数按一定比例确定员工人数。例如5～8名服务员配一名领班等。这一方法比较常用，简单易行，但比较粗糙和平均化。

2) 岗位定员

根据客房部的机构设置、岗位、工作量和出勤率等因素来确定各岗位所需配置人员数量的方法。这种方法适用于从事固定性工作的岗位，如文员、客房中心服务员、楼层值台员、公共区域的部分员工等。

3) 职责范围定员

根据酒店的组织机构、人员职责范围、业务分工、工作复杂程度定员。这种方法适合于客房部主管以上的管理人员。

4) 劳动效率定员

按工作量、劳动定额和出勤率来确定员工数量。这种方法适合于从事以操作为主的实行劳动定额管理的工种，如客房清扫员岗位等。

$$定员人数 = \frac{工作量}{员工劳动效率 \times 出勤率}$$

例：某酒店有客房240间。卫生班服务员清扫定额为12间/(人·天)，分布在3～12层楼，其中3～8层楼配备早、晚台班服务员各1人/层，夜班客房服务员负责48间/人的夜床服务。所有员工实行8小时工作制。每周工作5天。除固定的10天假日外，还可享受年旅游假7天。预计每位员工每年可能有14天病、事假。督导人员设主管3人、经理1人、经理助理1人。预测年平均客房出租率为80%。求楼面所需人数。

解：根据已知条件和定员分法，计算如下。

(1) 计算员工出勤率。

① 92天(休息日)+14天(病事假)=106天(不出工天数)

② 每个员工年实际工作日：
$$365 \text{ 天} - 106 \text{ 天} = 259 \text{ 天}$$
③ 员工每年的出勤率：
$$259 \text{ 天} \div 365 \text{ 天} \times 100\% = 71\%$$

(2) 计算日班客房服务员人数。
$$\text{日班客房服务员人数} = \frac{240\text{间} \times 80\%}{12\text{间}/(\text{天}\cdot\text{人}) \times 71\%} = 23 \text{ 人/天}$$

(3) 计算夜班客房服务员人数。
$$\text{夜班客房服务员人数} = \frac{240\text{间} \times 80\%}{48\text{间}/(\text{天}\cdot\text{人}) \times 71\%} = 6 \text{ 人/天}$$

(4) 计算台班客房服务员人数。按岗位定员方法定员：
① 2 人/层×6 层=12 人
② 实际需要人数：12 人÷71%=17 人

(5) 计算领班定员人数。该酒店客房区域共 10 层，每层 24 间，日班领班定额为 3 个楼层客房，夜班领班为 5 个楼层的客房。
① 日班领班定员：10 层÷3 层/人÷0.71=5 人
② 夜班领班定员：10 层÷5 层/人÷0.71=3 人

(6) 主管、经理人员。(3+2)人=5 人

综上所述，该酒店客房楼层部分共需要人力总数为：(23+6+17+3+5+5)人=59 人

## 7.1.2 选择招聘途径与录用员工

为了提高酒店服务质量，顺利完成各项接待任务，就需要有良好素质的工作人员。"选人"是人力资源管理"选人、育人、用人、待人、留人"五大职能之首，也是人力资源管理的第一步，能否选好人直接关系到酒店的经营效果，关系到酒店的前途和命运。酒店人力资源部可根据酒店的用工标准进行初选，客房部再根据自己部门的工作性质和要求来选择合适的人选。

### 1．招聘途径的选择

酒店为了招聘到优秀的员工，会通过多种途径，常见的有以下几种。

1) 在职人员的推荐介绍

招聘少量员工时，酒店可通过在职人员的推荐介绍提供人选。这种做法使新来的员工因有熟人，会很快熟悉环境与工作，对酒店的了解也会更深刻，容易与他人相处，而且这种招聘方法省时、省力、节省费用。但这种做法容易在员工中形成小团体，一些不良习气会在酒店中造成一定的影响。所以这种做法有利也有弊，要综合衡量。

2) 内部晋升

客房部的某些管理岗位空缺时，未必非要从外部招聘，如果部门内部有合适的人选，也可从内部晋升，这样既可以激励员工，同时也培养了员工对酒店的忠诚度。

3) 职业院校

职业院校是酒店员工的主要来源之一。因为职业院校学生有专业知识和基本技能，少有不良习气，综合素质较高，他们加入酒店后，能给酒店带来新的气息，优化员工队伍。酒店应与当地甚至外地的一些职业院校建立长期稳定的合作关系。这样既能保证酒店用人的需要，同时职业院校也可以按照酒店的用人标准做有针对性的培养。

4) 招聘广告

广告通常是招聘的主要途径和方法。招聘广告的主要形式有报纸广告、广播电视广告和海报等。

(1) 报纸广告。对于招聘非技术性员工特别有效，而对于招聘管理人员和技术人员要非常慎重，因为它会吸引很多应聘者，必然要花费大量的时间和精力，而且还会引起很多落选人的不满。

(2) 广播电视广告。最适用于招聘临时工和非全日制员工，但要注意选择合适的广告时间段发布招聘广告，才能使有意愿的应聘者获得招聘信息。

(3) 海报。也是使用较频繁的一种形式。在人流聚集场所的公共广告栏上张贴和分发招聘海报，往往也能收到很好的效果。

除了上述几种主要途径外，还可采用下列方式：职业介绍所、人才市场、同业机构、复员、转业军人安置机构等。

## 2．人员录用的要求

客房部员工录用工作可根据工作岗位的要求由客房部经理来做决定。在录用员工时，要综合考虑以下条件。

1) 热爱并乐于从事岗位工作

"爱一行干一行"是做好工作的先决条件，这就要对本职工作有一个全面的了解和认识。这对于酒店稳定员工队伍、提高工作效率和降低各项开支是非常重要的。做到这一点首先要把客房部各岗位的职责说明详列出来，附有一份职务说明书，并要求面试主持人如实介绍任职环境和要求等，决不可因求人心切而着意美化，否则员工上岗后会因怀有被欺骗的心理而造成部门工作被动，从而消减工作热情。

2) 工作责任心强，态度认真

客房部许多工作通常是一个人单独来完成的，员工必须有很强的责任心、自觉性，对工作有认真负责的态度，才能按照酒店的工作程序、标准保质保量地完成工作。只有具备这样的条件，才能全心全意地为宾客提供满意服务。

3) 性格开朗，有团结合作精神

客房部的工作多数都是"背对"客人服务的，工作期间任务量又比较繁重，所以员工要有一个好的心态和开朗的性格。虽然客房员工都有自己的工作定额，团结、互助、协作是贯穿于客房部各项工作始终的。愉快的工作可以起到事半功倍的效果。

4) 身体健康，有较强的动手能力

对于客房岗位工作来说，具有较好的身体素质和较强的动手能力非常重要。特别是在旅游旺季或特殊情况下，事务繁多，体力消耗大，没有强健的体质和很强的动手能力是无法胜任工作的。

5) 有较好的个人修养

酒店的服务工作并不是很高的技术性工作，但它是一个非常具有创造性的工作。人的内在美是非常重要的，良好的个人修养和工作热忱是把服务工作做好、做完美的先决条件。

实践证明，客房部招聘基层岗位的员工，只要胜任就行，没有必要把标准定得太高，以免过高的员工流动率给客房部的工作造成不必要的损失，也因此错失一些可以选择并有培养价值的人选。

## 3．面试

客房部的员工招聘工作由人力资源部和客房部共同负责，人力资源部承担筛选应聘人等基础工作，客房部则负责最后的面试，决定是否录用。

1) 面试前的准备工作

面试前的准备工作主要包括：明确面试的目的、标准和要求；拟定面试提纲；确定对双方都方便的时间；通知应聘者做好必要的准备；了解应聘者的个人资料，并做好笔记，以免遗忘；布置安排面试场地。

面试场地的选择、安排与布置，对面试的成功与否影响极大。由于面试场所会影响应聘者对酒店的第一印象，所以面试的场所必须清洁、整齐、安静、舒适、秩序井然，不受干扰且具有保密性。为了确保面试的顺利进行，面试场所还应设面试等候区，灯光要明亮、柔和，并配备必要的家具、报刊、茶水、烟灰缸等，既可方便应聘者，又可减轻应聘者可能产生的忧虑和烦躁不安。

2) 面试员工时应注意的问题

主持面试者要以友好的问候开场，尽量为应聘者创造轻松愉快的气氛。主持面试者不能有匆忙、焦急和不耐烦的表现，也不能以高人一等的姿态与应聘者对话。开始的提问可以与工作无关，但要避免无聊的话题。在面试过程中，面试人要善于观察和分析。

文凭不能代表水平，知识不能代表能力，能力不能完全反映素质。面试员工时应注意以下几个方面的事项。

(1) 不要过于在乎应聘者的社会地位、资历背景。

(2) 不能因为应聘者具有某些突出的优点而忽视其整体素质。

(3) 能做经理的人不一定是个合格的服务员，技术能手也未必能胜任经理。

(4) 不能以貌取人，因为表面的现象与能否做好工作没有内在的联系。

(5) 不要被口若悬河者所欺骗，也不能认为沉默寡言就是忠厚老实。

(6) 不要过分看重应聘者的"经验"，一张白纸容易画出精美的图画。

(7) "内向""老实"已不再是现代酒店服务人员的优点。

(8) "不漂亮""年纪大"往往也有其独特的优势。

面试结束后要进行整理面试记录、总结分析，对应聘者做出具体的评价。评价意见通常越具体、越形象越好。核对有关资料，做出结论或决定，即应聘者是否合格、能否录用等。尽早、尽快将录用决定告知被录用的应聘者，可以防止酒店流失理想的人才。需要特别注意的是，有时有的应聘者不能被录用，并非他们不适合酒店的工作，只是酒店暂时没有适合的岗位，告知对方要注意方法，不能挫伤他们的自尊心。最后，整理并保存所有应聘者的求职登记表，即使未被录用的人，酒店也可以用这些表格建立人才信息库。

> **小资料**
>
> 能力很重要，可有一样东西比能力更重要，那就是品质。品质，是人真正的最高学历，是人能力施展的基础。好的品质已成为现代人职业晋升的敬业标杆与成功人生的坚实根基。
>
> (1) 忠诚。站在酒店的立场上思考问题，忠心维护酒店的利益，在诱惑面前经得住考验。
>
> (2) 敬业。工作的目的不仅仅在于报酬，提供超出报酬的服务，乐意为工作做出个人牺牲。
>
> (3) 自发。不要事事等人交代，从"要我做"，到"我要做"，主动做一些"分外"事，先做后说。高要求：要求一步，做到三步。
>
> (4) 负责。责任的核心在于责任心，把每一件小事都做好。一诺千金，绝对没有借口，让问题的皮球止于你，不因一点疏忽而铸成大错。
>
> (5) 效率。心无旁骛，专心致志，量化每日工作，拖延是最狠毒的事业杀手；注重主次，防止完美主义成为效率的大敌。

## 7.1.3 培训员工

现代酒店的竞争实质上是酒店人员整体素质和能力的竞争，员工素质和能力的高低很大程度上取决于酒店的培养，其中最为重要的一方面就是员工培训(图 7.1)。"没有培训，就没有服务质量""从一家酒店的培训实力，就可看出这家酒店的管理水平"这都充分说明员工培训的重要程度。在酒店中通常由主管以上级别的领导或表现优秀的员工来做这项工作。

图 7.1 员工培训

## 1. 员工培训的意义

良好的培训不仅可以让新员工很快了解岗位工作，还可以帮助员工找到在工作当中遇到的新问题、难题的解决办法。要想让员工的工作达到一定的规格标准，严格的培训就是一种必需而有效的手段。

1) 提高服务质量，减少失误率

酒店员工特别是新员工，在工作当中会经常出错，不知道究竟该怎么做，要求的标准是什么，遇到一些特殊情况怎么处理，怎样避免客人的投诉。为了减少失误率，参加培训就是一种提升工作效果的很好途径。经过正规严格培训的员工，在服务中往往能够使客人更加满意。

2) 提高工作效率

培训中所讲授或示范的工作方法和要领，都是经过多次的实践总结出来的。通过培训，员工能掌握科学的工作程序和服务的技能技巧，不但能够提高服务质量，还可以节省时间和体力，提高工作效率，达到事半功倍的效果。

3) 降低营业成本

员工掌握正确的工作方法，能够减少用品的浪费、消耗和磨损，降低营业费用和成本支出。

4) 提高员工的自信心、增强员工的安全感

培训可以提高员工的安全意识，掌握正确的操作方法，加强紧急应变能力，从而减少各种工伤等安全事故。特别是客房部员工在工伤比例中较高，常见的有如腰肌劳损、扭伤、擦伤等，加强员工培训可以使员工学会如何避免不必要的伤害，增强工作信心和职业安全感，从而产生对企业的向心力，提高为客人主动提供优质服务的工作热情。

5) 加强沟通、改善人际关系

培训能够促进员工与管理者、员工与员工之间的相互了解，从而建立起良好的人际关系；可以帮助员工避免工作上发生摩擦，加强集体的凝聚力，促进服务和管理的改善，营造一个和谐的工作氛围。

6) 为员工晋升创造条件

酒店业的发展急需更多有管理能力的人才。培训可以帮助员工出色地完成本职工作，拓宽知识面，扩展对其他工作领域的了解，并接受新的管理理论熏陶，为晋升发展创造条件。

7) 酒店管理走向正规化

通过培训，可以提高员工素质和工作质量，从而提高管理效率，使酒店经营日趋成熟，走向正规化。

## 酒店培训工作计划

随着酒店的迅速发展，对专业人才的需求也日益迫切，如何打造一支训练有素、勤恳敬业的员工队伍，怎样才能不断提升酒店的管理水平和服务水平，对酒店将来的发展都有着重要的意义。面对 2015 年济南市的酒店业市场，既有机遇又有挑战，作为人力资源部要做好员工培训工作，更好地服从和服从于酒店的发展大计。2015 年，酒店的培训计划有如下设想。

1. 新员工入职培训

培训时间：三天的时间，每天两小时。

培训对象：每个月新上岗的员工和上月培训没有通过考试的员工。

培训者：人力资源部。

培训内容：以《员工手册》和《酒店应知应会》为主，介绍酒店的过去和未来、酒店的规章制度、酒店知识与概况、酒店业与旅游业的关系、酒店旅游业发展趋势与前景、酒店的礼仪礼貌、服务意识与人际关系、酒店消防与安全知识等。

2. 外语培训

培训时间：全年培训(根据需要调剂)。

培训对象：酒店一线面客部门与二线热爱英语的员工均可参加培训。

培训内容：酒店英语。

培训者：人力资源部。

3. 礼貌礼仪培训

培训时间：根据需要可单独举行也可以与员工入职培训结合。

培训对象：酒店全体员工。

培训内容：由人力资源部选定培训内容，着重提高酒店员工的服务意识与质量。

培训者：人力资源部。

4. 急救知识培训

培训时间：每半年一次。

培训对象：酒店全体员工。

培训内容；发生意外伤害时的紧急救治疗与预防措施，如烫伤、烧伤等的急救措施。

培训者：外聘医务专家。

5. 中国文化知识讲座

讲座时间：每季度一次。

培训对象：酒店全体员工。

讲座内容：以济南和山东的文化知识为主同时介绍中国的文化与艺术、中国山水、名盛景点的欣赏、各大宗教知识等。

培训者：可以由人力资源部培训，也可以聘请专家培训。

6. 酒店美容健身讲座

培训时间：每季度一次。

培训对象：酒店全体员工(自愿参加)。

培训内容：酒店的员工怎么化妆、日常生活中的护肤、美容学问。

培训者：从外部邀请这方面专业人士或者酒店内的部门领导。

7．沟通交流培训

培训时间：每季度一次。

培训对象：酒店全体员工。

培训内容：加强部门之间交流的方式方法。

培训者：人力资源部。

8．消防知识培训

培训时间：每半年一次。

培训对象：部门员工。

培训内容：基本消防知识和酒店内的安全保卫知识。

培训者：保安主管。

9．部门知识和技能培训

培训时间：每个月部门领导制订培训计划。

培训对象：部门员工。

培训内容：根据实际需要和领导要求制订培训内容。

培训者：部门领导。

培训计划由人力资源部制订，由人力资源部和一线部门共同完成，月末制订下月培训计划，报领导批示。

## 2．员工培训的类型

1) 入职培训

入职培训的对象是新招聘的员工，这项培训通常都由人力资源部负责。在一些高星级酒店，几乎每天都有新员工入职，人力资源部将这部分人员集中起来，统一进行入职培训。入职培训主要采用讲课的形式，使新员工对酒店工作有一个初步的感性认识，对酒店的基本概况有所了解。入职培训的主要内容包括以下几个方面。

(1) 了解酒店的经营历史、经营理念、规模、等级和发展前景，激发新员工积极工作。

(2) 学习酒店员工手册，了解酒店内部的组织机构和各部门之间的服务联系。

(3) 熟悉酒店环境，了解酒店经营的各种餐厅的名称、供餐时间、所在位置及提供菜肴的种类和主要菜点。

(4) 了解酒店的娱乐设施和服务设施(如保龄球馆、健身房、游泳馆、美容美发、桑拿按摩、商务中心、银行、邮局等)的营业时间、收费标准、所在位置等情况。

(5) 了解酒店的防火及安全措施。

(6) 学习酒店的规章制度和岗位职责。

(7) 了解客房概况。如酒店拥有客房的总数、类型、每层楼有多少套客房、客房号是如何排列的、房价分多少档次及收费方法、会客厅的功能、实际客房出租和住客情况、不同类型客房的家具配备标准、各种设施设备的功能作用。

(8) 了解酒店对客房服务员仪表、仪容和着装的要求。

(9) 客房服务员举止的训练。酒店一名优秀客房服务员的举止应该是：服务态度和蔼可亲，面带笑容；服务动作快速敏捷；服务程序准确无误；服务热情、富有朝气和活力。

(10) 服务用语的训练。服务用语有：欢迎语、问候语、告别语、祝贺语、征询语、应答语、道歉语、答谢语、指示方向用语、接转电话用语等。要求客房服务员不仅要知道中文包括哪些语句，而且会用外语表达。学会使用优美的语言和令人愉快的声调，服务才显得有生气和亲切感。

2) 岗前培训

新员工上岗前必须接受所在部门的业务培训，即岗前培训。新员工岗前培训是酒店塑造合格员工的最佳时机。培训结束后，客房部应制订专门的培训计划。

岗前培训主要是进行具体的部门工作和服务流程、操作程序的培训，须接受严格的考核，考核合格才能正式上岗，以达到上岗后能尽快独立完成所担负的工作，为宾客提供快速敏捷、周到热情的服务。培训的内容要比入职培训的内容更深入具体。

培训的主要内容有：本部门的规章制度；客房常识；客房服务员的岗位职责；安全守则；客房服务礼仪；客房的清洁保养；清洁器具和清洁剂的使用与保养；对客服务的程序规范；表格的使用；客房楼层的物资管理；沟通协调的方法；等等。

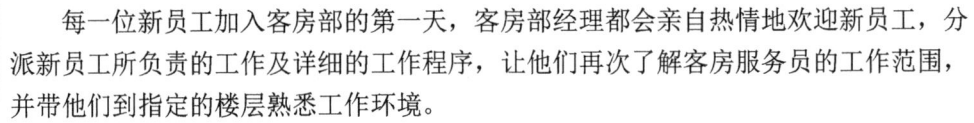

每一位新员工加入客房部的第一天，客房部经理都会亲自热情地欢迎新员工，分派新员工所负责的工作及详细的工作程序，让他们再次了解客房服务员的工作范围，并带他们到指定的楼层熟悉工作环境。

新员工在刚开始工作时间里，会安排跟随一个熟练的客房服务员一起工作，这个有经验的客房服务员会将日常工作程序和基本技巧传授给新员工，领班也不时地加以指导，大约半个月后，新员工便可独立地完成清洁卫生的工作了。

3) 在职培训

在职培训是客房部及整个酒店员工培训的重点，也是客房部及整个酒店日常工作的重要内容。员工的在职培训主要有以下几种形式。

(1) 专题讲座。这种形式对于培训人数较多、培训时间较短，而又需要解决多方面问题的培训比较适合。专题讲座就是根据酒店服务工作的实际需要，聘请本单位或外单位有经验的专业人员，以专题形式讲授服务程序、操作程序、服务中的技能技巧和管理知识等，以提高客房服务员的技能和服务水平。

(2) 讨论座谈。培训老师拟定专题让参加者分组讨论，每个人都可以论述自己的观点，最后由培训老师归纳、总结，公布正确答案，以提高客房服务员的分析、判断能力，增进相互了解。

(3) 交叉培训。以员工做好本职工作为前提，安排员工学习其他岗位的业务知识和业务技能。通过交叉培训，可以使员工一专多能，既丰富了员工的工作内容，又有利于部门内部或部门之间的人力调配。

(4) 岗位练兵。参加店内或业内举行的业务比赛，按照比赛要求，在规定时间内高质量地完成考核任务。岗位练兵是鼓励客房服务员提高技能的好方法，通过岗位练兵可以帮助员工改进操作方法，鼓舞员工士气，达到共同学习、取长补短的目的。

4) 发展培训

发展培训是对在酒店从事管理工作的人员或有管理潜能的员工，以及即将从事管理工作的人员的培训。发展培训的目的是培养管理人员和业务骨干。上岗前培训的对象一般为操作层的客房服务员，培训的重点是管理工作技能、技巧，如怎样组织他人工作，如何为班组成员创造一个良好的工作环境等。有的员工在操作层是一个优秀的客房服务员，但提升到基层管理岗位后却不能胜任，其原因之一就是缺乏发展培训。发展培训通常必须有一整套的培训方案，包括培训内容、要求、时间安排、指导老师、培训方式、考核评估等。

在观念上，要使他们由被管理者转变为管理者，由被动执行操作指令转变为主动地发表指令。重视培训他们掌握组织他人工作的技巧，掌握人际关系技能，其目的是让基层管理者能使班组内每个成员相互关系融洽，创造一个良好的工作环境。

目前，很多酒店存在的共同问题是忽视新提拔、晋升人员到职前的培训，往往是一经任命立即到职。这种做法显得过于简单化，甚至有些草率。尽管这些人员可能是经过认真考查的，他们有基础、有潜力，但提拔和晋升并非简单的职务名称的变更，而是工作内容、责任范围、工作环境甚至工作性质的变化，如果被提升的人员没有经过相应的发展培训，到任后往往需要一个较长时间的适应过程，而在这段时间里，可能会因业务不熟悉而产生很大的压力，从而影响工作，有的人甚至可能会因此而难以适应和胜任新的工作。

国际酒店管理集团非常重视员工的发展培训，如洲际酒店管理集团设有管理培训生计划。从社会上招聘有 1~2 年经验的优秀人才，进行 12~18 个月的在职培训，以培养主管级别的员工。培训期间有一名导师负责指导、跟踪其学习过程，随时进行反馈和评估，帮助他们尽快成为合格主管。

### 小资料

迪士尼非常注重员工的满意度。迪士尼大学门口有一块很醒目的、嵌着闪亮星星的牌子，上面写着"Welcome to Disney University——Where you are the star"(欢迎来到迪士尼世界，在这你就是那颗闪烁的星星)。老师授课时也非常注重员工的参与度，并且注重学习的游戏性。这些细节保证了员工拥有快乐的心情，并且最终将这种快乐带给游客。迪士尼的培训主要分三阶段。

第一阶段的 Tradition(传统培训)是在迪士尼大学完成的。迪士尼的培训课程丰富多彩，涵盖各种语言培训、个人职业发展、Merchantainment(购物+娱乐，一种标准的体验经济营销方式)等。迪士尼大学还训练员工观察每一位顾客，以便根据不同顾客对欢乐的不同感受，主动提供相应的服务。当课程结束时，老师对员工说："你们即将走上舞台，请记住神奇的迪士尼，创造并分享神奇的一刻，每天的迪士尼都不同一般，不一样的天气，不一样的观众，但迪士尼的服务及演艺水准始终是一样的。"

有一个小细节也许能够说明 Tradition 这个阶段的重要性。在迪士尼，员工在公园里经常被小朋友问这样的问题："公园里有几只米老鼠？"问问题的小朋友也许在早上刚进公园时遇到米老鼠，就和米老鼠合影了；中午这位小朋友到了公园的另外一个区用餐时又遇到了一只米老鼠；也许还会在另外一处遇到另外一只。我们的答案是什么呢？3 只，或者更多？正确的答案是:"一只米老鼠,他跑到这吃奶酪来了。"这是一句"真实的谎言"。在所有的小朋友心目中,米老鼠只有一只,那是他们心中的英雄、偶像,而这个偶像只有一个。如果我们给小朋友的答案是2只,或者说3只,那他(她)会认为他(她)见到的米老鼠一定有一只或者全都是假的。如果是这样,他(她)的迪士尼之旅会是很失望的,我们为此所做的各种表演、道具、环境、气氛营造等努力都将付之东流。

第二阶段是 Discovery Day(探索迪士尼)的培训。这一部分的重点是让员工通过实地考察熟悉迪士尼的文化,到各个公园实地考察,参与各项娱乐活动。

第三阶段是 On-work Training(在岗培训)。这是员工的 Show Time(表演时刻)。当然,不是叫员工上台唱歌跳舞,这只是迪士尼的形象说法而已。在岗培训从入职开始就未曾间断过,这些培训包括:技能培训、紧急事变应付、如遇到炸弹恐吓的应变、游客满意服务(GSM)等。

### 3. 考核与评估

1) 培训考核

培训结束后,要对培训人员掌握的业务知识、业务技能进行考核,检验培训人员的培训效果,是否达到了预期的培训目标。

培训考核可采用笔试、口试和实际操作结合的方式。酒店不能只重视实际操作考核,而忽略理论知识。理论知识试题的多样化考核,也能对学员的分析能力、判断能力、处理问题能力等进行全面考查。命题时要注意题的分量,做到难易适中,既不过于简单,又不能太难。要照顾到大多数人的水平,使他们能够达到中等水平的成绩。

2) 培训评估

对员工的培训主要评估两项内容。

(1) 培训人员通过参加培训学习,在实际工作中业务能力是否有了明显的增强;理论水平是否有了一定的提高;工作表现是否达到了良好,甚至优秀;有无晋升的资格和可能等。应由客房部为其写出鉴定,并同时建立档案。

(2) 汇总参加培训人员的体会,征求他们的意见,并从培训内容、方式、组织管理和培训效果等方面进行评估,总结经验和教训。

## 7.2 评估员工工作与有效激励

### 7.2.1 评估员工工作

评估也称考评、测评,是依据酒店的标准,通过一定的程序和方法,对员工的工作表现进行的综合性考核,并对其今后的工作提出改进和提高的建议。员工评估是人力资源管理的一项重要内容,同时也是客房部对部门员工考核的一个重要职责。通过评估可以帮助员工客观地认识到自己的工作表现和工作业绩,也可以获得上级领导给予的有针对性的帮助,另外也为员工的评优和晋升提供了依据。

## 1．评估的作用

(1) 评估为制订员工培训计划提供了参考依据。通过评估可以发现员工知识、能力等方面与工作岗位需求的差距，这样就可以增强培训的针对性，提高培训的效果。

(2) 评估为发掘人才和合理使用人才提供可靠依据。员工入职时，客房部常常是根据学历、资历来确定工作岗位，容易造成"才非所用"。通过对员工工作的评估，可以发现员工的真才实学，为部门合理使用内部人才提供依据。

(3) 评估是奖惩、激励员工的依据和手段。员工都希望酒店能公正地评价自己的工作表现和工作能力，以获取相应的物质待遇和职位安排。这就要求酒店管理者必须通过科学的评估来了解员工的表现和成绩，为员工指出工作现状和努力方向，加强员工趋向组织目标的积极性。考核标准适当、评估结果公正、奖惩适度可以使员工在物质和精神上得到满足，从而激发员工更高的工作热情，调动他们的主动性和创造性。

## 2．工作评估的内容

1) 员工的综合素质能力

员工的综合素质能力主要包括思想品德、职业素养、专业知识、服务质量、服务态度、服务效率、工作组织能力、工作创新能力等，这些都会在日常的工作中充分表现出来。

2) 工作认识与工作态度

员工能充分认识到服务工作的重要性，工作主动、热情、耐心、周到，遵守酒店各项规章制度，服从上级领导，工作态度认真，有较强的职业责任感和使命感。

3) 工作任务的完成情况与突出业绩

根据客房部制定的劳动定额和工作完成目标，对被评估者完成的工作数量和质量进行考核，检测员工工作是否符合酒店有关标准、能否使宾客满意。业绩突出者，可考虑晋升、加薪、奖励。

### 小·资料

某酒店客房部的考勤制度如下。

(1) 员工必须严格遵守上下班时间，不得迟到、早退。

(2) 按时参加各岗位例会(客房每周一至周五早八点、前台每周一和周四下午三点)，例会不到者按旷工处理。

(3) 每人每周倒休一天，遇重要接待任务暂停排休，会后补休。年假按中心规定。

(4) 员工请病假须提前将医院诊断证明和请假单上交，如有特殊情况不能提前请假的，应及时通知领班，由领班请示经理。

(5) 员工请事假，须提前三天至一周上报领班，如遇人员紧缺或有重要任务，可以不予批准。事后请假一律按旷工处理。

(6) 严格按照规定班次上班，如有急事换班，在不影响正常工作的情况下，提前一天向领班提出申请，未经同意擅自换班按旷工处理。

(7) 对骗取事、病假的，一经查出，视情节轻重给予旷工或除名处理。

## 3. 工作评估的程序

1) 观察与考核记录

客房部各级管理人员平时应注意观察考核下属的工作,并听取有关人员的意见,做好考核记录。同时注意各种报表的收集、整理和存档,建立客房部原始记录制度,为评估奠定基础。客房部原始记录的主要内容包括:出勤情况,完成工作的量和质(有无返工现象和客人投诉),专业知识和工作能力,是否诚实,工作的自觉性与责任心,服从意识与合作精神,有无违规情况和其他方面的情况。

2) 填写评估表格

评估一般为每年一次,为便于统一标准和存档,考评表格(表7-1)往往是全酒店统一拟定和印制的。有的酒店为了使年度评估更加准确,还做月、季度评估。经理在做员工工作表现评估之前,一般会征求领班的意见。

**表 7-1 员工工作考核评估表**

员工姓名:_____ 工号号码:_____ 部门:_____ 评估日期:__年__月__日

| 评估项目 | 评估要求 | 评估结果 | | | |
|---|---|---|---|---|---|
| | | A | B | C | D |
| 仪表、仪容 | 端庄大方,干净整洁 | | | | |
| 工作考勤 | 出勤情况良好,能按时到岗 | | | | |
| 工作认知 | 能够正确处理好本职工作;了解工作的职责 | | | | |
| 工作质量 | 工作效率高,处事精确 | | | | |
| 可信赖程度 | 值得信赖,对委派工作尽职 | | | | |
| 进取态度 | 有创业精神,具有应变能力,能主动担负起自己的职责 | | | | |
| 礼貌与合作态度 | 对上级、同事、宾客谦让有礼;乐意合作 | | | | |
| 管理能力(如适用) | 具有激发下属工作热情的能力,有指引、督导的能力 | | | | |
| 总评分 | 适合晋升 | | 降职 | | 予以转正 |
| | 表现满意 | | 表现一般 | | 延长试用期/不予录用 |

改进建议(范围及方法):
_____

所需培训建议(详细说明):
_____

其他评语:
_____

评估人签名_____ 职称_____ 日期_____
员工签名_____ 意见_____ 日期_____
部门主管_____ 日期_____
下次评估日期:__年__月__日

3) 评估面谈

在完成了书面评估——填写评估表之后，客房部经理或主管应该与被评估者见面，面谈的地点要安静，不受打扰。根据考评表上所列的各项评估指标，就评语与评分向被评估的员工进行解释说明，要热情地肯定其优点，也要明确指出需改进的地方，使用鼓励的话，不可压制，也避免模棱两可的言辞，以免被评估者误解。

被评估者可以在面谈时，就对他的评估意见提出不同的看法，并与评估者进行深入的讨论。面谈讨论后，仍不能取得一致意见时，可由人力资源部约见该员工，听取他的意见，并做适当的处理。在评估表上所有项目都通过以后，评估双方都必须在评估表上签名。

## 4．工作评估的要求

1) 制定正确规范的评估标准

评估标准的制定可以减少评估中遇到的分歧。运用参与管理理论，让评估者与被评估者共同制定，可以降低评估矛盾。

2) 明确评估者的人选

一般评估员工由直接主管进行，也可由直接主管的主管进行，总的要求是公平、公正、公开。评估者最常用的人选是被评估者的直属主管、直属主管的上级。直接主管最了解评估者，但也可能因为关系特别密切或疏远等一些因素使评估结果受到影响。直属主管的上级一般可以比较客观、公正地评估员工，但对被评估者缺乏了解。

3) 评估过程的公正合理

评估的目的是对被评估者肯定优点、指出缺点、提出改进建议，挖掘被评估者潜力，提出发展要求。评估时要注重员工的工作实绩，不可凭印象进行，以防出现偏差。

4) 面谈讲究沟通技巧

评估本身就是为酒店经营管理活动提供信息反馈的途径，是上下级之间的沟通渠道。单向性的评估容易引起员工的不满，从而违背评估的初衷。评估时要做到双向沟通，鼓励管理者和员工之间进行对话，评估者应实事求是地向被评估者提出其优缺点，并指出改进的方法，切忌将评估当成整人的一种手段。

5) 考核结果的认定

考核结果必须由酒店有关部门认定，一般是酒店人事部和客房部共同认可，作为员工加薪、晋级、评优、奖励的依据。

### 小·资料

## 迪士尼的快乐培训
## ——之神秘评估

在迪士尼，有 3 个月的试用期时间来决定员工是否合适这项工作，所以前 3 个月的工作表现很重要。各业务部门培训经理(Training Manager)会指导员工的工作并负责考核。

迪士尼有一个专门的部门被称为"战略信息及商业分析部门"(Strategic Information and

Business Analysis Division)。该部门的工作人员通常被员工称为 Secret Shopper(神秘游客)。他们会不定期对各个娱乐点，各个部门的员工进行明察暗访。他们通常会扮成一个普通客人，在和你接触的过程中，询问员工必须掌握的专业知识，观察员工在岗位上的表现是否符合工作流程，查看员工对工作环境的维护，记录员工对客人、对小孩的态度等。在之后的一周内，被"盯"上的员工所在的部门负责人和员工本人会收到这份评估报告。这个调查不是针对某一个人，任何一个人都有可能被当作调查对象。也许你运气好，那天不上班，这样你的同事就会被调查，在一年里你也许会被"盯"上好几回。工作有时也像打比赛一样，自己表现不佳，或者不在状态时，会给自己带来麻烦，所以在迪士尼工作，主客观上都要求你是积极和努力向上的。

## 7.2.2 激励员工

在管理心理学中激励是指激发人的动机，使人产生内在的动力，并朝着一定的目标行动的心理活动过程，也就是调动人的积极性的过程。激励员工工作的方法运用得当，对于做好人力资源管理工作来说具有重要意义。

### 1. 激励的种类

激励的方式有两种：正面激励和反面激励。

1) 正面激励

就是采用表扬、奖励、升迁以及信任等积极手段，去奖励和鼓励员工的工作热情。

(1) 目标激励。

管理者通过确立一定的目标，引导员工将个人目标与酒店目标结合起来，帮助员工设计职业通道，使员工干有目标，在完成目标的过程中发挥自己的潜力。没有目标就没有管理，管理就是朝着目标步步逼近的过程。在确定目标时，管理者应注意所设定目标的难度与期望值，目标过高或过低都会使员工丧失信心。

(2) 情感激励。

情感激励的关键是管理者必须用自己的真诚打动员工。在工作上对员工严格要求的同时，在生活上关心、尊重员工，帮助员工克服困难，使员工感受到集体的温暖。员工才能真正意识到自己是这个大家庭中的一员，是真正的主人，他们才会以主人翁的姿态积极工作。

(3) 模范激励。

模范是实实在在、生动鲜明的个体，来源于员工之中，易引起员工情感上的共鸣，能激发他们模仿和追赶的愿望，产生激励的作用。人们常说"有什么样的管理者就有什么样的员工"，管理者的工作态度、工作方法、性格好坏、言谈举止都会潜移默化地影响下属。所以管理人员要以身作则，从各方面严格要求和提高自己，以自己的工作热情去影响和激励下属员工，成为有效激励员工的榜样。

(4) 体验激励。

体验激励可以通过让员工参加比赛活动(如技能擂台赛、演讲竞赛、服务知识竞赛等)，调动员工的积极性，提高员工素质，激励员工更好地去工作。

也可以组织员工外出参观学习，通过多种渠道提供学习信息，激励员工不断进取，是一个不错的激励方法。

员工在客房管理方面也有一些自己的想法，希望得到聆听和重视。因此客房部管理者要善于给予员工参与管理、参与决策和发表意见的机会。酒店决策的最终执行者是下属员工，任何制度工作如果得不到下属的理解和支持，都不会得到很好的执行和落实。

> **小资料**
>
> ### 迪士尼的快乐培训
> ### ——之职业关怀
>
> 迪士尼对员工有很多激励、感谢的措施和很好的福利，这种机制是迪士尼的员工时刻用微笑迎接客人的重要保障。迪士尼每年都为工作一年以上的员工子女设立了迪士尼奖学基金。工作一年以上、五年以上、十年以上的员工都会得到一枚不同级别的米老鼠勋章，用来表达对员工成就及忠诚的肯定和表彰。
>
> 迪士尼公司非常注重对员工家庭的关怀，即 Family Fun(家庭娱乐)。每个员工的工作都离不开家庭的支持，工作满三个月的员工都可得到公司发送的 4 张可全年使用的能进入任何一个主题公园的门票，这张门票为电子票，每次与员工的身份证一起使用，且每次能带 3 人入园。员工每次有亲戚朋友来，他都能很自豪地带家人朋友到迪士尼游玩。员工凭工卡可享受预订酒店的 5 折优惠，在购物方面也可以享受特别折扣。迪士尼的员工宿舍除了有健身设备、游泳池外，还专门建了一个叫 Micky's Retreat(意为米老鼠的回报)的地方，有篮球场、足球场、网球场、湖上赛艇、湖边烧烤等设施，以供员工娱乐及团队精神训练之用。每年迪士尼都会在这里举办一些员工娱乐的主题活动。
>
> 公司每年会召开一次"员工大会"，向员工颁发 R.A.V.E.奖(R-respect, A-appreciate, V-value, E-everyone)。因为在迪士尼的工作人员来自世界各地，代表不同的文化。大家相处要学会互相尊重、互相包容。这也是迪士尼企业文化提倡的"Diversity"(多样生存，四海一家)。在迪士尼的员工手册上有一条关于"平等就业机会"的条文：对所有职员、求职者，公司不以种族、宗教、肤色、性别、年龄、国籍、生理缺陷等作为聘用提升的考虑因素。这种包容性的文化保证了迪士尼的创造力和活力，并最终成为企业最宝贵的竞争力。

2) 反面激励

反面激励是用批评、惩罚、处分等行为控制的手段，使每个员工都能恪尽职守。

反面激励只是一种手段而非目的，不能滥用。管理者在运用惩罚激励方式时，一定要客观具体，应该就事论事。既要注意恰如其分地利用批评、惩罚等手段，使员工产生一种内疚心理，并把消极因素转化为积极因素；又要注意在与下属的沟通、批评、协调方面，方式单一直接会给员工造成过大的心理压力，使危机感超过安全感，造成员工的逆反心理，出现不利于部门管理工作的行为。特别是年龄比较大，自尊心比较强的员工，对其批评场所的选择和使用的言语要慎重。在运用反激励方式时，管理者应注意以下几点。

(1) 注意反面激励的准确性。

反面激励的准确性要以事实为根据，以制度为准绳进行批评和惩罚。管理者不能主观武断，要对事不对人。

(2) 制订违纪事件的处理程序。

客房部必须制订员工违纪的处理程序，才能保证反激励的准确性和一致性。轻微违反客房部规定的管理条例，给予口头警告，并督促其重新认真学习他所违反的有关条例；严重违反或屡犯条例者，应由部门负责人给予书面警告；受到三次书面警告者，解除合同。

为了达到反激励的目的，制度处罚还必须与思想政治工作相结合，奖惩并举，不可偏废。

# 本 章 小 结

## 1. 针对酒店的类型和运营状况，合理地配备客房员工

客房部的劳动定员不仅是人力资源部的工作职责，同时也是客房部和各级管理人员的职责。劳动定员要考虑客房服务模式、客房工作量、工作定额多方面的因素，从现代科学的人力资源管理来看员工数量要与实际工作相符，人多未必好办事、办好事，只有在员工分工责任明确、工作满负荷的情况下，才能高质量、高效率地完成工作任务。

由于工作的性质、工作岗位、工作内容的不同，酒店劳动定员通常有比例定员、岗位定员、劳动效率定员、职责范围定员几种方法。

## 2. 根据酒店客房部的工作内容和经常遇到的问题，对客房员工进行有效的培训

客房部及整个酒店员工培训的重点，也是客房部及整个酒店日常工作的重要内容。员工的在职培训主要有以下几种形式。

1) 专题讲座

这种形式对于培训人数较多、培训时间较短，而又需要解决多方面问题的培训比较适合。专题讲座就是根据酒店服务工作的实际需要，聘请本单位或外单位有经验的专业人员，以专题形式讲授服务程序、操作程序、服务中的技能技巧和管理知识等，以提高客房服务员的技能和服务水平。

2) 讨论座谈

培训老师拟定专题让参加者分组讨论，每个人都可以论述自己的观点，最后由培训老师归纳、总结，公布正确答案，以提高客房服务员的分析、判断能力，增进相互了解。

3) 交叉培训

以员工做好本职工作为前提下，安排员工学习其他岗位的业务知识和业务技能。通过交叉培训，可以使员工一专多能，既丰富了员工的工作内容，又有利于部门内部或部门之间的

人力调配。

4) 岗位练兵

参加店内或业内举行的业务比赛，按照比赛要求，在规定时间内高质量地完成考核任务。岗位练兵是鼓励客房服务员提高技能的好方法，通过岗位练兵可以帮助改进操作方法，鼓舞员工士气，达到共同学习、取长补短的目的。

另外，发展培训是对在酒店从事管理工作的人员或有管理潜能的员工，以及即将从事管理工作的人员的培训。发展培训的目的是培养管理人员和业务骨干。

## 3. 根据客房员工的表现和员工的个性特点进行考核和激励

激励员工工作的方法运用得当，对于做好人力资源管理工作来说具有重要意义。激励的方式有正面激励和反面激励。

正面激励就是采用表扬、奖励、升迁及信任等积极手段，去奖励和鼓励员工的工作热情。正面激励主要有目标激励、情感激励、模范激励、体验激励。

反面激励是用批评、惩罚、处分等行为控制的手段，使每个员工都能恪尽职守。

### 课堂讨论

1. 酒店客房管理是不是就是对客房员工的管理？
2. 酒店需要什么样的员工？
3. 对客房员工进行培训具有什么意义？
4. 员工需要什么样的激励方式？

### 体验练习

模拟酒店客房部领班，做一次员工培训。

### 案例分析

刘某大学毕业就应招到了深圳一家高星级酒店工作，这几年里他在工作上任劳任怨，曾做过前台接待员、收银员、客房预订员和夜班审计员，现在做客房主管。在和其他员工接触时并没有自认清高，而是平易待人，大家都很喜欢和他交往。客房部经理也很欣赏他。一天下午，客房部经理请刘某到办公室对他说："我已经被安排到另一家酒店工作了，酒店决定由你来接替我担任客房部经理。"这件事令刘某感到意外。客房部经理将工作的大概情况向刘某做了介绍，并且强调，她相信刘某能够胜任这个职位，还告诉刘某，新的岗位肯定需要他付出更多的精力，他的报酬也会随之增加。刘某说："我非常喜欢在客房的工作，而且我也特别感谢您和酒店为我所做的一切，可是我担心，一旦我接受了客房部经理这个职务，不知道自己是否能承担起这份责任。"

刘某委婉地对经理说出自己不太想做客房经理的想法，听了他的话，经理皱了眉头，有些不高兴，她直截了当地问道："你该不是告诉我，你不想做吧？"刘某觉到他与经理的谈话要陷入僵局。经理的反问使他有些不安，他担心她得出的结论会对自己不利。刘某对经理说：他可不可以明天见面时再详细谈谈这个问题。一听到刘某这样说，经理觉得刘某并非想拒绝这次提升。就这样，他们约定第二天的早晨在经理的办公室见面详谈此事。

### 案例思考题

1. 如果你是刘某，会怎样面对这样的情况？
2. 运用已学过的知识谈一谈你从这则案例中受到了哪些启示？

### 资料借鉴

## 波特曼丽嘉：亚洲最佳雇主的成功之道

上海波特曼丽嘉在对员工承诺的第一条写着："在丽嘉，我们的绅士和淑女是对客服务中最重要的资源。"这也是波特曼丽嘉处理一切员工事务的精髓之所在。

正是在这种理念的指引下，这家五星级酒店的员工满意度多年保持在95%之上，其员工流失率在业内也是最低的。

在酒店行业里，丽嘉的招聘条件是出了名的严谨。它选用的员工既要拥有从事不同岗位所需的特殊天赋，其个性与价值观也必须与丽嘉文化相符合。只有同时具备了这两方面，员工才会真正找到归属感。为了达到招聘的这一目标，每一位进入波特曼丽嘉的员工在经过最初的一轮面试之后都必须做 QSP(Quality Select Process，质量选拔程序)测试，衡量这些应聘者的价值观和态度与公司是否契合，然后才有资格会见部门总监，进入下一轮的专业面试。每一套 QSP 会根据部门、级别的不同而有各自的内容和侧重点。例如，销售经理就需要有良好的沟通和表达能力；但如果是后台领班的话，考察的重点就是组织能力和帮助员工发展的能力。

保证充足的培训时间。波特曼丽嘉让员工感到满意的另一个重要方面，正是酒店为他们未来的职业发展考虑，让员工看到自己光明的前景。波特曼丽嘉在员工职业发展上的首要措施就是保证他们充足的培训时间。波特曼丽嘉的员工基本守则里有一条是：所有员工都必须圆满完成其工作岗位的年度培训课程。酒店拥有一套非常全面、完善的培训体系，保证每一个员工一年有 150 个小时左右的培训时间。这一数字超过了任何其他的"亚洲最佳雇主"。

尽量选拔内部人才。在领班、主管、经理这一级别上，波特曼丽嘉几乎从来不考虑外聘，而是选择内部提拔。每年都有超过 100 位员工可以在原来的岗位上得到提升。即使对那些一时表现不好的员工，人力资源部也会仔细探求背后的原因：看看是因为最近家中有事使他(她)

无心工作，还是由于知识技能的缺乏导致他(她)无法胜任工作，抑或是他(她)主观上就不愿意做这个工作。经过客观的原因分析后，人力资源部再分别有针对性地采取措施来加以解决。

波特曼丽嘉的文化要求酒店尊重、关怀每位员工，但无疑也期望他们都能够达到酒店要求的高水准，并做出最好的贡献。员工在举止、行事上出现偏差时，酒店首先不会责备他(她)，而是向他(她)明确酒店标准并引导他(她)改正。如果有需要，还可以为他(她)调换工作岗位。总之，在波特曼丽嘉，员工有很多机会去改进自己的工作。

## 资料分析

1. 请你谈一下企业理念对员工培养的影响？
2. 从人力资源管理角度，波特曼丽嘉酒店的成功给你哪些启示？

# 测 试 题

1. 在培训中，利用受训者在工作过程中实际使用的设备或者模拟设备以及实际面临的环境来对他们进行培训的方式是(  )。
   A．网络培训法　　　B．角色扮演　　　C．工作模拟法　　　D．案例分析法
2. 下列选项(  )不属于小组领班每日工作检查核准的内容。
   A．病假和事假　　　　　　　　　　　B．迟到或早退记录
   C．仪表仪容　　　　　　　　　　　　D．个人爱好
3. 下面培训方法中不属于在职培训的方法是(  )。
   A．学徒培训　　　　B．辅导培训　　　C．工作轮换　　　　D．案例分析法
4. 对受训人员在接受培训后工作行为变化的考察，反映了培训评估中对(  )的评估。
   A．反应层　　　　　B．结果层　　　　C．行为层　　　　　D．学习层

# 第8章 客房服务质量管理

【本章概要】
1. 服务优化管理的原则
 (1) 什么是服务优化管理;
 (2) 服务优化管理的原则。
2. 服务优化的质量控制
 (1) 搜集与管理服务信息;
 (2) 确立服务程序、质量标准。

【本章目标】
学完本章以后,学生将具备以下能力:
 (1) 对服务优化有一个全面的认识;
 (2) 明确服务优化管理的原则;
 (3) 了解服务优化质量控制的依据;
 (4) 掌握如何才能做好服务优化质量控制。

在酒店快速发展的现今社会，令客人满意是酒店追求的共同目标。如何令客人满意，我们应该为客人提供怎样的服务，是酒店在经营过程之中需要认真探索的课题。酒店基本的规范化服务，可以让客人感觉到酒店管理的系统性，服务细节的整齐划一。但是仅有规范化服务还是不够的，因为客人的需求是动态的，因此一些发达国家又提出了个性化服务(Personalized Service，Individualized Service)，即根据客人的个性化需要来采取灵活的服务。

> **微型案例**
>
> **什么是顾客满意**
>
> 在现代商业社会中，怎样做到令顾客满意，已经成为一门非常高深的学问。
>
> 因为顾客认为，他们付出了金钱，就应该享受同等价值的质量和服务。据专家调查结果显示，询问刚在酒店消费完毕的顾客"你满意吗？"，即使酒店的服务做得很好，也会有百分之八十五的顾客都会回答你"没有不满意"。顾客认为在酒店享受到的一切，都是他们应该得到的东西。除非你给顾客意外的收获，也就是说顾客付出金钱，去买服务与享受时，超出顾客的期望标准，这种获得就是惊喜。
>
> 管理专家说："顾客没有不满意，就等于不满意。"是因为这些客人对你所出售的服务没有较大的认同，顾客会"见异思迁"，当有其他消费选择的时候，顾客就会离我们而去，去顾客期望最值得消费的地方，久而久之，我们的顾客会越来越少。

# 8.1 服务优化管理的原则

在服务中我们常听到这样的对话，客人说："服务员，还是让我们自己来吧。"而服务员却说："没关系，女士。这是我应该做的，还是让我来做吧，这也是酒店的规定。"无论客人态度多么柔和，语气多么委婉，客人的需求没有得到满足，服务就是失败的服务。在酒店服务中这种情况是非常多见的。

在规范化服务基础之上的个性化服务要灵活得多，服务员主动预测客人的需求，预见客人的心理需要，体现了服务的主动性。但是不是观察到、了解到客人的特殊需要、特殊习惯，记录下来，并建立客史资料，就可以满足客人的这些非常"个性化"的需要了呢？客人就一定满意了呢？

【参考视频】

## 8.1.1 服务优化管理的概念

当客房员工了解到客人喜欢躺在床上看书，喜欢一天换一双拖鞋，喜欢房间的温度偏暖一些的时候，接下来就会根据了解到的信息开始对客人的个性化服务过程。试问服务员在做这一项服务之前，对服务的评价是要求"做对"还是"做好"呢？预期目标不同，客人的满意效果也就不一样。

因此，创服务优化管理就是要培养员工在为客人提供规范化、个性化服务的基础之上，努力为客人创造惊喜服务，终极目标不是把服务做对，而是要把服务做好。

## 8.1.2 服务优化管理的原则

"细节决定一切"，这是做好酒店工作的最基本的一项要求。服务优化的关键也是细节，最能令客人惊喜的还是细节。美国管理专家费拉尔·凯普认为：不要忽视细节，差距从细节开始，1%的错误可能导致100%的失败。要达到服务优化，酒店在管理中就要遵循以下原则。

### 1. 提升员工的综合服务意识

"天下大事，必做于细——从改变观念着手"充分体现了提供服务者观念意识的重要性。因此，要激发员工的主人翁意识，培养他们的团队合作精神和奉献精神，对酒店产生归属感和自豪感，全面提高员工的综合服务意识。没有积极对客服务意识就不会有服务的优化，如果员工把工作只当成任务来完成，只要完成就行了，没有要做好的愿望，酒店的服务质量就不会有提升，员工也不会对工作产生热情和荣誉感，相反，员工的抵触情绪和反抗情绪也会随之增加，这是任何酒店都不想看到的。因此，酒店要培养一支具有强烈服务意识的优秀服务人员队伍是酒店服务优化的根本。

### 2. 力争做到服务工作的完美化

要做到对客服务优化，不仅要求客房员工了解客人需要什么，能从客人的眼神、表情、手势、仪态、语气、行为习惯分析出客人的喜好，为客人提供相应的服务(图8.1)。同时要力争了解客人对服务的期望，用近乎完美的方式给客人以惊喜，这才是酒店服务追求的目标。当客人的期望与感知一致时，仅仅是基本满意；当客人的感知超出期望时，就会认为服务质量很高；当没有达到期望时，客人就会很失望，甚至愤怒。

图 8.1　服务工作

随着社会的发展进步和经济生活水平的提高，人的需求也越来越追求多样化、个性化和完美化，这就给服务创新带来了很大的挑战，要求员工在服务中充分发挥他们的聪明才智，来创造新的服务、新的理念。如一位商务客人因业务往来需要和政府有关部门联络，但一时无法联系上，得知客人初来本地，人地生疏，酒店就凭着自己的关系网多方查找，终于帮助客人解决了困难，达成了客人的心愿，客人甚是感激。本来是酒店可以不用做的事情，但酒店提供了额外的帮助，这就使服务做得更加完美。再比如，传统的客房开夜床服务是折起棉被的一角以方便客人，而一些酒店则努力做到将白色睡衣代替棉被掀起的一角，睡衣的腰带卷成可以区别客人性别的玫瑰花瓣，同时在床上放置晚安卡，这项大胆的创新充分地体现了酒店对客人的重视程度和良苦用心。

科技在客房中的应用也大大方便了客人，使服务更加完善、信息传递更加快捷。比如一些高星级酒店通过电脑电视系统，由客人自行选择和处理个人留言、消费账目查询、结账、叫醒服务、客房送餐和VOD(客房视频点播系统)，非常方便快捷。

### 3. 营造客人满意与酒店经营双赢

"金钱有限，服务无限""细节的变化，更能体现观念上的更新和进步"。周到细微的服务可以令客人满意、让客人感动，加强客人对酒店的认同感和信赖感，并成为酒店的忠实顾客，由此提高了酒店的信誉度和知名度，大大扩展了酒店的客源市场，为酒店带来了良好的经济效益。比如当客人遇到困难向酒店寻求帮助时，对于超出范围的服务要求酒店完全可以婉言拒绝，客人也会表示理解；若可以满足客人需求，则会带给客人带来惊喜，对酒店大家赞赏。从酒店角度来看，增加额外服务可以延长产品线，不但不会增加成本开支，还可带来经济效益，获得客人的认可。

酒店服务追求的是在客人满意最大化的前提下，达到企业经营效益的最大化，从而达到双赢，即为客人创造价值，又为酒店创造效益。如果酒店的服务非常到位，令客人满意，可是服务成本过高入不敷出，不能盈利，不能保证酒店正常运转，最后还将以失败告终。因此，酒店的经营是在保证经济利益基础之上的服务优化。

---

#### 小资料

## LOVE式服务——像对待"爱人"一样对待客人

酒店服务业最早的做法是视顾客为上帝的"佣人式服务"，而现在有个别酒店管理者大胆探索"LOVE式服务"，视顾客为"爱人"，让顾客享受到超值的量身定制服务，在大大提升自身品牌的同时，也引起业界的关注。

"和客人谈恋爱"

当新娘打开酒店为其准备的婚房房门时，眼前的景象让她张大了嘴巴：墙上红彤彤的"喜"字，成串的中国结，桌上自己喜欢的鲜花水果，床上和浴缸内用玫瑰花瓣组成的心形图案……一片温馨浪漫。

为企业贵宾营造带有企业文化的行政套房，感受到"家"的惊喜感受。当进入房间，看到的是最爱的书籍杂志、正合自己口味的食物、特备的饮品、用玫瑰花瓣粘贴成的企业标志甚至是家人的全家福……

从"满意"到"满溢"

"LOVE式服务"就是倡导在日常的经营与服务中，视客人为爱人，用真心去付出，像对待约会一样对待每一次服务，努力在每一次"约会"中都给客人制造惊喜和感动。这是一种更为亲情化、个性化、人性化的绅士淑女型的优雅服务。

对于酒店业来说，竞争越来越激烈，消费者已不仅局限于生理上的满足，更希望得到独一无二、与众不同的精神的享受，佣人化服务和亲情化服务都已跟不上个性时代发展的需求，只有顺应体验经济时代的潮流，在服务中为客人创造意料之外的独特体验，让客人的消费成为一次难以忘怀的体验经历，才能赢得客人的高度认可。

"LOVE 式服务"的理念不再满足于让服务达到客人生理感受和心理感受的预期值，而是追求一种更高层次的服务效果，即力求通过精心的服务设计，高素质服务人员的用心和真情服务，以及富有内涵的环境或耐人寻味的活动，让服务超出客人的期望值，实现生理感受和心理感受上从"双满意"到"双满溢"的超越，从而为客人留下深刻难忘的记忆。

# 8.2 服务优化的质量控制

客房对客服务的工作项目和环节多，服务随机性强，客人对服务的评价标准不一。在按时、按质、按量完成了酒店规定的服务规范的同时，又要及时、准确地完成超出客人预想服务之外的创优服务，这就对员工提出了更高的要求。为客人营造温馨的"家外之家"、舒适的"第二办公室"，就要对服务优化进行质量控制。

## 8.2.1 搜集与管理服务信息

服务信息的收集是提高客人满意度、提升服务品质，从而达到顾客满意经营目标的关键所在。征求客人对服务质量的意见是改善客房服务质量的重要途径。要搜集到服务信息，了解客人的真实想法，调查方式又被客人接受是非常不容易的一件事情，所以酒店会选择多种途径来实现。

### 1. 搜集客人需求信息

1) 顾客意见调查表

这是被酒店广泛采用的一种获得信息的方式。其具体做法是将设计好问题的意见征求表格放置于客房内，由客人自行填写，酒店定期收集汇总，见表 8-1。

表 8-1 "顾客意见调查"优缺点对比表

| 优　　点 | 缺　　点 |
| --- | --- |
| (1) 信息的提供完全由顾客自愿进行，是对顾客打扰最少的一种调查方式<br>(2) 信息收集的范围广泛，几乎所有的客人皆很容易取到此表<br>(3) 信息可以由顾客在没有任何酒店工作人员在场的情况下提供，客观性比较强<br>(4) 放置于客房内的意见调查表往往列明了整个酒店主要的服务项目，获取的信息量比较大 | (1) 顾客对此种方式太过司空见惯，再加之某些酒店对于顾客意见的消极态度，使顾客提供意见的热情大大降低<br>(2) 设计的项目烦琐，不便于填写<br>(3) 内容太笼统，反映不出具体问题。顾客往往也没有直接给出具体的服务细节，故而核实的难度比较大<br>(4) 调查信息的准确性及收集的频率会受到客人情绪的影响 |

有关调研资料显示，酒店宾客意见的回收率极低，有些酒店甚至一个月收不到一份"宾客意见调查表"。国际酒店业做过专门的调查后发现，绝大多数不满意的客人是不提意见的。只有刺激到一定程度的极度不满意和太过满意，太感激的客人，才会填写"宾客意见调查表"和投诉。

2) 电话调查

电话调查可以单独使用，也可以结合销售电话同时使用，或拜访慰问客人而使用。有些电话调查是根据设计好的问题来进行的，有些电话调查的自由度与随意性比较大，如公关部经理打给老顾客的拜访电话，见表 8-2。

表 8-2 "电话调查"优缺点对比表

| 优 点 | 缺 点 |
|---|---|
| (1) 如果时间允许而且顾客与酒店关系较好时，可以与顾客谈到比较深层次的问题，更详细地了解顾客的想法<br>(2) 效率比较高，节省调查费用 | (1) 对客人的打扰比较大，有些顾客可能不耐烦回答调查者的问题<br>(2) 调查的准确性受调查者主观愿望与素质的影响很大，对调查者的能力要求较高。由于只能凭声音沟通，有时会误解对方的意思，或对对方的表述理解不深 |

3) 现场访问

现场访问是获得顾客意见的一种最重要的调查方法，其做法是抓住与顾客会面的短暂机会尽可能多地获取顾客的意见(表 8-3)。如对特殊敏感群体(会议的组织者、旅游团导游等)的现场访问；对 VIP 客人在迎来送往中的现场访问；客房部经理每日选择几间客房，带上名片、鲜花对住客进行拜访，同时给予回答问题的顾客一定的纪念品或折扣上的优惠。客房部经理可定期或不定期地拜访住店客人，增进与客人的感情交流，了解客人需求，发现客房服务中存在的问题，及时改正。

表 8-3 "现场访问"优缺点对比表

| 优 点 | 缺 点 |
|---|---|
| (1) 最大优点在于它就发生在服务与消费的现场，顾客对服务产品的印象还十分鲜活、深刻，往往能提出一些平时被忽略但又十分重要的细节问题<br>(2) 是与顾客建立长期关系、维持顾客忠诚的一个重要方法，尤其是在顾客感到受到特别的礼遇或顾客反映的问题被很好地解决时 | (1) 由于时间条件所限，往往不能全面、深刻地展开调查。收集到的信息不易保存。若没有一套科学的信息收集、反馈系统，很可能随着访问人的遗忘而消失得无影无踪<br>(2) 现场访问掌握得好，是一种沟通感情的方法；若掌握得不好，就变成了一种打扰。因此，一定要掌握好一个"度" |

4) 员工信息反馈

国际上流行的、行之有效的员工反馈系统充分反映了国际酒店对员工信息的重视程度。一位基层的员工肯定比管理者更经常地听到类似这样的信息："你们的毛巾太硬了，用得不舒服""房间空气太干燥"。员工往往得到许多的宾客信息、想法与建议，如能通过科学的渠道加以收集、反馈，得到上级管理人员的重视，其效果将是十分显著的，见表 8-4。

管理者要培训员工学会收集信息，对信息要有敏感性，使之成为员工工作的一个组成部分。另外酒店要从制度上提供保证，建立一个快速反馈机制。

表 8-4 "员工信息反馈"优缺点对比表

| 优　　点 | 缺　　点 |
| --- | --- |
| 一线员工是与宾客接触最多、对宾客的需求及满意情况最为了解的人，他们的信息来源最丰富、最快捷、最直接、最可靠 | 往往会带有个人感情意识，因为和自己工作相关，不愿暴露自己的工作缺点 |

【拓展阅读】

## 2. 酒店服务信息的表达

客人在酒店消费需要了解很多的信息，酒店会将要表达的信息通过合理的渠道传递给宾客。

1) 主动告知

许多酒店对客服务中有这样的要求：百问不烦、百答不厌、百拿不怨。与客人相关的信息，酒店应主动地告知客人，否则让客人提问本身就给客人带来了麻烦。

如同行人员租用酒店几间客房，往往不清楚其他人员的房间号，很容易记错。为方便同行人员的联系，可以做一张"同行人员住房表"放入客人房间，以方便客人相互联系。

2) 要关爱客人

不论是口头还是书面表达的信息，都应从关爱客人出发，这样才能拉近与客人的距离，让客人理解我们的客房服务工作(图 8.2)，从而包容服务过程中的过失。如室外寒冷，要主动询问客人对房间的温度感觉怎么样，是否需要把温度调得再暖和一些；为客人送欢迎茶服务时，茶水水温较高，就要提醒客人"水热，请慢用"。

图 8.2　客房服务工作

### 小资料

细致服务是在个性化基础上发展起来的，是根据不同类型的客人，将个性化服务落到实处。服务的过程中注重细微，关注细节，想客人之所想，想客人之未想，及时发现并满足宾客的潜在要求，达到提高宾客满意度和对酒店的忠诚度，实现酒店经济、社会效益双赢的目标。那么如何做好客房的细致服务呢？

1.了解客人兴趣爱好

"投其所好"的服务是在规范服务基础上的升华，是让客人对酒店产生信任和认同感的有效手段。因此，服务人员应该在工作中眼观六路、耳听八方，及时发现并准确判断出客人的兴趣爱好，为客人提供恰到好处的服务。

1) 眼观六路，洞察客人兴趣

客人的兴趣爱好多种多样，服务员要善于发现，做好针对性的服务并及时进行记录，若客人再次入住时就可预先放置这些用品。一位客户入住了长沙某五星级酒店，客户曾提到他回房间时，客房内已经放好了他爱看的报纸和一杯常喝的茶，令他非常意外和感动。

2) 耳听八方，捕捉客人爱好

要做好客房细致服务，不仅要善于"看"，还要善于"听"，通过与客人的交流发现客人的爱好，并为之提供相应的服务。例如，当了解到某位客人平时喜爱吃某类水果或常饮某类酒水饮料时，在每次给该客人送水果或赠送酒水饮料时，适当加入客人喜爱的品种。

2. 尊重客人的生活习惯

客人房间任何一点细小的变化和摆设都可能是服务员发现客人生活习惯的载体，而根据客人生活习惯提供个性化服务无疑会让客人感受到不一般的惊喜。通过对客人历史档案和日常服务中的观察，了解客人的生活习惯，主动为客人提供个性化服务，让客人被尊重的需求得到最大的满足。

1) 根据客人意愿调整客用品的配置

客房内的客用品摆放都有一定的规范，摆放的原则是让客人使用方便。有些客人根据自己的习惯会对客用品的摆放做一些调整，服务员要尊重客人的意愿，而不必按规范恢复。

有的酒店规定客房电视一律调在中央台一套，这对国内客人是可以的，但如果根据客人国籍来调整电视频道，效果会更好一些。客人居停第二天，服务员只需检查电视机能否正常使用，无须按规范调节频道及音量。

如果客人是"左撇子"，服务员应主动按照客人的习惯将房间客用品向左摆放，如"夜床"开在床的左侧，遥控器放在电视机的左侧，卫生间的物品盘及面巾纸摆在洗脸台的左侧，衣架也挂在衣柜左侧等。

房客用品配备有一定的数量标准，但根据客人需要可以增减。如果住客是一位穆斯林信徒，应及时撤出房间酒水；如果客人在房间办公或有写信的习惯，应主动增加信纸、信封；如果客人常泡某种茶，服务员在每次补充茶包时，应适当增加此种茶包的配备量等。

2) 根据客人要求安排清扫时间

每位客人作息时间不一，清扫客房时一定要根据客人的需求，事先征求客人的意见。例如，某酒店住了一位英国来的工程师，他习惯于晚上办公，上午睡觉，楼层服务员按照惯例上午进房清扫，客人很不满意并提出下午来清扫。到了第二天，另一名服务员上午又去敲门清扫房间，英国客人十分恼火，当天中午就离开了该酒店，换到了另一家酒店。如果客人有午睡的习惯，每天都应在中午前优先整理好该房间，同时开好夜床，以便客人午休。

3) 根据客人情况调整服务规范

服务规范是根据客人共性需求制订出来的，但遇到具体客人时还是要变通。例如，客房部员工要养成敲门进房的习惯，一定要敲三次。但遇到空房、走客房，是否还要按规范去敲门呢，答案是肯定的，也必须敲门，但可以减少敲门次数。按规范服务员把客人引领进房时，应向客人介绍客房的设备、设施，但如果是常客就可以不用介绍了。

## 8.2.2 确立服务程序、质量标准

### 1. 设计科学合理的服务程序

服务程序是酒店将每个服务步骤和环节进行合理的设计，为宾客提供的一系列服务的总

和。这些步骤和环节有些宾客能感知到,有些宾客感知不到,但总会让宾客对服务质量产生反应并做出评价。因此,要提高服务质量,就必须研究服务程序的每个步骤、每个环节。如查退房可能是国内酒店所特有的服务项目,这个程序客人并不能身临其境,但客人能感知到退房的速度,他的要求是便捷和高效。酒店如果能改进查退房服务程序,实现快速查房,就能明显提升宾客的满意程度。一些高星级酒店在充分信任宾客的基础上,设计出免查房工作流程,即酒店授权给部门一定免查房损失额度。前台员工充分相信退房客人的申报,即予以结账,这样一来就缩短了查退房的时间,大大提高了客人的满意度。

## 2. 明确质量标准

1) 服务设施、用品标准

包括设施和用品的质量、数量、状态标准。它是对硬件方面控制的有效方法。例如,在质量、数量上,四星级酒店要求每间客房备一个冰桶(配夹);状态上要求提供 24 小时的冷热水服务。

2) 服务规格标准

针对不同类型的宾客制订不同的服务规格标准。如长住客人的房间,按照客史档案记录布置房间;贵宾房间除放置鲜花、水果外,级别不同还要布置其他不同的物品。

3) 服务状态标准

是对服务人员言行举止的标准。如华天大让酒店客人满意的标准是"一步之内微笑,二步之内问候,三步之内预测客人的需求并提供相应的服务"。

4) 服务程序标准

是对服务项目的操作要领和质量的要求,即在服务操作上先做什么、后做什么,达到什么样的质量标准。该标准是做好服务工作的保证。如送茶水服务程序、擦鞋服务程序、洗衣服务程序等。

5) 服务效率标准

是对客服务的时效标准,这项标准是保证客人能得到及时、快捷、有效服务的前提条件。各项标准的制订,要视酒店的具体情况,并有专业管理人员的参与。

操作熟练的客房服务人员的服务平均速度应达到以下水平。

(1) 住客房清扫:20~25 分钟。

(2) 走客房清扫:30~40 分钟。

(3) 空房清扫:5 分钟。

(4) 查退房:2 分钟。

(5) 中式铺床:3 分钟。

(6) 开夜床服务:5 分钟。

(7) 送租借物品服务:8 分钟。

(8) 擦鞋服务:30 分钟。

(9) 加床服务:15 分钟。

(10) 管理人员查房:2 分钟。

> **小·资料**
>
> **客房物品该怎么摆放呢？**
>
> (1) 房门挂牌"请勿打扰"和"请即清理房间"为正面挂于门锁反锁上。
> (2) 窗帘、纱帘、厚帘按要求拉好、垂直。
> (3) 床头柜上的物品摆放。
> 所有物品距床头柜上线 5cm，摆放要整齐。电话放在左上角，距左侧线 5cm，电话线顺畅，无拧劲儿；中间上方为环保卡，下方为电视频道表，电视摇控器压在频道表上；便签夹放在右上角，距右侧线 5cm，夹内信封和铅笔有店名字样的一面向外。
> (4) 电视位置要端正，频道要齐全。
> (5) 茶几上的物品摆放。
> 茶几上放有一烟灰缸，装满火柴的火柴盒置于烟灰缸内，店标向上，无划痕；如果为客人上水果，则要求放在茶几上方中心，距茶几上线 5cm，两侧分别为果皮碟与口纸碟；口纸叠成两折放在口纸碟上，刀叉放在口纸上，左叉右刀。
> (6) 小吧台上物品摆放。
> 电水煲放在有插座的一侧，另一侧放两个茶杯，杯把朝右，茶杯前方中间放一茶叶盒。小食品等按品种、数量、规格摆放齐全，商标向外。
> (7) 写字台上的物品摆放。
> 台灯放在写字台左前方，服务夹放在台面正中(夹内物品为：信纸、信封、服务指南、客房物品损坏赔偿价目录，客人意见反馈表、价目表、酒店简介、圆珠笔、针线包等)。所有物品要摆放整齐。
> (8) 卫生间的物品摆放。
> 两个带封套的漱口杯并列外放在一边台角，两个带封套盒的牙膏、牙刷套装并列斜放在杯前，与杯平行；洗浴液和洗头液各两瓶或两包一字形排列斜放在另一边台角；小香皂两块放在香皂碟里，香皂碟摆在洗浴液和洗头液的中间。
> 面巾两条，三摺成长条形，店徽向外，并列挂在毛巾挂杆上，与面巾下沿平齐。方巾两条，三摺成长方形，店徽向外，并平放在云石台面上；地巾一条，全打开，平铺在浴盆外边沿或是折叠挂放在浴室玻璃门把手上，店徽向外；浴巾两条，先三摺成长条形，然后三摺成长方形，店徽向外，并列平放在毛巾挂杆架上。
> 卫生纸一卷打开包装纸装进坐便器边墙上纸架盒里，拉出纸端摺梯形露出压在盒盖下；贵宾清洁袋袋口向右，标志向上，放在坐便器水箱盖面的中间、卫生卷纸下。

# 本 章 小 结

懂管理、会服务是一个成功酒店的秘诀，良好的管理文化是酒店制胜的关键，创优服务则是酒店长盛的命脉，提供优质服务的酒店将拥有更强大的获利能力和更迅猛的增长势头。

## 课堂讨论

1. 如何理解"客人永远都比员工更了解酒店"？
2. 可以从哪几个方面对服务优化进行质量控制？
3. 如何搜集有效的服务信息？

## 体验练习

走访几家高星级酒店，搜集客人对酒店服务质量的评价并进行汇总，形成服务优化质量控制的策划方案。

## 案例分析

### 微 笑

小王刚毕业，便应聘到深圳一家很有名气的四星级涉外大酒店的餐饮部当服务员。她十分珍惜这份来之不易的工作，一直表现得很出色。

一天晚上，有位港商客人单独要了一间房，拒绝了其他的一切服务生，指名道姓要小王去为他调送一杯咖啡。当时，小王正为其他几位贵宾服务，忙得脱不开身，等轮到去那位港商客人那里时，按他约定的时间已经迟延了 20 多分钟！小王小心翼翼地把咖啡给客人调好送去，并面带微笑地说："先生，首先感谢您对我的欣赏和信任。但由于暂时没能抽出身来，耽误了您的时间，我感到非常抱歉！"这位港商却不领情，把左手一扬，正好碰到小王双手捧着的咖啡杯，杯里的咖啡溅了小王一身。可他却视而不见，指了指手表说："多长时间了？像你这样服务，还像个四星级酒店吗？"

小王知道今天遇上了找碴的客人，接下来的时间里，小王就更加全心全意地为他服务，不敢有半点马虎。他要什么，小王就给什么，动作十分麻利，语言也特别温柔细腻。尽管他一点也不合作，仍旧一副怒气冲冲、财大气粗、出口伤人的姿态，小王都毫不介意，始终挂着一脸甜美的微笑。他说英语，小王就用英语配合；他说粤语，小王就用粤语交谈；他说普通话，小王就用普通话与他沟通。尽管他的发音不准，产生了歧义，小王都把责任揽到身上。因为小王知道，顾客永远是对的。

他的态度冷漠而傲慢，临走的时候还问："有意见簿吗？"小王心里一沉，知道他还是不能原谅自己，要投诉。如果遭到他的投诉，小王就完了！小王这 3 个月来的努力就全白费了！但是，出于职业道德，尽管内心十分委屈，小王还是表现得非常有礼貌，仍然面带微笑地双手呈上意见簿向他真诚地说："请允许我为您莅临我们酒店表示感谢，更为我今晚的服务不佳再次表示深深的歉意。您有什么意见和看法尽管写上去，我会欣然接受您的批评。如果您还能给我一次机会，我一定能打动您！"

那位港商听了小王的话，久久不动。小王分明看见他冷冷的眼睛里绽出了一丝暖意，但仅在几秒钟后，就消逝得无影无踪了。他最终还是提起笔写下了他的意见，而且措辞十分严厉，指责小王笨，素质低，不称职！小王欲哭无泪。下班后，小王把这一晚的遭遇向姐妹们讲了，她们都为小王感到愤愤不平，要小王把那位无情无义的港商的意见撕了。其实那东西就是做给人看的，哪个不是把顾客的表扬交上去，把顾客的意见撕了？如果不这样做，第二天也就是小王试用期的最后一天，就没有上班的必要了。

但是小王没有。小王反复思考了一个晚上，觉得撕掉顾客的留言是一种欺骗行为，那种弄虚作假的事小王坚决不干！不去上班也不行，只要没有宣布小王走人之前，小王就是酒店的员工，就应该为酒店出力。于是，第二天晚上小王像什么事都没发生一样投入到工作中去了。

第三天早会，小王一直忐忑不安。餐饮部经理宣布录用员工的名单中，果然没有小王的名字！几十道目光齐刷刷地投在小王的脸上，小王满脸通红，泪水直在眼眶里打转。就在大家都把注意力投向小王，小王还没有回过神来的当儿，经理又宣读了她的任命书，说是根据酒店总经理的特别提议，任命小王为餐饮部的领班！

什么？这是根据总经理的特别提议……小王懵了！同事们都懵了！接着是热烈的掌声响起，经久不息。

会后，餐饮部经理带小王去见了酒店老总，没想到，他就是那晚刁难小王的港商。他说："虽然你的综合素质表现得很不错，但真正能打动我的，还是你的微笑。那一脸甜美灿烂的微笑，你一共发挥了九次！特别是你的那种毫不矫情的、纯真的笑，简直可以击退我最后一道冷漠的防线！当时，我真想把我的批评写成表扬！"

**案例思考题**

1. 在服务行业，微笑的魅力是什么？
2. 这则案例对做好客房服务管理工作有哪些启示？

# 测 试 题

1. 客人来到饭店，会遇到一系列"满意还是不满意"的问题。根据对客人心理的分析，最重要的是（　　）。
 A. 要让客人对他自己更加满意　　　B. 要让客人对饭店的服务满意
 C. 要让客人对饭店的硬件满意　　　D. 要让客人对饭店的气氛满意
2. 客房服务员正确使用服务用语，要做到口齿清楚、语音适当，必要时可以（　　）。
 A. 用眼神示意　　B. 大声讲话　　C. 贴近耳朵讲话　　D. 配合使用手势
3. 台班服务员接听到客人住房信息或电梯铃响时，应（　　），等候客人。
 A. 迅速站到相应的位置　　　　　　B. 在值班室里
 C. 站立服务台内　　　　　　　　　D. 在客人入住房门前

# 第三篇　客房的重要接待工作

# 优化对客服务内容 第9章

【本章概要】
1. 夜床服务
2. 收送客衣
3. 租借物品服务
4. 托婴看护
5. 擦鞋服务
6. 访客服务
7. 加床服务
8. 拾遗处理
9. 小酒吧服务
10. 查退房
11. 管家服务

【本章目标】

学完本章以后，学生将具备以下能力：

根据规范的服务程序，为客人提供周到的夜床服务、收送客衣、租借物品服务、托婴看护、擦鞋服务、访客服务、加床服务、拾遗处理、小酒吧服务、查退房、管家服务，从而培养敬业、乐业的工作作风。

客房是客人外出时选择的临时居所，是客人的"家外之家"。客人希望在这里有和在家一样的温馨、惬意和熟悉，随手能找到自己需要用的物品，没有陌生感，不希望被打扰。因此客房布置是否合理美观、设备设施是否齐全、服务是否周到热情等，都决定了客人在这里是否能获得满足感。从调查来看，客人对服务质量是尤为敏感的，服务管理中的 100-1＜0 这个公式，充分体现了服务质量的重要性。近些年来，"服务质量提升"这一话题越来越引起人们的思考，我们的客人究竟需要什么？

### 微型案例

#### 服务在客人开口之前

一名优秀的服务员不仅要训练有素，能够为客人提供优质的服务，还要有充分的爱心，时刻将客人放在心上。不要等客人开口，就能预料到客人的需要，然后提供客人开口之前的服务，这才是优质的服务。比如说一位客人在上午开会时要了一杯白开水，下午当客人打开药包正准备要开水吃药时，一杯晾好的白开水早就准备在他的桌子上了。做到开口前的服务并不难，只是要求服务员有爱心，学会换位思考，掌握好服务的技巧和方法，真正把客人的需求当作自己的使命，心里抱着一个信念：我以服务为本，我在上班时间为客人解决的问题越多，我今天就越充实快乐；有强烈的职业自豪感和爱岗敬业的精神，在工作的时候随时不忘记自己的职业形象，自己是一个酒店人，就有酒店人的气质和风度；服务的过程中不卑不亢，把顾客当作朋友，而不是上帝，对待朋友真心诚意，切实为朋友解决问题。

客人提出要求以后我们尽力去服务时，我们是被动的，服务在客人开口之前，我们的服务是主动的，才能够为客人提供意外的惊喜，提供满意的服务，这才是我们服务的标准。

## 9.1 夜床服务

### 9.1.1 基础知识

#### 1. 开夜床服务的定义

夜床服务又叫"寝前整理"或"晚间服务"，主要包括做夜床、房间整理和卫生间整理三项内容。为宾客做好夜床服务可以使宾客感到舒适温馨、有回家的感觉，同时也是酒店服务质量的体现。

开夜床的最佳时间在 18:00—20:00。这个时间段是大多数客人外出用晚餐的时间，客人不在房内，做夜床服务就可以避免打扰客人又方便服务员工作。

## 2. 开夜床的几种情况

(1) 双床房住一位男宾时。以床头柜为准开靠近窗前区的一张床，如图 9.1 所示。

(2) 双床房住一位女宾时。以床头柜为准开靠近浴室的一张床，如图 9.2 所示。

(3) 双床房住两位男宾或两位女宾时。折角同方向开，如图 9.3 所示。

(4) 夫妇入住双床房。折角对开，如图 9.4 所示。

图 9.1　住一位男宾开床示意图

图 9.2　住一位女宾开床示意图

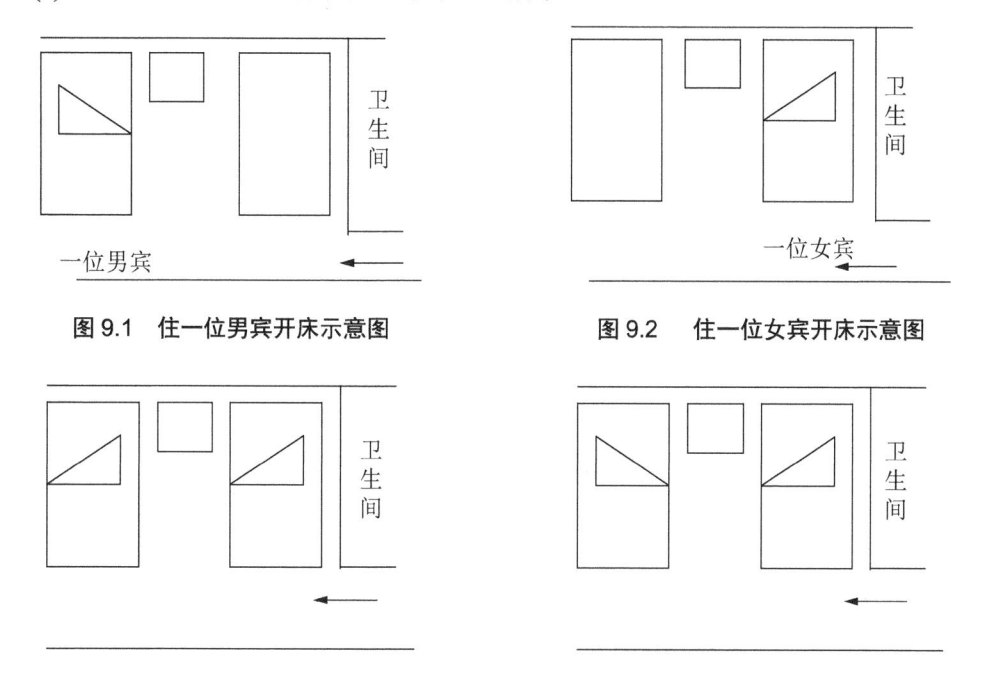

图 9.3　两位男宾或两位女宾开床示意图

图 9.4　夫妇房间开床示意图

## 9.1.2　开夜床服务程序

- 实训内容：开夜床服务。
- 实训目的：通过开夜床服务相关知识的学习，使学生能对开夜床服务的程序、要求有一个整体了解，能根据实际情况提供令客人满意的夜床服务。
- 教学方法：讲授法、演示操作法等。
- 实训场地：客房模拟实训室/酒店客房。

(1) 开夜床服务程序。

开夜床服务程序见表 9-1。

(2) 开夜床服务的注意事项如下所列。

① 客人在房间时，需敲门征询客人。因为有些客人对"开夜床服务"这一专业术语不是很了解，所以服务员可以这样问客人："晚上好，××先生/女士，现在方便为您整理一下房间吗？"

表9-1 开夜床服务程序

| 操作程序 | 操 作 要 领 | 操 作 要 求 |
|---|---|---|
| 敲门 | (1) 按进房程序进房，填写进房时间，将房门完全打开，挂上清扫牌，停好工作车<br>(2) 如房门挂有"DND"指示牌或亮有"DND"指示灯，应投入"提示卡"以提醒客人，并在工作表上做登记<br>(3) 如客人在房间，征得客人同意后方可进房；如客人不需要服务，要做好记录 | (1) 服务大方得体，敲门力度适中，眼睛注视门镜，遇到客人礼貌问候<br>(2) 开门后，收好磁卡钥匙以免丢失 |
| 房间整理 | (1) 清洁烟灰缸、清理垃圾。将烟灰缸里的烟灰等杂物倒掉后洗净并按规定放好；用垃圾桶收集台面和地面的垃圾并倒入清洁车的垃圾袋内，清洁垃圾桶并套上干净的垃圾袋<br>(2) 撤杯具。将客人用过的杯具撤出(客人自己的除外)<br>(3) 拉上遮光窗帘，并注意检查有无掉钩、脱道现象 | (1) 收垃圾时应检查垃圾桶内有无贵重物品，有无对环境有污染作用的物品及尖锐物品，如有应单独处理<br>(2) 窗帘应拉严至窗户居中位置，下垂皱折要均匀美观 |
| 做夜床 | (1) 开床。将靠近床头一边的被角向外折成30°或45°角，整理好床面开口处和折角部分，方便客人就寝<br>(2) 摆正枕头<br>(3) 打开床头灯<br>(4) 补充房间物品：<br>① 早餐卡放置在棉被折角上，早餐牌字面朝上摆放<br>② 晚安卡放在床头柜面正上方位置，印有"晚安(Good Night)"字样的面朝上<br>③ 将一次性拖鞋摆放在床头柜前开夜床折角处的地毯上<br>④ 补充茶叶、茶杯等<br>⑤ 如有加床，在这时打开整理好 | (1) 夜床的床面要平整<br>(2) 枕头要饱满，四角要坚挺<br>(3) 开床头灯时应注意：开哪一张床，就打开那一张床的床头灯；开双人床时，开靠近卫生间墙侧的床头灯 |
| 卫生间整理 | (1) 清理卫生间垃圾，清洗更换过的烟灰缸和杯具<br>(2) 清洁客人用过的面盆、台面、浴缸和坐便器<br>(3) 更换并摆放布草<br>(4) 补充所需物品。如有加床，需另增添一份客用品<br>(5) 把地巾铺在靠浴缸的地面上<br>(6) 浴帘底部放置在浴缸内，拉至浴缸的2/3处 | (1) 撤物品时要认真检查，不要将客人的物品撤出<br>(2) 注意清洁顺序，使用专用抹布，避免交叉感染 |
| 退出房间 | (1) 按规定将空调调节好，除门道灯、夜灯和床头灯外，关掉其余灯具<br>(2) 拔出取电牌，将房门关上并锁好<br>(3) 填写出房时间、补充物品等情况 | 关好房门，记录详细 |

② 做夜床服务时不能关闭房门，以免客人回来容易引起误会。

③ 房间如有访客，待访客离开后再开夜床。

④ 床上如有易碎物品，经客人同意移换位置后方可开床，如客人不在房间，可暂时不开夜床。

⑤ 一位客人的房间，每天要开固定的床位，不可同时开两张床，以免引起客人的误解。

⑥ 为贵宾做夜床时，要在放拖鞋的位置上先垫上地巾再放拖鞋，开完夜床后房内灯具不关闭。

⑦ 除按常规方式开夜床外，还应注意客人的生活习惯和个性化服务。

(3) 开夜床提供的创意服务。

开夜床服务用品摆放位置应安全、方便使用；新颖、卫生，突出个性化；整体美观，具有艺术美感(图9.5～图9.8)。

图9.5 夜床创意1

图9.6 夜床创意2

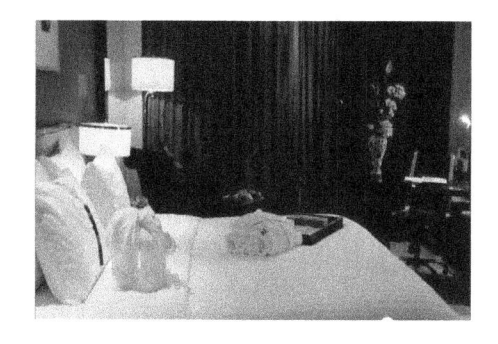

图9.7 夜床创意3

图9.8 夜床创意4

> **小·资料**
>
> 一份研究报告显示，客人在酒店客房里有一些基本的活动规律。以标准客房为例。
> (1) 选择靠墙一边床睡觉。
> (2) 躺着看电视。
> (3) 如果叫送餐到房间，90%客人有问题困扰。

(4) 进门后一定会查看冰箱。
(5) 喜欢把钱财藏在席梦思下面，而非保险柜中。
(6) 会拿起电话听一下，再放下。
(7) 如果坐便器盖覆盖，会掀起来看，但不一定会立即使用。
(8) 会打开水龙头放水。
(9) 会在房间望着天花板发呆一会。
(10) 喝了酒的客人不看电视，却发几个小时的短信。
(11) 客人可能会认为天花板上的烟感探头是隐蔽摄像头。
(12) 刚进房的客人最不愿意这个时候有人敲门。
(13) 刚进房的客人这个时候会被电话铃响声吓一跳。
(14) 客人进房打开电视，只会不停地翻转频道，不会观看。
(15) 高端客人会认为客房的电话反而不安全。
(16) 客人希望客房备有大短裤和汗衫，而非浴袍。
(17) 客人报复不合理的高房价是开着热水睡到天亮。
(18) 客人对廊道对面客房的警惕性高于隔壁房间。
(19) 除非不得已，客人是不会去行政酒廊的，那里的狭小空间更不方便。
(20) 现在的隐蔽式喷淋消防让客人认为是楼上报废的下水管接口。
(21) 下榻三天以内的客人几乎不会坐到写字桌前。
(22) 有不安全感的客人会开着全部灯和电视睡到天亮。
(23) 就算英文特别好，但不属于酒店人士，仍然不懂 Housekeeping 的意思。
(24) 客人有事会找前台或总机，很少找房务中心。
(25) 女客人出门会弄整齐床上被褥，男人永远不会。
(26) 客人很想把盥洗台上的小镜子取下，然后躺在床上欣赏自己。
(27) 许多客人把挂着的地巾用来擦干头发。
(28) 很多客人不相信直接饮用水，宁愿喝瓶装矿泉水。
(29) 贵重小提包一定放在床头靠墙里面。
(30) 如果没有服务员帮助，客人几乎不会填写洗衣单。
(31) 客人永远不自己动手熨烫衣服。
(32) 客人越来越找不到客房总开关。
(33) 客人越来越打不开电视机。
(34) 客人几乎弄不懂空调控制器。
(35) 客人总是在寻找遥控器，虽然一分钟前还在手上。
(36) 客人永远找不到藏在抽屉里的吹风机。
(37) 客人会把满满的烟灰缸里的烟灰倒进坐便器里，而不会倒进垃圾桶里。

# 9.2 收送客衣

## 9.2.1 基础知识

根据国家旅游局的规定,二星级以上的酒店必须为客人提供洗衣服务(图 9.9)。在对客服务中,洗衣服务是比较容易引起客人投诉的一项服务,所以提高洗衣服务的服务质量对提高客人的满意度具有很重大的意义。

### 1. 客衣收取

客衣收取有以下几种途径。

(1) 客人通知楼层客房服务员有要洗的衣服。

(2) 客人将要洗的衣服装入洗衣袋内,连同洗衣单一起交客房服务员。

图9.9 送洗衣

(3) 客人将要洗的衣服装入洗衣袋内,放在房间的床上或较明显的地方,也有放在卫生间门后的情况,客房服务员工作要仔细,在查房或清扫房间时取出。

收取洗衣时,应向宾客说明酒店的洗衣服务时间;普通服务当天 12:00 前收取的衣服,可在当日送回;12:00 后收取的衣服,次日送回;特快服务从收衣时起 4 小时内送回,但需加收 50%的费用。

### 2. 客衣送回

客衣送回通常由洗衣房服务员直接将客衣送回客房,或洗衣房服务员将衣物送至楼层,再由楼层服务员送回客房。

## 9.2.2 洗衣服务程序

- 实训内容:洗衣服务。
- 实训目的:通过洗衣服务相关知识的学习,使学生能按照洗衣的服务程序来提供服务,并培养学生灵活处理问题的能力。
- 教学方法:讲授法、演示操作法、小组讨论法、情景模拟法等。
- 实训场地:客房模拟实训室/酒店客房。

(1) 洗衣服务程序。

洗衣服务程序见表9-2。

表9-2 洗衣服务程序

| 操作程序 | 操 作 要 领 | 操 作 要 求 |
| --- | --- | --- |
| 收取客衣 | (1) 客房服务员在清扫房间时，应留意客人是否有待洗衣物，一旦发现，应立即收取，并进行查对<br>(2) 客房中心服务员接到洗衣服务要求的电话后，立即通知楼层服务员，服务员应在规定的时间内到客人房间收取客衣 | (1) 客衣收取及时<br>(2) 宾客未在洗衣单上签名，因不能确定客人是否需要洗衣，故不能收取，可给客人留言加以说明 |
| 检查客衣 | (1) 按敲门程序进入客房<br>(2) 当宾客在房间时，需提醒宾客将衣物内物品取出。如宾客不在房间，应仔细检查衣服的所有口袋<br>(3) 认真查对洗衣单填写是否清晰，衣物的数量与洗衣单上是否一致，是否有客人的签名，房号、干、湿洗要求是否清楚，检查口袋是否有物品等问题<br>(4) 发现问题，要及时与客人沟通，征求意见 | (1) 为防止洗后与客人发生不必要的纠纷，要严格检查衣服是否有损坏，纽扣有无松动或脱落，有无污渍、褪色或布质不易洗涤等问题<br>(2) 检查出来的钱和物，要及时送交给客人。客人如不在房间，要交给领班，由专人负责保管<br>(3) 切忌不可当着客人的面检查客人的衣袋里是否有物品，而要让客人亲自检查 |
| 交　接 | (1) 将客衣存放在工作间，在洗衣登记本上做好记录<br>(2) 通知洗衣房收取客衣，做好交接工作<br>(3) 如遇特殊情况，应立即报楼层领班处理 | (1) 注意不可将不同房间的客衣混放，衣物必须和洗衣单一同存放<br>(2) 交接无差错 |
| 客衣送回 | (1) 衣物洗好后，洗衣房人员将洗好的衣物在规定的时间内送回楼层，按楼层顺序放在客衣车内，与客房服务员当面核对，确保房号、数量准确无误<br>(2) 客房服务员尽快将洗衣送还给客人，如客人在房内，请客人查点洗衣，如客人不在房间，将挂件放于衣橱内，衣包放于写字台上，并给客人留言告知洗衣已送回 | 如果房门上有"请勿打扰"标志，则附上留言单，将洗好的衣物放在工作间妥善保管 |
| 做好记录 | 各班交接时，需做好洗衣交接工作，并在工作表上做好记录 | 准确、无遗漏 |

**小贴士**

(1) 清理住客房时发现客人有脏衣服未及时清洗，应主动帮助清洗并小纸条提示客人。
(2) 看到房间客人有未洗的衣服或未熨的可以给洗好熨好挂起来。
(3) 看到客人洗了的衣服滴水，可以到洗衣房甩干，再给客人晾起来。
(4) 给客人洗衣时，如发现有掉扣的应及时钉上。

(2) 洗衣单的填写。

洗衣单(表 9-3)的填写要确认"三准确"。

① 房号要准确。登记要看清，当面要问清，字迹要写清，与洗衣单要核对清。

② 件数要准确。不要把几份客衣同时交叉清点、登记，要逐份进行，注明"只""双""件"数量，以免混乱；检查洗衣袋内是否留有小件衣物；附带的小件物品(如腰带等)，要在洗衣单上注明颜色、形状、数量。

③ 客人要求要写准确。洗衣服务分普通和特快两种，服务员要根据客人的要求，在洗衣单上注明需用的时间。当客人特别要求某件衣服水洗，水温不要过高或冷水洗涤的要求时，均要认真登记，详细注明。

表 9-3 洗衣单

姓名_____   房间号_____   日期_____

| 项 目 | 干洗 | 件数 | 项 目 | 水洗 | 件数 |
|---|---|---|---|---|---|
| 西装(套) | | | 长裤 | | |
| 西装上衣 | | | 外衣 | | |
| 西装背心 | | | 衬衫 | | |
| 西裤 | | | 短裤 | | |
| 外衣(中) | | | 短裙 | | |
| 外衣(短) | | | 连衣裙 | | |
| 大衣 | | | 内衣 | | |
| 西服裙(中) | | | 内裤 | | |
| 西服裙(短) | | | 袜子(长) | | |
| 连衣裙 | | | 袜子(短) | | |
| 衬衫 | | | 手帕 | | |
| 羊毛衫 | | | 领带 | | |
| 羊毛衫(背心) | | | 短裤 | | |
| 晚礼服 | | | | | |

## 小·思考

**客人反映洗涤质量不好，不但不付洗衣费还要求索赔时，该怎么办？**

[参考答案]

应马上与洗衣房联系，说明客衣存在的问题，并重新进行处理直至客人满意。如确属洗衣房的问题无法恢复、挽回时，可视情况请示有关领导给予免交洗衣费，进行赔偿事宜的协商。

# 9.3 租借物品服务

## 9.3.1 基础知识

租借物品是客房部为客人提供的一项非常重要的服务项目，提供的品种和数量要和酒店的档次、服务水平相适应，同时酒店也要考虑到提供物品的种类要丰富一些，以满足客人的需要(图 9.10)。

常见的租借物品包括：万能充电器、加湿器、衣架、吹风机、电熨斗、针线包、熨衣板、婴儿床、加床、热水袋、剪刀、胶带、订书器、插排等。

图 9.10 为客服务

## 9.3.2 租借物品程序

- 实训内容：租借物品服务。
- 实训目的：通过租借物品服务相关知识的学习，使学生能够了解租借物品的程序和具体要求，能够快速准确地为客人提供相应的服务。
- 教学方法：讲授法、演示操作法、情景模拟法等。
- 实训场地：客房模拟实训室/酒店客房。

租借物品服务的程序见表 9-4。

表 9-4 租借物品服务程序

| 操作程序 | 操作要领 | 操作要求 |
| --- | --- | --- |
| 登记 | (1) 接到客人要租借物品的电话，问清租借的用品，在《客房楼层员工工作表》上注明租借时间、物品名称、房号等信息<br>(2) 填写租借物品单 | 记录准确 |
| 托盘送物 | (1) 用托盘将客人租借的物品送至客人房间<br>(2) 对一些特殊物品要向宾客介绍使用方法和性能 | 在规定的时间内，将物品送进客房 |
| 取回租借物品 | (1) 通过电话主动与客人联系，礼貌询问客人是否继续使用<br>(2) 征得客人同意后，前往该房收回租借物品 | (1) 注意语言技巧<br>(2) 检查物品是否完好<br>(3) 如果发现客人损坏或遗失租借物品，应向上级汇报 |
| 做好记录 | 在《客房楼层员工工作表》和租借物品单上注明此物归还情况 | 记录及时、准确 |

## 9.4 托婴看护

### 9.4.1 基础知识

托婴服务就是为住店宾客提供短时间照管婴幼儿的有偿服务。酒店一般不设专职人员负责托婴看护，此项服务大多由客房服务员承担。她们经过专业培训，懂得护理常识，根据客人的要求及婴幼儿的特点，进行的看护服务。

### 9.4.2 托婴看护程序

- 实训内容：托婴看护服务。
- 实训目的：通过托婴看护服务相关知识的学习，使学生能够了解托婴看护服务的程序和具体要求，能够具备妥善处理突发事件的能力。
- 教学方法：讲授法、演示操作法、小组讨论法、情景模拟法等。
- 实训场地：客房模拟实训室/酒店客房。

(1) 托婴看护服务程序见表9-5。

表9-5 托婴看护服务程序

| 操作程序 | 操作要领 | 操作要求 |
| --- | --- | --- |
| 接受客人申请 | (1) 接到客人托婴服务要求后，应问清看护时间、孩子年龄、性别、健康状况、特点等，并告知客人收费标准<br>(2) 服务员请客人填写《婴儿看护申请单》，并就有关特别提示向客人说明 | (1) 记录及时、准确<br>(2) 安排有看护经验的员工看护 |
| 看护 | (1) 必须根据客人的要求及婴幼儿的特点，提供看护服务<br>(2) 严格遵照家长和酒店的要求<br>(3) 在照看期间，若婴幼儿突发疾病，应及时报告上级，请示客房部经理，以便妥善处理 | (1) 不要随便给小孩食物吃<br>(2) 为确保安全，不要将小孩带离指定地点，更不能带出酒店<br>(3) 不托付他人看管 |
| 结束工作 | (1) 托婴服务结束时，主动向宾客汇报儿童情况和看护服务过程<br>(2) 及时通知客房服务中心，上交《婴儿看护申请单》 | 看护的预定时间已到，宾客仍未回来，看护人员必须坚守岗位 |

### 第三篇 客房的重要接待工作

(2) 婴儿看护申请单见表 9-6。

表 9-6 婴儿看护申请单

| 文件名 | 婴儿看护申请单<br>BABY　SITTER　REQUEST | | |
|---|---|---|---|
| 电子文件编码 | JDKF079 | 页码 | 1-1 |

客人姓名 Guest's Name:　　　房号 Room No.　　　日期 Date　　　婴儿年龄 Baby Age

尊敬的宾客：

应您的要求，我们安排了保姆服务，具体事项如下：　　日至　　日

姓名：

时间：由　　时　　分至　　时　　分

Dear Guest:

As requested by you, we have arranged for BABY-SITTING from　　to　　.

请您在所需的项目上打"√"，Tick ( √ ) the appropriate.

| 早餐<br>Breakfast | 是<br>Yes | □ | 否<br>No | □ |
| 午餐<br>Lunch | 是<br>Yes | □ | 否<br>No | □ |
| 晚餐<br>Dinner | 是<br>Yes | □ | 否<br>No | □ |

托婴服务的最初两小时，按　　　收费。

所有费用都在前台收银直接结算，酒店将不承担因看护疏忽造成的事故而引起的任何赔偿。

Kindly note that there is a minimum charge of　　for the first 2 hours of baby sitting. A fee of is charged for each additional hour.

All payment should be made directly at the Hotel Cashier. Under no circumstances shall the hotel be liable to compensate the guest for any accident negligence caused by the babysitter no purpose.

申请人愿意接受以上全部条款。

I fully accept the above terms and conditions.

经理签名　　　　　　　　　　　　　客人签名
Signature　　　　　　　　　　　　　Signature
HOUSEKEEPER_____　　　　　　　GUEST_____

注：一式三联，客人一联，前台收银一联，客房部留存一联。

## 小思考

为带小孩的客人服务时，你应怎么办？

[参考答案]

对带有小孩的客人应更加细心周到地为其服务。婴儿应放置婴儿床。对客人的小孩加以赞赏是对客人的尊敬，客人乐于接受。但千万不要过分亲热、挑逗小孩或喂食物给小孩吃，以免引起不必要的麻烦。客人提出托婴服务应报告部门派专人看护。

# 9.5 擦鞋服务

## 9.5.1 基础知识

国家旅游局规定，三星级以上的酒店必须向客人提供免费的擦鞋服务。客房服务员通常在三种情况下为客人擦鞋：一是客人吩咐；二是客人将需擦的鞋放在鞋篮内；三是发现客人鞋脏时，尤其是雨雪天气，主动为客人提供擦鞋服务。房内需备有擦鞋工具篮(图 9.11)，内置提示卡、擦鞋布。

图 9.11 擦鞋工具篮

## 9.5.2 擦鞋服务程序

- 实训内容：擦鞋服务。
- 实训目的：通过擦鞋服务相关知识的学习，使学生能够对擦鞋服务的程序和具体要求有一定的了解，能够灵活处理遇到的各种情况。
- 教学方法：讲授法、演示操作法、小组讨论法、情景模拟法等。
- 实训场地：客房模拟实训室/酒店客房。

(1) 擦鞋服务程序见表 9-7。

表 9-7　擦鞋服务程序

| 操 作 程 序 | 操 作 要 领 | 操 作 要 求 |
|---|---|---|
| 收取客鞋 | (1) 接到客人要求擦鞋的电话或通知后，在规定的时间内到客人房间收取皮鞋<br>(2) 在住客房工作时发现脏皮鞋，应主动询问客人是否需要擦鞋服务；如果客人不在，可先将皮鞋收回，留一张擦鞋单在门底缝隙处；如果皮鞋放在鞋篮里，可直接收取到工作间 | (1) 若遇雨、雪天气，客人外出归来，服务员应主动提供擦鞋服务<br>(2) 如鞋已破损，应提醒客人 |
| 做标记 | 收取皮鞋时，应在小纸条上写明房号放入皮鞋内，以防送还时出现差错 | 防止弄混客鞋 |
| 擦鞋 | (1) 擦鞋应在工作间进行，在鞋下垫上一张废报纸或脏布<br>(2) 将皮鞋表面的尘土擦去<br>(3) 特殊颜色的皮鞋，在选用近色的鞋油时，可在鞋的后跟处轻轻试刷；若不符可用无色鞋油代替，以免皮鞋串色 | (1) 鞋底、鞋口要擦干净，不能有鞋油，以防弄脏袜子和地毯<br>(2) 忌当着客人面擦鞋 |
| 送回客鞋 | (1) 用鞋篮将擦净的鞋送至客人房间<br>(2) 如果客人不在，应将皮鞋放在鞋篮旁，取出鞋内小纸条 | (1) 不能将鞋送错房间<br>(2) 及时送还 |
| 做好记录 | 注明房号、时间、鞋的颜色等信息，以备核查 | 内容详细、准确 |

(2) 擦鞋"五不准"。
① 不能用水冲洗。
② 不能用"亮鞋擦"。
③ 不能用"洁而亮"。
④ 不能用家具蜡。
⑤ 不能在公共区域擦鞋。

# 9.6　访客服务

## 9.6.1　基础知识

访客也是酒店潜在的客人，做好访客接待服务工作，对于争取潜在客源，树立酒店形象是非常重要的。

大多数情况下，访客来访都是双方约定好时间，主人在房间等候或是在电梯厅、酒店门口迎接。如主人将访客直接带入房间，客房服务员应及时做好接待服务工作，如加座椅、送茶水、送饮料、送香巾等。对于没有主人迎接的来访者，客房服务员要问明情况，查验证件，征得住店客人同意后方可引领进房，并做好会客登记。如图 9.12 所示为访客登记牌。

图 9.12　访客登记牌

## 9.6.2 访客服务程序

- 实训内容：访客服务。
- 实训目的：通过访客服务相关知识的学习，使学生能够对访客服务的程序和具体要求有一定的了解，能做好各种情况下来访的客人的接待工作，具有保护客人隐私的意识。
- 教学方法：讲授法、演示操作法、比较法、情景模拟法等。
- 实训场地：客房模拟实训室/酒店客房。

(1) 访客服务程序见表9-8。

表9-8 访客服务程序

| 操作步骤 | 操作要领 | 操作要求 |
| --- | --- | --- |
| 询问身份 | 问清来访者的姓名、单位并查看有效证件 | 接待时要注意使用礼貌用语，热情接待 |
| 联系住客 | 通过电话与住客联系，征得住客同意后，再引见给客人<br>(1) 如住客不在房间，应向访客说明，并提示其到总台办理留言手续<br>(2) 如住客不愿接见，服务员应先向访客致歉住客不在房间，然后委婉请其离开，不得擅自将住客情况告诉访客<br>(3) 如住客事先要求服务员为访客开门，服务员应请住客先到大堂经理处办理相关手续，访客抵达时，服务员与大堂经理联系，证实无误后方可开门 | 未经客人同意，不能将住客房号、姓名等信息告知给客人 |
| 会客接待 | 如果会客地点在客房，将访客引领进房后，礼貌询问客人是否需要茶水、毛巾、饮料等。如住店客人有事先交代，根据来访人数和时间在来访前做好会客准备工作，并询问是否有特殊要求，访客超过三人时，应主动增加座椅和茶杯 | (1) 客人到达时，要及时做好服务工作<br>(2) 端送物品时应使用托盘<br>(3) 根据酒店规定，超过访客时间，访客还未离开，应用电话有礼貌地通知客人 |
| 认真记录 | 记录有关访客的情况 | 记录及时、正确，如有异常情况立即报安保部 |

(2) 访客记录单见表9-9。

表 9-9　酒店会客登记单

值班员签字：

| 来访者姓名 | | 性别 | | 工作单位 | | | |
|---|---|---|---|---|---|---|---|
| 联系电话 | | | | 地　　址 | | | |
| 身份证号码及其他有效证件 | | | | 访何人 | | 房　号 | |
| 公司名称 | | | | 是否预约 | | 来访人数 | |
| 事　　由 | | | | | | | |
| | | | | | | 年　月　日 | |
| 来访时间 | | | | 离开时间 | | | |
| 服务员姓名 | | | | 备　　注 | | | |

注：此会客登记单一式两份，客人离店时将此单收回，并将访客离店的时间填在存根上。

# 9.7　加床服务

## 9.7.1　基础知识

图 9.13　加床

加床服务是客房部提供的服务项目之一，有时客人会向客房服务员提出加床的需求，服务员不可随便答应客人，更不得私自给客人提供加床服务，而应礼貌地请客人到总台办理有关手续。加床费通常是按标准房价的20%～25%收取的。

客房服务员接到总台要求提供加床服务的通知后，应立即做好记录，根据客人的要求摆放加床位置(图9.13)，并提供一套客房棉织品、杯具、茶叶及卫生间日耗品。

## 9.7.2　加床服务程序

- 实训内容：加床服务。
- 实训目的：通过加床服务相关知识的学习，使学生能够对加床服务的程序和具体要求有一定的了解，能正确地为客人提供加床服务。
- 教学方法：讲授法、演示操作法、情景模拟法等。

- 实训场地：客房模拟实训室/酒店客房。

加床服务程序见表 9-10。

表 9-10 加床服务程序

| 操作步骤 | 操作要领 | 操作要求 |
|---|---|---|
| 准备物品 | (1) 楼层服务员接到客房服务中心有关提供加床服务的通知后，立即在工作表上做好记录<br>(2) 准备好房间需补充的物品：床罩、被子、枕头、床单、枕套和其他客用品 | 物品准备齐全 |
| 进房 | (1) 按照标准的敲门程序进房并询问："××先生/女士，您好，打扰了，请问现在是否可以加床？"<br>(2) 将添加的物品送至客房。按客人要求摆放好加床，如客人无特别要求，将加床放在酒店规定的位置 | 房间补充的物品不要放在宾客物品上 |
| 加床 | (1) 放加床<br>(2) 按铺床程序铺好加床 | 美观整洁、舒适安全 |
| 添补用品 | 按要求添补杯具、茶叶、卫生间消耗品和棉布草 | 物品添补齐全，无短缺 |
| 告别 | 向客人道别，将门轻轻关上 | 关门后注意回推一下，确保房门锁上 |
| 做好记录 | 在工作表上记录加床情况，并通知客房服务中心加床完毕 | 记录及时、正确 |

# 9.8 拾遗处理

## 9.8.1 基础知识

客人在退房离店时，有时会有将个人物品遗忘在客房或酒店的公共区域，若服务员在查退房时发现，应立即归还给客人；如客人已离开，则要妥善保管好遗留物品。遗留物品一般由客房服务中心或客房部办公室来保管，并填写"遗留物品登记表"，详细记录拾遗物品的名称、数量、拾遗人、拾遗时间、地点、日期等项目，然后妥善保管，由专人负责。

酒店行业对遗留物品的保管期没有硬性规定。一般贵重物品和现金的保管期为半年到一年，常规物品为 3 个月，水果、食品是 2~3 天，药物 2 周左右。衣物类保存前应先送洗衣房洗净。

客房服务员在处理客人遗留的文件资料时要特别慎重，只要是没有扔到垃圾桶里的物品都应作为遗留物品，不可随意将其扔掉。

对于客人遗留物品的认领，客房部的专职人员要进行认真核对，确认无误后方可进行认领，并进行登记，以留备案。

## 9.8.2 拾遗处理程序

- 实训内容：拾遗处理。
- 实训目的：通过对拾遗处理相关知识的学习，使学生能够对拾遗处理的程序和具体要求有一定的了解，并能根据具体情况妥善保管和解决。
- 教学方法：讲授法、演示操作法、小组讨论法、情景模拟法等。
- 实训场地：客房模拟实训室/酒店客房。

(1) 拾遗处理程序见表 9-11。

表 9-11 拾遗处理程序

| 操作步骤 | 操作要领 | 操作要求 |
| --- | --- | --- |
| 及时报告 | (1) 拾到客人的物品，应立即与客房服务中心联系，讲清房号、物品名称、特征、数量<br>(2) 散客与前台联系，团队客人与团队联络<br>(3) 如客人已经离店，应及时交客房服务中心 | 仔细检查，上报及时 |
| 登记并分类 | (1) 客房中心服务员收到客人遗留物品时，在《遗留物品登记单》上登记，注明房号、拾物日期、时间、地点、物品名称、特征、拾获者姓名<br>(2) 遗留物品可分三类：<br>① 贵重物品。如珠宝、信用卡、支票、现金、相机、手表、商务资料、身份证、回乡证、护照等<br>② 一般物品。如眼镜、毛巾等日常用品等<br>③ 食品 | (1) 记录详细、准确<br>(2) 所交物品与遗留物品本核对一致<br>(3) 分类清楚 |
| 保管 | (1) 所有遗留物品都必须保存在失物储藏柜中<br>(2) 将遗留物品与遗留物品单一起装入遗留物品袋内，注明日期，由专人保管 | (1) 妥善保管，避免丢失<br>(2) 根据酒店规定的遗失物品保存期执行 |
| 认领 | (1) 宾客查询遗留物品需问清情况，验明其证件，在确认宾客所失物品无误时，请宾客在遗留物品本上登记<br>(2) 领取贵重物品需留有领取人身份证件的影印件，并通知大堂副理到现场监督、签字，以备核查<br>(3) 如遇到宾客查询遗留物品或说明隔日来取的，均放入待取柜中；放入待取柜时，应在待取登记本上记录 | (1) 认领手续齐全<br>(2) 逾期无人认领，交安全部处理 |

(2) 遗留物品登记卡见表 9-12。

表 9-12　遗留物品登记

**遗留物品登记卡**

房　　号＿＿＿＿＿＿＿＿＿＿＿＿＿＿＿
拾物日期＿＿＿＿＿＿＿＿＿＿＿＿＿＿＿
客人姓名＿＿＿＿＿＿＿＿＿＿＿＿＿＿＿
物品名称特征＿＿＿＿＿＿＿＿＿＿＿＿＿
＿＿＿＿＿＿＿＿＿＿＿＿＿＿＿＿＿＿＿
拾　物　人＿＿＿＿＿＿＿＿＿＿＿＿＿＿
文　　员＿＿＿＿＿＿＿＿＿＿＿＿＿＿＿
编　　号＿＿＿＿＿＿＿＿＿＿＿＿＿＿＿
备　　注＿＿＿＿＿＿＿＿＿＿＿＿＿＿＿

## 9.9　小酒吧服务

### 9.9.1　基础知识

根据国家旅游局的要求，三星级以上的酒店客房内都要配备客房小酒吧，为客人提供酒水、饮料、干果食品，既方便了客人取用，又为酒店增加了收入(图 9.14)。客房小酒吧通常都是由客房部来管理，这样既方便与客人沟通，又减少了打扰客人的次数，也避免了因为漏账给酒店带来经济损失。日本一些酒店使用了小酒吧自动计费系统，只要客人进行了酒水消费，其消费情况就会立刻计入客人的总账单中。

在散客离开房间后，应立即检查小酒吧饮品情况，用电话通知总台收银处，并及时补充饮料，使其成为正常状态。团队宾客结账需要客房部和团队联络员密切配合。在团队离店前半小时，客房部负责对所有团队宾客房间的小酒吧进行核点，将消费的饮料数分别填在各房间小酒吧的酒水单上，并及时送总台收银处。多数团队房在入住前领队都会要求酒店"锁酒水"，以避免不必要的麻烦。

图 9.14　小酒吧服务

### 9.9.2 小酒吧服务程序

- 实训内容：小酒吧服务。
- 实训目的：通过对小酒吧服务相关知识的学习，使学生能够对小酒吧服务的程序和具体要求有一定的了解，并能做好小酒店吧接待服务工作，灵活处理各种情况。
- 教学方法：讲授法、演示操作法、情景模拟法等。
- 实训场地：客房模拟实训室/酒店客房。

(1) 小酒吧服务程序见表9-13。

表9-13 小酒吧服务程序

| 操作步骤 | 操作要领 | 操作要求 |
| --- | --- | --- |
| 查核 | 及时检查客房小酒吧酒水消费情况 | (1) 认真检查、及时补充<br>(2) 特别检查酒水封口处是否破损 |
| 填写酒水单 | (1) 客人使用过的小酒吧，要核对客写的酒水单，未填酒水单的要代为填写<br>(2) 凭酒水单向服务中心报告酒水消费情况 | (1) 耗用报账和补领手续完备，准确无误<br>(2) 检查酒水是否与实际饮用情况相符 |
| 补充酒水 | (1) 补齐酒店客房规定的酒水消费品<br>(2) 要检查有无过期、变质酒水、食品 | (1) 按规定位置摆放酒水、佐酒食品、酒具、酒单<br>(2) 冰箱清洁无异味 |

(2) 小酒吧服务有如下注意事项。

① 房内小酒吧的酒水数量要按规定进行配备。因特殊情况不能及时补充的，要做好交接班。

② 向客人收取饮料费用时，要注意场合，会客时不要收取。

③ 客人离店的房间应及时检查，出租的客房每日定时检查，及时补充。

④ 如客人填单有误，应注明检查时间，待客人回房时主动向客人说明更正。

# 9.10 查 退 房

### 9.10.1 基础知识

查退房是为了保护酒店和客人的财产不受损失，提供及时、快速、准确的退房前核查的服务。查退房制度，首先是为离店客人查看有无遗忘物品在房间，让客人住得放心，走得愉快。其次是检查客房的状况和客人在客房的消费情况，及时报收银员，确保查房的准确性。

## 9.10.2 查退房服务程序

- 实训内容：查退房服务。
- 实训目的：通过对查退房服务相关知识的学习，使学生能够对查退房服务的程序和具体要求有一定的了解，能在规定的时间内，完成查房任务。
- 教学方法：讲授法、演示操作法、情景模拟法等。
- 实训场地：客房模拟实训室/酒店客房。

查退房服务程序见表 9-14。

表 9-14 查退房服务程序

| 操作步骤 | 操 作 要 领 | 操 作 要 求 |
| --- | --- | --- |
| 进房 | 得到服务中心通知的结账信息后，立即进房查看。按敲门程序进房，房门全部开启。<br>(1) 正常情况，房间无人<br>(2) DND 情况，致电收银，询问房间是否有客人<br>(3) 有客人在房间，需向客人解释："××先生您好，我刚刚接到前台通知说您这间房退房是吗？" | 礼貌待客，灵活处理 |
| 查退房 | (1) 先查卫生间，注意易碎物品是否完好<br>(2) 按抹尘顺序检查房间，仔细检查酒水消费品、房间设备设施、保险柜(是否上锁)、衣柜内的小件物品、地毯、棉织品(有无损坏或弄脏)等，确认已坏的小件物品马上报前台。大件物品要报主管，主管及相关部门估价报前台赔偿<br>(3) 如房间少浴衣，查看交班本有无记录，告知前台请客人先等，自己再仔细查找，并询问客人"是否将其遗留在其他地方"。报领班、主管协调处理<br>(4) 查房间有无遗留物品，第一时间报收银。贵重物品及大量现金应让大堂副理、保安、主管处理<br>(5) 将房间受损情况及客人消费情况准确无误地通知到总台收银和服务中心 | 仔细认真，快速查房 |
| 填单 | (1) 客人使用过的小酒吧，要核对客人填写的酒水单，未填酒水单的要代为填写<br>(2) 凭酒水单报告酒水消费情况 | 检查酒水是否与实际饮用情况相符 |
| 补充酒水 | (1) 补齐酒店客房规定的酒水消费品<br>(2) 要检查有无过期、变质酒水、食品 | (1) 按规定位置摆放酒水、佐酒食品、酒具、酒单<br>(2) 冰箱清洁、无异味 |
| 退离房间 | (1) 关上房门<br>(2) 在工作表上记录，更改房态，将住客房改为脏房 | 确认房门锁好 |

## 小·思考

查退房时，发现客人将一条浴巾带走，该怎么办？

[参考答案]

(1) 把客人引到僻静处，委婉地告诉客人："××先生/女士您好，服务员在查房时，发现有一条浴巾找不到了，您能回忆一下把它放在哪了吗？"切不可强行开包检查。

(2) 客人进房时不能跟进房间，客人若将浴巾放回客房，应热情地表示感谢，以免客人尴尬。

(3) 如客人回房也找不到浴巾，这损失由客人自己来承担。

## 小·案例

某家三星级酒店，始终坚持"员工第一，宾客至上"的原则进行管理，赢得了社会和客人的好评。某日，15楼的服务员上午9时在对房间清扫时，发现1506结账房有很多物品被客人损坏，迷你吧罐装饮料都倒放在写字台上(饮料并未使用)，几个木质衣架金属部分变成了扭曲状，墙纸有明显刀伤，地毯有一片污迹，窗户玻璃角部有裂迹，写字台一角被砍掉。服务员发现以后立即报告了领班，大堂经理、保卫部经理和驻店经理迅速赶到了现场。但客人已经结账离开酒店，经了解这是一旅游团队的客人，他们是乘12点钟的飞机，此时客人还停留在飞机场。酒店决定要立即赶到机场找到客人进行交涉。为了证据确凿，保卫部人员用相机对损坏现场进行了拍照，驻店经理协同客房部经理和保卫部人员一起带着拍好的十几张照片驱车赶到了飞机场，并在飞机场大厅里找到了这批客人。为了不惊扰其他客人，客房部经理将领队约到一个角落，向领队说明来意，领队感到很惊讶，表示不可能会发生这种事情。为了使领队相信事实是存在的，向他出示了照片，希望领队配合并协助调查。原来这间客房住着两名12岁左右的美国孩子，由于调皮好动做了上述事情。他们的父母住在另一个房间，对此事并不知晓。为了保障酒店的权益、财产不受损失，酒店向美国客人提出了赔偿要求。美国客人欣然接受了赔偿，并对给酒店造成的损失表示歉意。

【案例点评】

本案例之所以发生是因为服务人员没有在第一时间发现房间物品被损坏的问题，致使酒店人员不得不赶到机场与客人进行交涉，造成很多麻烦。对预离客房，客房部要加强控制。一旦发现房间出现异常，应在第一时间发现和报告，并及时做出处理。等待客人离店以后，再进行交涉，为时已晚，有的会给酒店造成经济损失。

## 小·资料

### 为退房提速

我们常常看到有客人在前台结账时由于等时长而怨声载道，客人在入住酒店期间所受的优质服务在这时就打了折扣。传统的查房制度显然不符合当前的形势。目前国外一些知名酒店已经取消了查房制度，房间内的小酒吧消费由客人自报，但这却并不符合国内的现实状况。在实际的工作经验中，我们也可以从以下几个方面来提高退房速度。

1. 熟记正确的查房程序

按程序查退房就不会丢三落四，不会造成在客人已结账后才想起某物品还未查到。应先查洋酒类及饮料等价格较高的消费品，再查低值易耗品，最后再查衣橱、床头等客人会放置私人物品的地方，免去客人再回酒店取遗留物品的麻烦。整个过程就是短短一两分钟。

2. 分类别查房

团队房尽量团队与团队分开查，每个团队房整体查完后统一通知收银台。团队房和散客房一起退房时先查散客房，团队房账目较多，有时不在同一层楼，退房程序比散客房复杂，如果先查团队房则会造成让散客等得太久，甚至引起投诉。

3. 提前准备长包房的退房工作

长包房因为入住时间较长，客人物品较多，应在退房前一天做好准备工作，清点好房间物品，以及查看客人消费账单是否都签名，传到收银台也应提前将记账清单交客人核对。

4. 加强前台与客房的衔接工作

客房服务中心接到总台的客人退房通知后，应迅速传达到楼层服务员，楼层查房后将结果告知收银台。有时客人首先告知楼层将退房，楼层在查房后通知总台，总台应做好记录，避免重复查房。

5. 改变退房时间

传统退房时间是中午12点，酒店有过时加收房费的规定，因此，中午也是退房相对集中的时间。而这时员工也是轮换用餐的时间，使得退房效率显得较低。改变传统的退房时间，在一定程度上分散了客人退房的时间，减缓了中午过于忙乱的退房服务，可使一些客人可以从容不迫地用完午餐后再退房。

改革传统的退房制度，目的是让宾客感受轻松、方便、快捷的服务，符合新时代的要求。

# 9.11 管家服务

## 9.11.1 基础知识

管家服务源于法国，后来注重礼节的英国人将管家服务与英国宫廷礼仪相结合，进行了严格的规范，使之成为行业标准，因此英式管家也就成为这一服务范畴的经典（图9.15）。从20世纪90年代开始，我国一些高星级酒店在客房区域设立了商务楼层，可为客人提供专业化和私人化的一站式管家服务。

### 第三篇　客房的重要接待工作

贴身管家服务又叫贴身侍从服务，担任管"家"服务员的一般是酒店中形象气质、工作业务能力、综合素质都较为优秀的员工。他们担当的角色既是服务员又是私人秘书，对客人的一切需求给予 24 小时关注，并预见需求提供针对性服务，同时保证客人隐私的绝对安全。从客人抵店开始，贴身管家便听从客人的吩咐和安排，为客人提供更为舒适、优质的服务。客人还可根据自己的需要定制管家服务的时间和项目。

贴身管家服务的具体工作主要包括以下内容。

(1) 迎接问候客人，引领客人进入房间。
(2) 礼貌向客人介绍房内设施。
(3) 为客人敬送客人喜欢的冷热饮品。

图 9.15　管家服务

(4) 为客人提供免费的水果。
(5) 为客人提供行李存放、按摩预订服务等。
(6) 随时为客人提供免费的咖啡、茶和矿泉水。
(7) 利用不干扰客人的时间，为客人进行房间的清洁整理和消费品的补充。
(8) 为客人提供免费早餐和送早餐到房间的服务。
(9) 免费为客人提供熨烫衣服服务。
(10) 及时为客人提供擦鞋服务。
(11) 为客人提供秘书服务、发送传真、代订机票、车辆接送、外出旅游安排等。
(12) 提供租赁设备等多项服务。
(13) 完成客人吩咐委托代办的各种事宜。
(14) 接待客人的各种问询，向客人提供客人需要的各种信息，解答客人的各种疑问。
(15) 做客人生活上的帮手，做客人工作社交上的助手。

如上海瑞吉红塔大酒店的特色服务之一就是为每位客人提供 24 小时的贴身管家服务。贴身管家要接受严格的礼仪培训，力争创造理想的预见式服务，他们就是客人身边的私人助理。从客人抵店在房内办理入住登记到行李打包开箱，从协助客人预订餐厅座位到全程安排，从客房送餐到解决私人电脑故障，他们可以为每位入住上海瑞吉红塔大酒店的宾客提供全方位的商务服务。

这种更加个性化、预见性的服务极大地方便和满足了宾客的需求，成为酒店都在努力做好的一个方向。

【参考资料】

> **小贴士**
>
> (1) 客人衣服纽扣松动或掉落，主动为客人钉扣子。
> (2) 客人生日，主动向上级汇报，为客人准备生日贺礼。
> (3) 客人手中物品乱不易携带时，主动为客人提供袋子。
> (4) 老年客人看报纸不方便时，主动为客人送上老花镜。
> (5) 如客人自带水果，我们可以帮客人取来果盘洗好并包起来。

(6) 遇到客人住店或离店，可主动帮忙提行李。

(7) 如遇气温下降或突然下雨及时与要外出的客人说一下，提醒客人添加衣物或带雨伞。

(8) 发现客人将浴巾或其他易耗品垫在枕头下，可能是客人嫌枕头低，应及时为客人增加枕头。

(9) 如客人将充电器或电脑等数码设备放在房间，服务员应细心观察，并做好交接班，不要将取电卡拔掉，以免断电造成电脑损坏或资料丢失。

(10) 服务员在清扫房间时，如发现客人将备用被或者其他棉织品铺在被子下面，可能是客人嫌房间的床太硬，应及时给客人增加褥子或海绵垫。

(11) 如看到有客人喝多了，可以给客人泡杯浓茶解酒。

## 9.11.2 管家服务综合训练

- 实训内容：管家服务综合训练。
- 实训目的：通过前面客房部工作相关知识的学习，使学生能够对客房服务的程序和具体要求有一定的了解，能够按照管家服务的高标准要求进行各项服务，以达到服务的最优化。
- 教学方法：演练法、比较法、小组合作法等。
- 实训场地：客房模拟实训室/酒店客房。
- 实训要求：①结合酒店经营实际情况，自设情景和人物角色；②以小组为单位，团队合作完成；③接待要符合服务程序和要求，以满足客人需要为最终目标。

### 小资料

**酒店管家你见识过吗？**

在外国电影、电视剧里，豪门管家一出场，永远是一身黑色燕尾服，黑皮鞋锃亮，头发一丝不苟。再配上标志性的微笑和绅士举止，令"管家"这个词充满神秘感。

近日来，一则消息忽然拉近了上海人和"管家"的距离——某家政公司几番宣称要引进英国管家来沪工作。让我们来看看上海的管家服务——在沪上几家著名酒店里，就活跃着这样一批酒店管家。

1. 像保姆——十八般武艺全会

瑞吉红塔大酒店向来以"为所有客人提供 24 小时的专业管家服务"闻名。如果你瞧见哪位服务生身穿白衬衫、红马夹、黑色西装外套，毕恭毕敬地向你点头微笑："您好，有什么可以帮您？"没准他就是一位酒店管家。从客人入住的那一刻起，酒店管家会全程陪伴，打点一切。

"要成为一名合格的管家，一招一式都需要经过千锤百炼。"瑞吉红塔助理专职总管家 Don 从事管家一职已有 4 年，当年接受的培训和考试，令他受益至今：仪态和礼节是第一课。比如：与客人说话时，距离最好保持在一臂半；敲客人的房门，每次按门铃的间隔，控制在 7 秒左右；

走路不能东张西望，一旦眼睛余光扫到周围有客人，应立即停下脚步，为客人让路；下蹲也不能随随便便；给客人递笔时，应握住笔的前部，使客人接到的是笔的后部，让他们拿得顺手；会熨衣服，会叠西装，能替客人打包行李箱；送报纸时，将报纸斜靠在手臂上，露出每张报纸的报头，让客人一目了然……Don 还专门学过用熨斗熨烫报纸——温度要控制得恰恰好，这样可以防止报纸上的油墨弄脏客人的手。

2. 像"间谍"——住客喜好预先知

接待每一位客人，酒店管家都必须事先"备课"。客人平时睡的枕头多高，喜欢鹅绒枕头还是弹性棉枕头，枕套喜欢用棉布还是丝绸，衣架需要木头的还是塑料的……掌握如此多的"个人档案"，为的是让客人一进酒店，就如同回了家。

这些信息从何而来？靠的是管家的一双火眼金睛。金茂君悦大酒店的管家 Hugh 通常会复印客人入住酒店期间的所有用餐记录，如果客人请朋友一同吃饭，他还会细心地将他自点和为对方点的菜加以区分。房间也是重要的线索来源。客人在房间里的冰箱中挑选的是红酒还是可乐？如果是可乐，是百事还是健怡？有的人喝咖啡不放糖，有的只加一滴牛奶，还有人只喝某年出产的酒，并且必定加冰块。有人喜欢用依云水洗澡，有人习惯早起，有人晚上喜欢吃夜宵……这些细节，管家看在眼里，一一记录在手册上。

有了这些记录，接待回头客就方便了许多——只要一家酒店的管家记录下这些个人信息，下次客人再入住这家酒店在全球的任何一家连锁店，都能享受到宾至如归的服务。

3. 像记者——细节一样不落

等到客人入住，管家必须时时察言观色，更新"个人档案"。

第二天检查客人房间时，Don 特别注意观察床铺上的褶皱，以此估计客人喜欢睡在床的哪一侧，如果他喜欢睡右边，当天晚上开夜床一定会把床右侧的被角掀开；一旦发现床头柜上有杯、瓶留下的水印，第二天，管家会在原处为客人多准备一瓶水；如果发现客人带了很多衣服，赶紧添些衣架；如果客人喜欢运动，就为他准备运动型饮料；天气炎热，就在客人的车里多放上几块干净的毛巾；如果客人的腰不好，还要记得在车上多摆几个靠垫。

有一次，Hugh 发现，不论白天还是黑夜，某位客人的房间里总是亮堂堂的。他把这一条记录在案，保证客人下次入住时，房间窗帘和灯全是开着的。

偶尔也会遇到比较特殊的客人，服务他们，管家需要格外用心。Don 服务过一位有严重洁癖的女 CEO。那是在客人入住后的第二天，Don 才发现房间里所有杯子上都蒙着一层餐巾纸。Don 立刻通知客房部，要求服务员每天最多只能进一次房间，并且在进房前自备一双新拖鞋，当着客人的面换好，方可入内。Hugh 也遇到过类似的情况，为此，他每天都会为客人准备全新的餐具。

威斯汀大酒店的总管家王正勇接待过某国总统。总统一家 7 口入住时，恰遇台风，外出游览活动被取消，这家人不得不长时间待在酒店里。为此，王正勇在他们房间的电视里，增设了许多卡通节目；给十几岁的男孩安排篮球教练；给 5 岁的女孩安排保姆，哄她睡觉；他还向 25 岁的大女儿推荐了一些上海知名的酒吧，并且在大女儿每次外出前，都给总统夫人打电话，免得她担心。

4. 像保镖——过滤信件、食物

遇到需要 24 小时服务的贵宾，管家会住在客人的隔壁。每天，管家依据客人的日程表，提早起床，守候在客人的门口，保证他们"一天中最早见到的人是管家"；晚上，不论客人多晚回来，管家必须守在大堂接车，客人不睡下，管家也不能睡；即便已经睡下了，如果客人临时有事，召唤管家，他们也必须立刻起身，通过专用通道，在第一时间到达。

接待各国领导人时，管家也会充当"保镖"的角色——替他们接收陌生信件，如果有必要，必须帮客人打开信件；客人用餐的食物，管家负责拿去检验。

好管家必须还是个好导游。他们得熟悉当地各种娱乐活动、餐饮地点，能迅速根据客人的喜好，推荐合适的地点，并订餐、订车、订票。如果客人需要，管家还要充当翻译和私人顾问，陪同客人出门游玩；一旦遇到商务客人，管家得充当临时秘书，帮助收发 E-mail、复印、打印文件等。Don 服务过的一位客人，还曾要求替他剥橙子。

更多时候，酒店管家做的是协调工作。管家手里都有对讲机，客人饿了，管家马上联系厨房；房间脏了，管家通知客房部来打扫；客人外出，管家负责找好司机；客人病了，立刻通知医生……

还曾见过一位令人叹服的私人管家。客人是一位上了年纪又爱好运动的老人，习惯每天早起健身。于是，客人的私人管家要求酒店在客房的阳台上安置健身器械；为了让老先生边健身边欣赏风景，管家移掉了挡住风景的大盆栽；管家觉得当天风太大，可能会使主人着凉，于是他找来挡风的帐篷；每天，在老先生运动前，管家都会检查阳台上的地板，看是否平稳；他还会在躺椅上挂置干净的毛巾，让老先生随手可取；老先生运动，他俨然专业教练，既会鼓励老人，又注意控制他的运动量……

(资料来源：中国经济网)

# 本 章 小 结

通过本章的学习，学生能对夜床服务、收送客衣、租借物品服务、托婴看护、擦鞋服务、访客服务、加床服务、拾遗处理、小酒吧服务、查退房、管家服务的内容有一个更为全面的认识，从而为客人提供更加周到的服务。提升服务品质是做好酒店工作，令客人满意的最好途径。

## 课堂讨论

1. 为客人提供夜床服务有哪些注意事项？
2. 如何避免在洗衣服务中出现差错？
3. 客人要求租借物品时，该怎么办？
4. 为客人提供擦鞋服务时，有哪些注意事项？
5. 帮助客人照顾婴幼儿时，有哪些注意事项？
6. 有访客来访，应如何接待？
7. 发现客人的物品遗留在房间，该如何处理？
8. 发现客人带走客房内非一次性用品时，怎么办？

9. 如何使查退房提速？

10. 如何做好管家服务？

## 体验练习

走访高星级酒店，了解黄金管家的工作内容，试分析如何才能成为一名出色的黄金管家？

## 案例分析

812 房间的蔡先生在结账离店时，客房服务员小于查房完毕后向总台收款台报称此房没有任何问题。蔡先生在离店不久之后便返回酒店，说他的一块手表遗忘在 812 房间，总台接待员让客房服务员小于再次到房间内寻找，却没有发现。但蔡先生仍肯定地说："我的手表一定在 812 房间内。"于是，大堂副理亲自陪同客人回到 812 房间内寻找，结果在床单下找到了。大堂副理连忙向蔡先生道歉，蔡先生宽容地说："没关系，找到就好。"

## 案例思考题

1. 客房服务员小于的工作失误在哪里？
2. 这则案例对你有哪些启示？

## 实操训练

1. 在客房模拟室或酒店客房，对对客接待服务过程中的洗衣服务、租借物品服务、做夜床服务等，进行分组模拟训练，并进行点评。

2. 在客房模拟室或酒店客房，学生分成若干小组，模拟贴身管家服务情景并进行操作训练。

# 测 试 题

1. 住客房应每日(　　)检查小酒吧。

A．做夜床时

B．上午整理客房时

C. 上午清洁客房时、傍晚做夜床时两次

D. 上午清洁客房时、午后整理客房时、傍晚做夜床时三次

2. 领取和补充小酒吧的酒水和食品时，要检查酒水的质量和(　　)。

  A. 饮料的外包装有无破损    B. 饮料的有效保持期限

  C. 饮料的数量        D. 饮料的重量

3. 房内小酒吧是一项方便客人的服务，但一般都存在漏账问题，饭店允许和控制的漏账率一般应不超过(　　)。

  A. 1%    B. 3%    C. 5%    D. 10%

4. 普通客房晚间整理的内容包括(　　)。

  A. 拉窗帘、开夜床、留灯、放地巾等

  B. 拉窗帘、开夜床、换床单、放地巾等

  C. 拉窗帘、开夜床、换面巾、放地巾等

  D. 拉窗帘、开夜床、换枕套、放地巾等

5. 做夜床时，标准间一人住时，一般(　　)。

  A. 随便开一张床      B. 两张床都开

  C. 只开靠卫生间的一张床    D. 只开靠沙发边的床

6. 晚间整理房间时，卫生间内的防滑垫，应(　　)。

  A. 放在卫生间门口地下    B. 平放在浴缸内的适中位置

  C. 放在卫生间浴缸边     D. 放在浴缸沿上

7. 一般饭店无保育员专职编制，多由(　　)兼管。

  A. 女服务员        B. 临时工

  C. 办公室文职人员      D. 主管

8. 客房托婴服务中，(　　)。

  A. 婴儿饿了可以喂其食物吃   B. 婴儿哭闹可以喂其食物吃

  C. 不可随便喂婴儿食物    D. 有选择地喂其食物吃

9. 托婴服务时，应在(　　)内照看小孩。

  A. 客人住的房间      B. 饭店规定的区域

  C. 办公区域        D. 客人经常活动的区域

# 第10章 VIP的接待

【本章概要】
1. VIP 范围
2. 不同级别 VIP 的接待规格
3. VIP 接待程序

【本章目标】
学完本章以后，学生应具备以下能力：
(1) 对 VIP 客人的界定有一个了解；
(2) 对不同级别的 VIP 客人，进行正确的接待；
(3) 做好 VIP 客人房间的布置；
(4) 为 VIP 客人提供周到的迎送服务；
(5) 接待好每一位 VIP 客人，让每一位 VIP 客人都达到超级满意。

> **微型案例**
>
> **北京饭店接待十届全国人大四次会议代表团**
>
> 在客房服务中,饭店坚持高标准、严要求。服务人员力争把整理房间、更换棉织品、加水、撤换茶具、做床、开夜床等工作做好、做细。做到代表出房间,服务人员随时进入房间整理,代表回来时,房间都已整洁一新;服务人员每天及时更新白板上天气预报的内容,代表们风趣地称之为每天早上必看的"新闻";见到代表时总是主动打招呼问好,为代表按电梯、开房门。在做好日常服务接待工作的基础上,服务人员还努力满足代表们的特殊要求,如有的代表睡不惯软枕头,服务人员得知后很快将备用的荞麦皮枕头送到代表房间;在一些年迈的代表房间内增加了浴凳、浴室防滑垫;每次代表出席大会前,楼层服务人员都会细心查看代表是否离开房间,以免代表误车;客房服务人员还协助香港和澳门团接待组、驻地秘书组等做好大会的服务工作。服务员在为代表的服务中处处体现出热心、耐心、细心,得到了有关负责人和大会工作人员的好评。

## 10.1 VIP 范围

因 VIP(Very Important Person)身份特殊,酒店会提升接待规格,以示对客人的特殊礼遇,被酒店作为 VIP 接待的通常包括以下客人。
(1) 可能给酒店带来大量业务者。
(2) 对酒店的发展有极大帮助者。
(3) 国家首脑、著名政治家、外交家、国际友人、学者、演艺界明星等。
(4) 酒店上级主管部门的高级职员或负责人。
(5) 同行业的总经理等。
(6) 酒店董事会高级成员。
(7) 媒体大力宣传的社会热点人物、英雄模范。

## 10.2 不同级别 VIP 的接待规格

不同级别 VIP 的接待规格见表 10-1。

第三篇　客房的重要接待工作

表 10-1　不同级别 VIP 的接待规格

| 等级 | 规格 ||||
|---|---|---|---|---|
| | 迎送 | 房内用品配备 | 餐饮 | 安保 |
| A 等级 | 总经理率酒店管理人员及部分员工在大厅门口列队迎送客人 | (1) 房内摆放盆花、插花(卧室或客厅)和瓶花(洗手间)<br>(2) 放与房间格调相协调的工艺品<br>(3) 每天放一篮四色水果和四种小点心<br>(4) 房内放总经理亲笔签名的致敬信和名片<br>(5) 每天摆放两种以上报纸(外宾房放英文版的《中国日报》)<br>(6) 做夜床时赠送一份精制的工艺品 | (1) 客人抵店第一餐由总经理领客人进 VIP 餐厅<br>(2) 在专门的 VIP 餐厅用餐<br>(3) 每餐开专用菜单<br>(4) 台面设专人服务<br>(5) 厨房设专人烹制菜点 | (1) 事先保留车位<br>(2) 酒店四周有警卫巡视<br>(3) 客人上下设有专用客梯 |
| B 等级 | 总经理、大堂副理在大厅门口等候迎送客人 | (1) 房内摆放插花(卧室或客厅)和瓶花(洗手间)<br>(2) 每天放一篮两色水果和两种小点心<br>(3) 房内放总经理致敬信和名片<br>(4) 每天摆放两种报纸(外宾房放英文版的《中国日报》)<br>(5) 做夜床时赠送一份酒店特制的纪念礼品 | (1) 客人抵店第一餐由总经理领客人进入餐厅<br>(2) 在专门的餐厅用餐<br>(3) 每餐开专用菜单 | (1) 事先保留车位<br>(2) 视情况设专用客梯<br>(3) 视情况设安全岗 |
| C 等级 | 总经理或副总经理或大堂副理在大厅门口等候迎送客人 | (1) 房内摆放插花(卧室或客厅)和瓶花(洗手间)<br>(2) 每天放一篮两色水果和两种小点心<br>(3) 房内放总经理致敬信和名片<br>(4) 每天摆放一种或两种报纸(外宾房放英文版的《中国日报》)<br>(5) 做夜床时赠送一枝鲜花或一块巧克力 | (1) 客人抵店第一餐由总经理或副总经理或大堂副理引领客人进入餐厅<br>(2) 有专门小厅或餐厅留座(根据总经理要求而定)<br>(3) 每餐开专用菜单(根据总经理要求而定) | |

**小·案例**

某市领导入住一酒店，为了方便领导入住，酒店特别免去了登记手续，领导直接入住了房间。十分钟后，这位领导要往北京打电话，于是按照电话上的提示先拨"8"，再拨区号和电话，可是连试了几次都打不通。于是拨打了总机询问，总机小姐告诉客人是因为该房间的电话没有开通长途电话功能。原来是由于前台没有客人的登记记录，所以电脑系统中才没有开通长途电话的状态。

【案例点评】

因此在接待此类客人时，应注意虽然免去了登记手续，但是一定要询问清楚客人入住的需求，并及时与各环节沟通好。

# 10.3 VIP 的接待程序

- 实训内容：VIP 房的布置、VIP 抵店接待、送欢迎茶服务和离店送别服务。
- 实训目的：通过学习 VIP 接待的相关知识和客房接待服务内容，学生能按照操作程序和质量要求来进行实训，以具备熟练接待的能力。
- 教学方法：讲授法、演示操作法、情景模拟法、角色互换法等。
- 实训场地：客房模拟实训室/酒店客房。

## 10.3.1 VIP 房的布置

VIP 房的布置见表 10-2。

表 10-2 VIP 房的布置

| 操作程序 | 操 作 要 领 | 操 作 要 求 |
| --- | --- | --- |
| 了解接待情况 | 详细掌握 VIP 的等级和宾客的姓名、性别、国籍、宗教信仰、生活习惯、爱好、日程安排等，以便按规格做好接待准备工作（图 10.1） | (1) 认真仔细<br>(2) 熟记客人姓名，以客人姓氏称呼客人 |
| 清洁、布置客房 | (1) 楼层服务员应严格按程序清洁客房<br>(2) 按酒店 VIP 接待规格布置客房，增配房内物品 | (1) 检查房内所有的设备设施，确保完好，便于使用<br>(2) 如 VIP 晚上抵店，应做好夜床 |
| 严格检查客房 | 房间布置完毕，由楼层领班、楼层主管、客房经理、大堂经理进行逐级检查，如发现问题或不足应立即纠正 | (1) 尊重 VIP 的风俗习惯和宗教信仰，房间内不摆放忌讳用品<br>(2) 特别重要的 VIP 客人须加强安全和保密工作 |
| 做好迎宾准备 | (1) 准备好茶具、茶叶、香巾<br>(2) 根据气温，适当调节好室内温度<br>(3) 整理好仪容仪表，根据情况，由部门经理带领主管、领班及服务员在电梯口迎接 | 确保房间处于最佳状况 |

为 VIP 客人提供的用品、用具应安全、有效，所使用的布草最好全部使用新的。一些五星级饭店的重点贵宾房把提供给客人的信纸、信封印上客人的名字，浴巾印上专用等字样。

图 10.1 接待准备

### 10.3.2 VIP 抵店接待

VIP 客人到来时，酒店的总经理和有关部门经理应在大门口迎接，在有些情况下还要组织酒店员工参加，还可以有乐队伴奏欢迎曲，以烘托热烈的气氛，这是一种对贵宾的高规格的礼遇(图 10.2)。

为 VIP 客人主动送上鲜花表示欢迎，并带领乘坐专梯到入住的 VIP 客房。根据安全礼仪规格规范的要求，对一些身份较高的 VIP 还要在楼层、电梯口安排安全保卫人员，以确保绝对的安全。

图 10.2　迎接 VIP

VIP 的日常活动及用餐根据计划安排，需要总经理陪同引导用餐时应提前等候，并在每次活动后都要及时征求贵宾的意见。

注意事项如下。

(1) 贵宾是客房服务质量的最高评判员，他的评价和满意度是评定服务质量高低的最高标准。为此，酒店设计了征求意见表，贵宾服务员必须每天翻看，有没有贵宾提出的建议和意见。如有一定要认真研究，只要对工作有利的，就要虚心接受，切实改进。同时还要主动、诚恳地当面征求意见，以便确保服务质量，维护酒店的声誉。

(2) VIP 房间的整理。在时间安排上要特别注意，原则上是要及时、方便。通常客人外出，就应及时进行整理，不干扰客人，保证房间始终处于清洁、整齐、美观状况。

(3) 房间用品要及时更换。床单、枕套、被套、毛巾等每天都必须更换，甚至用过即换；客房所用的消耗品也要及时更换和补充，以此来体现酒店对宾客的礼遇规格。

(4) 在整理房间时，要注意房内陈列的艺术品。

(5) 每天按时做完清洁整理工作后，按标准认真细致地检查一遍，保证质量。

(6) 客人的物品只要不是扔在垃圾桶内的，一般都不能将其当垃圾来处理掉。

(7) 客房内增配和馈赠的物品要按贵宾接待的有关要求和标准更换或补充。

### 10.3.3 送欢迎茶服务

送欢迎茶的具体要求见表 10-3 和图 10.3。

表 10-3  送欢迎茶服务

| 操作程序 | 操作要领 | 操作要求 |
| --- | --- | --- |
| 进入客房 | 根据敲门程序进入客房 | 操作规范，仪态大方 |
| 上茶送香巾 | (1) 将茶水从托盘内拿出时应先外侧，后里侧<br>(2) 视宾客就座的位置，将欢迎茶、香巾放在客人方便拿取的地方，如茶几上、床头柜上、梳妆台上等，杯把向右<br>(3) 伸出右手，掌心斜向上，做请茶手势，轻声说："××先生/女士，请用茶！"<br>(4) 询问客人是否还需要其他帮助 | (1) 递送顺序为：先宾后主、先女士后男士，先上级后下级，先长辈后晚辈<br>(2) 姿势规范，使用礼貌用语 |
| 告别 | (1) 向客人告别。站立端正，面带微笑地向客人说："如有什么需要我们帮忙的事情，可以拨打电话××，我们非常乐意为您效劳。"<br>(2) 祝客人住店愉快，躬身退后一步，然后转身步出房间，轻轻关上门 | 有礼有节，规范适度 |

图 10.3  送欢迎茶

## 10.3.4  离店送别服务

确认 VIP 客人的离店时间，在方便的时候，根据 VIP 级别，安排总经理或部门经理做一次征求意见告别见面活动，时间不宜过长。

视情况组织员工欢送，欢送时气氛要热烈，以表示对 VIP 的重视和感谢(图 10.4)。应等 VIP 的车队走远，直到看不见时欢送的员工再回到酒店，以示对客人的尊重。

【拓展阅读】

图 10.4  送别工作

# 本 章 小 结

VIP客人的接待都是由中级以上的客房服务人员来完成的。为了把好接待服务质量关，要求服务员知识面宽，英语好，自身业务强，个人修养好，才能确保接待任务的成功完成。

### 课堂讨论

1. 什么样的客人被酒店视为VIP？
2. 不同等级的VIP接待规格有何差异？
3. 如何布置VIP客人的房间？
4. 如何通过送欢迎茶赢得客人对酒店的认可？
5. 如何让每一位VIP客人都达到超级满意？

### 体验练习

深入一家酒店，了解接待VIP的全过程，在走访中你有哪些收获？

### 案例分析

一位西欧颇有身份的女士来华访问，下榻北京一家豪华大酒店。酒店以VIP的规格隆重接待：总经理在酒店门口亲自迎接，从大堂入口处到电梯走廊，都有优秀的服务员列道欢迎、问候，VIP入住的豪华套房里摆放着鲜花篮、水果……西欧女士十分满意。陪同入房的总经理见女士兴致很高，为了表达酒店对她的欢迎，主动提出送一件中国旗袍，她欣然同意，并随即让酒店裁缝给她量了尺寸。总经理很高兴能送给尊敬的女士这样一件有意义的礼物。

几天后，总经理将赶制好的鲜艳、漂亮的丝绸旗袍送过来，不料这位西欧女士却面露不悦，勉强收下，后来离店时竟把这件珍贵的旗袍当作垃圾扔在了酒店客房的角落里。总经理大惑不解，经多方打听终于了解到，原来这位西欧女士在酒店餐厅里看到女服务员都穿旗袍，误以为那是女侍者特定的服装款式，主人赠送旗袍，是对自己的不尊敬，故生气将旗袍丢弃。总经理听说后啼笑皆非，为自己当初想出这么一个"高明"的点子而懊悔不已。

### 案例思考题

1. 分析这位总经理的错误在哪里？
2. 这则案例为做好接待服务工作带来哪些启示？

### 实操训练

在客房模拟室或酒店客房，设计 VIP 接待的场景，对 VIP 房间布置、VIP 抵店时的接待、送欢迎茶服务和离店服务进行分组模拟训练，并进行点评。

## 测 试 题

1. VIP 在饭店中指的是(　　)。
   A. 贵宾　　　　　　B. 常客　　　　　　C. 海外华侨　　　　D. 外宾
2. 大多数饭店将(　　)视为重要客人，服务中给予特殊的关照。
   A. 商务客人　　　　　　　　　　　B. 对本店业务发展有极大帮助者
   C. 长住饭店的客人　　　　　　　　D. 企业经理
3. 大多数饭店将(　　)视为重要客人，服务中给予特殊的关照。
   A. 外宾　　　　　　B. 海外华侨　　　　C. 同行业的高级职员　　D. 公务员
4. 饭店一般将(　　)视为重要客人。
   A. 劳动部门负责人　　　　　　　　B. 人事部门负责人
   C. 知名演员　　　　　　　　　　　D. 给饭店带来业务者
5. 政府代表团具有(　　)的特点。
   A. 身份高、日程安排紧　　　　　　B. 注重仪表、休息较晚
   C. 年龄大、讲究服务　　　　　　　D. 时间观念强、注意服饰
6. 英国政府代表团来华访问，有一位客人入住客房后，发现客房只有绿茶和花茶，但他爱喝红茶，服务员给他换了红茶，这属于(　　)服务范畴。
   A. 标准化　　　　　B. 规范化　　　　　C. 程序化　　　　　D. 针对性
7. (　　)具有身份高、日程安排紧、店外活动多等特点。
   A. 旅游观光团　　　B. 政府代表团　　　C. 文艺团队　　　　D. 会议团队
8. (　　)型的客人对自然风光、名胜古迹最感兴趣，他们一般早出晚归，所以客房要做好早晚服务工作。
   A. 观光　　　　　　B. 公务　　　　　　C. 会议　　　　　　D. 商务

9. 对政府代表团，应根据客人特点采取( )服务。
   A. 标准化　　　　B. 程序化　　　　C. 规范化　　　　D. 针对性
10. 在对伊位克政府代表团的服务中，除了按日常工作程序外，还应注意宾客的( )，采取针对性服务。
    A. 身份　　　　B. 作息时间　　　　C. 宗教信仰　　　　D. 性别
11. 旅游观光团队最大的特点是日程安排紧、店外活动多、店内停留时间少，所以他们需要较多的服务是( )。
    A. 送餐　　　　B. 酒水　　　　C. 叫醒　　　　D. 擦鞋
12. 散客的最大特点是( )。
    A. 敏感好动　　　　　　　　　B. 逗留时间短、行李简单、人数较少
    C. 行李少、要求高　　　　　　D. 人数少
13. 接待政府代表团，要严格按照有关部门和接待单位的要求，注意做好( )工作。
    A. 保密　　　　B. 宣传　　　　C. 消毒　　　　D. 灭菌
14. 在迎接政府代表团到来时，客房部的首要工作是( )。
    A. 安排专人迎接　　　　　　　B. 注意礼节礼貌
    C. 房间布置与检查　　　　　　D. 消防安全
15. 文艺代表团和体育代表团共同的特点是( )。
    A. 生活规律性强　　　　　　　B. 生活无规律
    C. 应酬多　　　　　　　　　　D. 注重服饰
16. 体育代表团的生活特点和作息时间往往与他们的( )有关，针对这一特点，客房服务员应满足他们的合理要求，提供周到的服务。
    A. 年龄　　　　B. 个人爱好　　　　C. 身份　　　　D. 所从事职业
17. 客房接待文艺团体时，应针对他们( )的特点做好服务。
    A. 生活无规律　　B. 注重服饰　　C. 身份高　　　　D. 个人爱好广泛

# 第11章 发挥客房服务中心的功用

【本章概要】
1. 更新客房服务模式
2. 管理客房服务中心的工作内容
(1) 设立客房服务中心的条件；
(2) 客房服务中心的主要工作内容；
(3) 客房服务中心的服务标准。
3. 叫醒服务管理

【本章目标】
　　学完本章以后，学生将具备以下能力：
　　(1) 了解客房服务模式的变化；
　　(2) 对设立客房服务中心需要的条件有一定的了解；
　　(3) 明确客房服务中心的主要工作内容；
　　(4) 对发挥客房服务中心的功用有一个全面的认识；
　　(5) 明确客房服务中心的服务标准；
　　(6) 掌握怎样才能为客人提供优化的叫醒服务。

客房对客服务是评价酒店服务质量的一个非常重要的因素，服务采取何种模式对酒店的服务效果有着直接的影响。酒店的服务模式通常有三种：楼层服务台、客房服务中心、同时设立楼层服务台和楼层服务中心。随着客人需求和酒店用工情况的变化，为了适应酒店经营服务的需要，目前高星级酒店采用最多的就是设立客房服务中心。

> **微型案例**
>
> 一位张先生投诉说手机丢在酒店了，后在他遗忘物品中找到，但却被其他人认领拿走了。酒店解释由于领手机的人说得出手机号码及型号，所以被他领走了。酒店方面是否有责任？此事如何处理才妥当？
>
> 手机属于贵重物品，在领取失物的操作流程中有明确规定，不是任何人都可以随意领取。酒店应该在核实失主身份的情况下，才能交还手机。不是简单地说出手机号、款式就可以允许其领走的，应该核对详细信息，如在哪里遗失的。领取失物时，还应该复印客人证件，写下收据证明以便存档，否则酒店就要承担责任了。

## 11.1 更新客房服务模式

我国传统的客房服务模式是楼层服务台，就是在客房各楼层设立服务台，配备专职的值台服务员。它能使客人感到酒店提供的服务更主动、更富有"人情味"、客房安全更有保障。

目前，国内很多酒店，特别是高档酒店逐步采用了不设客房楼层服务台，只设立客房服务中心的模式。这种模式可减少人力，降低劳动力成本支出，有利于对客房服务工作进行统一调控，强化客房管理，提供更为专业化的服务。但这种模式使得面对面的服务相对减少，随机性差，不利于提高服务的主动性和直接性，容易使客人产生不安全感。因此，客房服务中心模式应结合一些具有特色的对客服务内容来增强宾客对酒店的依赖感，从而满足宾客的不同需求。

## 11.2 管理客房服务中心的工作内容

### 11.2.1 设立客房服务中心的条件

设立客房服务中心的条件是必须同时具备硬件条件和软件条件。

(1) 客房楼层要有很好的安全保障。客房楼层需与其他区域分开，楼层出入口等关键位置要有安全监控设备。

(2) 客房内的设备用品配置要便于客人使用。

(3) 服务指南上要有各种服务设施和服务项目详细说明，以便客人联系和安排。

(4) 客房服务中心要有先进的通信联络设备，以保证信息的畅通。内部工作人员的联络要求有快速灵便的传呼系统。移动电话的普及应用给酒店工作带来了便捷，提高了工作效率，增强了信息传递的速度和准确性。

## 11.2.2 客房服务中心的主要工作内容

客房服务中心以电话服务为主，同时还承担着与其他部门、客房部内部的信息传递、工作协调、出勤控制、钥匙管理、资料汇集、遗留物品管理、租借物品管理、客史资料的建立等工作(图11.1、表11-1和表11-2)。

图 11.1 客房服务中心资料整理

表 11-1 常客卡

常 客 卡

编号：

姓名_____ 性别_____
出生日期_____ 籍贯_____
单位_____
联系方式_____
习惯_____
_____
_____
_____

【参考视频】

客房服务中心服务员必须是声音优美、应变性强、知识面广、记忆力好的高素质员工，能熟练地处理各种应急情况，负责客房服务工作的联络协调。

客人需要服务时，可拨打电话到客房服务中心。客房服务中心的服务员进行详细记录，并迅速将客人的需求通知到相关楼层服务员，楼层服务员根据标准和要求完成对客服务工作。

楼层服务员在客房清扫和对客服务过程中遇到的情况也要及时与客房服务中心联系，以便协调解决。如楼层服务员要及时与客房服务中心核对房态；了解到住店客人需要租借物品时，要立即打电话到客房服务中心。

表 11-2  服务中心维修登记表

| 日期 | 时间 | 报修人 | 单号 | 维 修 内 容 |
|------|------|--------|------|--------------|
|      |      |        |      |              |
|      |      |        |      |              |
|      |      |        |      |              |
|      |      |        |      |              |
|      |      |        |      |              |
|      |      |        |      |              |
|      |      |        |      |              |

### 1. 发放磁卡

客房服务中心负责客房部全部磁卡的管理工作,包括各个班次的磁卡发放、收回、登记、损失、检查等工作。按员工级别,磁卡可分为五等,即段、楼层、组、区域和大区域。

客房服务中心的员工协助客房部制定磁卡的分区规划,并在工作中完善分区规划的工作。由于客房部有早班、中班、夜班,这些班次的磁卡交接均在客房服务中心进行,因此客房服务中心要建立一套完善的登记制度。

### 2. 客房控制系统

高星级酒店在高出租率时,客房服务中心的任务是非常繁重的,其突出反映在劳动强度大和工作的复杂性、时间的连续性,要求工作人员具有高度的责任感、准确的判断力以及独立处理问题的能力,是酒店最具挑战性的工作之一。下面是客房服务中心对客房控制系统的操作。

1) 查询房间状态

进入客房控制系统,可查询酒店的房间数、可租房间数、维修房间数及各类房态,如待租客房、出租客房、退房客房、日常等待清洁客房、正在清洁客房、等待检查客房、工程维修客房、空置客房等。

2) 转换房态

转换房态顺序是 Dirty(脏房)→Clean(干净房)→Inspected(待检查) →Dirty(脏房)……(循环)。

客房服务中心的工作人员负责将楼层领班报来的房态转换成电脑系统相对应的房态。楼层领班也可以使用客房中的电话转换房间状态。

3) 核对房态

每天 8:00、15:00 和 20:00,客房服务中心的工作人员要定时三次核查房态。当与客房领班核对时发现客进脏房、离店返回、结账未走、先换后账、逃逸等情况后,要将房态改成矛盾房(Sleep 或 Skip)。这种情况大堂副理的计算机上将有显示,由大堂副理负责处理。

4) 房间报修

输入房间号码,选择系统中预先定义的维修原因,也可以手工输入其他原因,修改、删除、显示全部维修房间。工程部维修后，设置解决标志。这里记录了报修时间和解决时间，明确责任。

5) 打印报表

如房态报表、成本报表、维修房报表、VIP 报表、出租率报表、散客报表、空房报表、预抵报表、欲离报表、开床报表、酒水报表、杂项报表等。

6) 床上用品更换周期

进入后显示全部客房的床上用品和毛巾的数量。按 PageUp 键和 PageDown 键翻页，按 Enter 键选择床上用品和毛巾的字段，然后输入它们的数量。

7) 客人查询房间历史

选择"Room History"(房间历史)输入日期和房间号码后，显示该房间锁住客人的历史，按上下键选择所查客人，按 Enter 键查询详细情况，按"+"键查询客人明细，按"*"键查询新客人档案。

8) 超额预定

进入主菜单选择"Rooms Mgmt"(客房管理)，再选择"Overbooking"(超额预定)进入后有两个选项，一个是"House Overbooking"(房间超额预定)，另一个是"Overbooking by Room Type"(超额预定房型)。选择后输入开始日期，按 Insert 键输入新的超额预定项。依次输入开始日期、截止日期，而后输入超额预定的房间数。按 Enter 键修改，按 Delete 键删除记录。

## 11.2.3 客房服务中心的服务标准

(1) 电话铃声响一声，尽快接听电话，如有工作必须三声之内接听，并向客人致道歉语"对不起，让您久等了"。

(2) 查询客人资料必须在 1 分钟之内完成。

(3) 所有需要传达的信息必须在 3 分钟之内通知楼层及相关人员。如联系不到楼层员工及管理人员，需调派客服中心及办公室人员到指定楼层为客人在规定时间内办理好。

(4) 对于管理人员下达的命令在 5 分钟之内完成，否则要有反馈。

(5) 更改房态，要在 1 分钟之内完成。

### 小资料

**客房中心电话记录分析**

在电话记录中，有许多条反映客人需要借用物品，如吹风机、插线板、光电器等，或是客人反映找不到拖鞋、鞋擦等，其中有些小物品客房部有配备，但是如果客人入住率高，或更换不及时，或摆放位置不醒目，常会造成"没有"的错觉。所以，能否在房间安装或改装一些常用物件，查房时注意低值品的耗用情况，重新考虑客房物品的摆放位置，非常有必要。事实有力证明，自楼层房间安装自动烧水器后，客人要求送水的电话明显减少，这一方面及时满足了客人的需求，另一方面也减少了员工的工作量，从而可节省时间搞好其他服务。

分析电话记录，经常有其他部门询问一些关于客房设施和基本服务的电话，其中不乏前台部员工，这表明员工对宾馆产品不熟悉的程度令人吃惊，暴露出员工应知应会等诸多方面的问题，说明培训工作有待加强。同时，分析电话记录，也可发现一些重要信息在传递过程出现了遗漏或偏差，前台员工知道的东西，客房却无人知晓；客房推出的新服务、举措，前台员工都一知半解；等等。这些都在电话记录中有直接或间接的反映。通过这些分析，说明宾馆的信息管理工作的确任重而道远。

# *11.3* 叫醒服务管理

## 11.3.1 基础知识

叫醒服务是酒店为客人提供的又一项方便快捷的服务。客人只需拨通客房服务中心的电话号码，告知服务人员需要叫早的确切时间，客房服务中心的服务人员就会准确的记录下来，并及时为客人提供叫醒服务。有些酒店采用的是人工叫醒服务，越来越多的酒店安装了电子智能系统，通过电脑输入叫醒的时间、房间号等信息，叫醒时间已到，就会自动接通指定的房间进行电子叫醒(图 11.2)。如"您好，这是宾馆叫醒服务，很抱歉打扰您！希望再次为您服务，谢谢您，再见！"

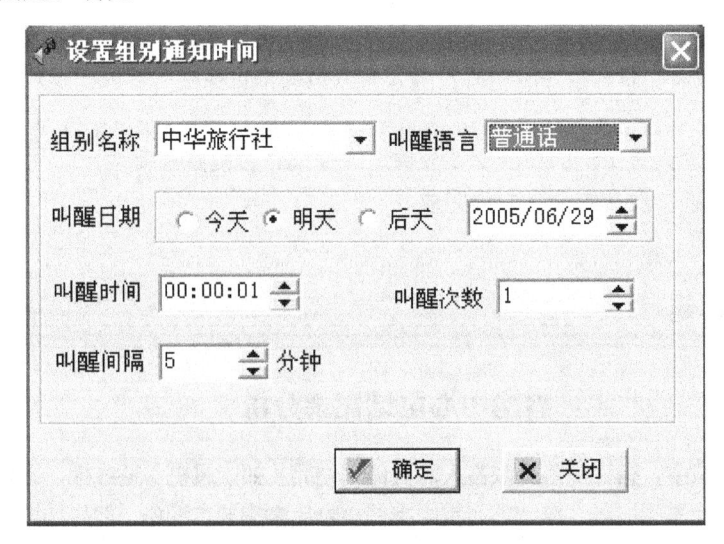

图 11.2 叫醒服务电脑操作设置

## 小·案例

### 叫醒服务的风波

一天早晨 9 点时，上海某酒店大堂赵副理接到住在 1212 房间的客人的投诉电话："你们酒店怎么回事，我要求叫醒服务，可到了时间，你们也没叫醒我，误了我乘飞机……"，不等赵副理回答，对方就"啪嗒"一声挂了电话，听得出客人已经非常气愤。

赵副理意识到这个投诉电话已经造成了较为严重的势态，于是查询当日 1212 房的叫醒记录，记录上确实有早晨 6 点半叫醒服务的要求，根据叫醒记录和总机接线员回忆，6 点半时确为 1212 房客人提供过叫醒服务，而且得到客人的回答，赵副理了解清楚情况后断定责任不在酒店，但赵副理仍主动与 1212 房客人联系。

"孙先生，您好！我是酒店的大堂副理，首先对您耽误乘飞机时间而造成的麻烦表示理解。"赵副理接着把了解的情况向客人做了解释。但客人仍怒气冲冲地说："你们酒店是要负责任的，为什么不反复叫上几次呢？你们应当赔偿我的损失！"客人的口气很强硬。

"孙先生，请先息怒，现在我们暂不要追究是谁的责任，当务之急是想办法把您送到要去的地方，请告诉我您去哪儿，最迟必须什么时候到？"

赵副理的真诚，终于使客人冷静下来，告诉他明天早晨要参加广州的一个商贸洽谈会，所以今天一定要赶到广州。赵副理得知情况后，马上请酒店代售机票处更改下午去广州的机票，而代售处下午广州的机票已售完。赵副理又打电话托他在机场工作的朋友帮忙，请务必想办法更改一张下午去广州的机票，后来又派专车去机场更改机票。

孙先生接到更改的机票后，才坦诚自己今晨确实是接过叫醒电话，应答后接着睡着了，责任确实在自己，对赵副理表示歉意。

【案例点评】

本案例的责任本不在酒店，而客人将责任推给酒店，大堂赵副理在接受投诉时并未与客人争论是非，而是站在客人的立场上，设法帮助客人解决首要问题。在维护酒店利益的同时又没有损害客人的利益，体现了赵副理处理投诉的冷静、理智与技巧，具有很好的职业道德。

## 11.3.2 叫醒服务程序

- 实训内容：叫醒服务。
- 实训目的：通过对叫醒服务相关知识的学习，使学生能够对叫醒服务的程序和具体要求有一定的了解，能按照客人的要求做好叫醒服务。
- 教学方法：讲授法、演示操作法、情景模拟法等。
- 实训场地：客房服务中心模拟实训室。

叫醒服务程序见表 11-3。

表 11-3  叫醒服务程序

| 操作流程 | 操 作 要 领 | 操 作 要 求 |
|---|---|---|
| 接听电话 | (1) 接到电话先向客人问好<br>(2) 问清并复述叫醒时间及房间号码，以获得确认<br>(3) 祝客人晚安或在酒店过得愉快 | 声音柔和，使用礼貌用语 |
| 叫醒登记 | 在叫醒本上和叫醒登记表上登记日期、叫醒时间、房号，并记录自己的姓名和其他通知人的姓名 | (1) 要求字迹工整、清晰<br>(2) 对于下午和晚上的叫醒，还需重点提醒下一班次跟进 |
| 叫醒操作 | 每接到一个叫醒，及时将叫醒的时间通过电脑输入到相应的房号内。当电脑叫醒时间到时，仔细核查是否已成功。<br>(1) 如果成功了，在叫醒本上标记清楚并记录好自己的名字<br>(2) 如叫醒没有成功的首先致电到客人的房间，如电话接通了则说："您好，这里是服务中心，您××点的叫醒时间已到。"如房间电话仍无人接听，则通知相应楼层的服务员到房间去看客人是否在房，这时要与服务员说清楚情况 | (1) 各班次交接班时须认真仔细看清叫醒表和电脑上设置的叫醒时间、房号，有不清楚之处要当面问清<br>(2) 每完成一个叫醒，都要在叫醒本上标注上成功两字并记录好自己的名字 |

# 本 章 小 结

客房服务中心的工作特点，使其服务不具有直接性，为了增强客人对客房服务的信赖度，这就对客房服务中心的工作人员的素质提出了较高的要求。了解并掌握客房服务中心的工作内容和制度规范，主动热情地为客人提供创优化的服务，才能获得客人对酒店的认可和称赞。

**课堂讨论**

1. 设置客房服务中心是否有必要？为什么？
2. 设立客房服务中心需要哪些条件？
3. 客房服务中心在酒店运营过程中可以发挥哪些功用？
4. 为客人提供叫醒服务有哪些注意事项？

**体验练习**

考察一家五星级酒店的客房服务中心，了解其主要的工作内容，并分析客房服务中心在酒店运营中所发挥功用的效果。

## 测 试 题

1. 设立楼层服务台的弊端是花费的(　　)较多。
   A. 人力　　　　　　　　　　　　B. 物力
   C. 时间　　　　　　　　　　　　D. 投资
2. 客人退房后,服务员检查房间时,若发现设备损坏、物品缺少,应立即(　　)。
   A. 通知客房部　　　　　　　　　B. 请客人赔偿
   C. 通知总台或客房服务中心　　　D. 通知保安部

# 承接会议

第12章

【本章概要】
1. 接待会议
(1) 接待大型会议；
(2) 接待小型会议。
2. 做好会见接待服务工作
3. 做好会谈接待服务工作
4. 做好签字仪式接待服务工作
5. 会议接待工作的综合训练

【本章目标】
学完本章以后，学生将具备以下能力：
(1) 了解会议接待工作的主要内容；
(2) 明确大型会议与小型会议接待工作的差异；
(3) 做好会场准备工作；
(4) 根据会议、会见、会谈、签字仪式的特点，进行恰到好处的会中服务；
(5) 做好会后的送别工作、物品整理和经验总结。

随着商务活动的增多，会议型酒店越来越多。在酒店功能中，会议设施及服务也越来越受到酒店管理者和客人的重视。由于会议性质及其形式多种多样，参会人数多少不一，酒店方都会应会方要求做相应的布置，并根据会议性质提供配套的服务。这就要求酒店除配置专业大型会议厅(图 12.1 和图 12.2)外还要备有一些中小型的会议室，以适应各种类型会议的需要。

图 12.1　会议厅

图 12.2　会议厅布置

### 微型案例

有着成功举办过休博会、动漫节等大型活动策划接待经验的第一世界大酒店，作为会议酒店联盟会长单位，为保证会议的各项服务达到品牌化、专业化的目标，进行了全方位的周密部署。从接机迎候到对每位嘉宾的个性化服务；从背景设计到晚宴、茶歇的创意氛围布置，都做了细致精心的安排，承接的各类会议都得到了业界专家及行业嘉宾的一致好评。

会议服务是指客人在酒店的会议室、客厅等地举行某些活动或仪式时所提供的服务。其内容包括会议、会见、会谈、签字仪式、茶话会及文艺晚会等形式的服务。会议客人一般身份地位较高，多属于高级知识分子、政府官员、各有关机构的代表等，因此会议服务要讲究规格质量。

会议服务主要包含以下两方面的内容。

(1) 会议厅的布置。根据会议的具体内容、宾客的身份、人数、会议厅的大小以及宴客方的习惯等因素，对其进行精心布置，桌椅摆放主次分明、协调对称，视听效果良好，适当点缀一些花卉，使其达到美观、雅致。

(2) 热情周到的服务。按照不同会议的要求满足客人的合理要求，如礼貌问好、引客入座、帮助挂衣、送茶、送香巾等。

【参考视频】

> **小贴士**
>
> (1) 客人开会无精打采，提供咖啡。
> (2) 客人在走廊张望，主动询问是否需要帮助。

## 12.1 接待会议

- 实训内容：大型会议接待服务、小型会议接待服务。
- 实训目的：通过对会议相关知识的学习，使学生能够对会议的程序和具体要求有一定的了解，能做好不同类型会议的会场布置和会议接待工作。
- 教学方法：讲授法、演示操作法、小组讨论法、情景模拟等。
- 实训场地：酒店会议室。

由于会议性质及其形式多样、参会人数有多有少，常规的会议室要按会方要求做相应的布置，并根据会议性质提供配套的服务。

> **小资料**
>
> **大型会议服务的会场布置方法**
>
> 会场的布置一般分为设有主席台和不设主席台两种。不设主席台的布置，只放一个讲台即可。设主席台的要按台上就座的人数将桌子呈横一字排列，铺上台布，台布下垂两端要均等，正面长距地面3～5cm。如果主席台就座人数多，可搭成双层或多层梯状的高台，沿梯层分别摆放桌子。前排的桌子摆成通直的横排，不留行间，中间并排摆三张桌子，两边各摆两张桌子；高台的后侧和左右两侧围台裙，设上下阶梯，台上左上侧摆置讲台。台面放置有垫盘的茶杯，垫盘上垫小毛巾，杯把一律朝右手侧；烟缸按两人合用一个摆放，席位正中摆放一本便签或文件，便签下端距桌面边沿3～5cm。紧靠便签的右侧需摆上一支或数支铅笔，按人数配齐靠背椅，按要求配置话筒，桌前需摆放姓名牌。台子的后侧置常青树，竖几面红旗。如果礼堂大，参与会议的人数少，则可以用屏风隔开。会场四周或休息室必须备有保温桶和热水瓶，并配齐适量的茶杯。备茶叶时杯内最好放袋装茶，有的会议摆放矿泉水或饮料。会前根据通知要求，检查和开放音响、空调、照明等，要保持窗明几净，清洁卫生。

### 12.1.1 接待大型会议

大型会议服务的操作程序、操作要领和操作要求见表12-1。

表 12-1 大型会议服务

| 操作程序 | 操作要领 | 操作要求 |
| --- | --- | --- |
| 会前准备工作 | 布置会场：<br>(1) 摆放所需用具<br>(2) 检查电源，调试扩音、灯光效果<br>(3) 调节室内空气和温度 | 掌握参会的单位、人数、会议的时间、参加人员等情况和会议的具体要求 |
| 抵达时的迎接工作 | (1) 服务人员站在各自岗位迎接客人，帮助客人挂好衣帽，及时引座<br>(2) 待客人入座，由一名服务员按照由里向外的顺序斟倒茶水<br>(3) 入场完毕后，关闭会议室的大门 | (1) 与会人员抵达的时间一般都比较集中，服务人员要搀扶年老体弱者进门<br>(2) 了解会议工作人员所坐的位置，以便有事联系<br>(3) 关注会场动态，及时处理突发情况 |
| 会中服务工作 | (1) 在会议过程中，服务人员要坚守岗位<br>(2) 注意观察开会情况，适时添水。一般会议中间只添一次水，主席台第一次添水在会议开始后 20 分钟左右进行，之后每隔 30 分钟添一次水(图 12.3)<br>(3) 讲台上每换一个人讲话，及时更换一次毛巾和茶杯 | (1) 注意观察和控制会议室的门，保持会议室周围安静<br>(2) 时刻关注会议室的温度及音响效果 |
| 会后送别服务 | (1) 会议结束时及时打开会议室大门，在门口送别客人，并征求客人对服务方面的意见和要求<br>(2) 检查会场有无客人遗留物品，并进行安全检查<br>(3) 关闭电器电源，清理会议室卫生，必要时进行消毒 | (1) 帮助年老体弱的客人取下衣帽，协助穿戴<br>(2) 如发现遗留物品，应及时递交失主或主办单位的工作人员，贵重物品要登记签收<br>(3) 如发现设备、用具缺少或损坏，应填写物品赔偿单，请会议工作人员签字并交结账处 |

图 12.3 会中服务

## 12.1.2 接待小型会议

小型会议服务的操作程序、操作要领和操作要求见表 12-2。

表 12-2　小型会议服务

| 操作程序 | 操作要领 | 操作要求 |
| --- | --- | --- |
| 会前准备工作 | 布置会场：<br>(1) 摆正茶杯、烟缸、火柴、便签和铅笔<br>(2) 检查电源、网络连接和投影仪设备是否正常<br>(3) 调节室内空气和温度 | (1) 根据会场大小、形状和参会人数，将沙发、茶几或会议桌围成方形、椭圆形、圆形或马蹄形<br>(2) 对于保密性的会议，服务人员一定要有很强的保密意识，不仅要做好本职工作，而且还要配合主办单位做好相应的保密工作 |
| 抵达时的迎接工作 | 引领入座，递毛巾，送茶水 | 关注会场动态，及时处理突发情况 |
| 会中服务工作 | (1) 在会议过程中，服务人员要坚守岗位<br>(2) 要适时续水，一般还要递两次毛巾 | (1) 注意观察和控制会议室的门，保持会议室周围安静<br>(2) 时刻关注会议室的温度及音响效果<br>(3) 保密性的会议服务人员也必须回避，站在会场出入口及时处理各项事务。毛巾、开水、茶杯、烟缸、便签、铅笔等会场所需的用品，可以在会前配齐，让宾客自己选用；也可在宾客入场时由服务员进行第一轮服务 |
| 会后送别服务 | (1) 会议结束时及时打开会议室大门，在门口送别客人<br>(2) 检查会场有无客人遗留物品，并进行安全检查<br>(3) 关闭电器电源，清理会议室卫生，必要时进行消毒 | (1) 如发现遗留物品，应及时递交失主或主办单位的工作人员，贵重物品要登记签收。重要保密会议的文件，不要随意翻阅<br>(2) 如发现设备、用具缺少或损坏，应填写物品赔偿单，请会议工作人员签字并交结账处 |

# 12.2　做好会见接待服务工作

- 实训内容：会见厅的布置和服务。
- 实训目的：通过对会议相关知识的学习，使学生能够对会见的程序和具体要求有一定的了解，并能做好会见厅的布置和会见接待服务工作。
- 教学方法：讲授法、演示操作法、小组讨论法、情景模拟等。
- 实训场地：酒店会议室。

会见是国际、国内交往中经常采用的礼宾活动形式，一般称接见或拜会。身份较高的人士会见身份较低的客人，称为接见，反之则称为拜会。

据会见对象的不同，有个别约见和大型接见之分。会见的内容，有礼节性、政治性、事务性的。礼节性的会见一般时间较短；政治性的会见一般议题较为重要，保密性强。无论属于什么性质的会见，服务工作都非常重要，都必须认真做好策划等准备工作，注重每一个环节，确保万无一失(表 12-3)。

表12-3 会见服务

| 操作程序 | 操作要领 | 操作要求 |
|---|---|---|
| 会前准备工作 | 会见厅的布置：<br>(1) 了解情况。主、宾身份以及会见性质；会见的准确时间；参加会见的人数；主办单位的要求，如服务要求、特殊交代等<br>(2) 根据参会人数的多少、规格的高低，将沙发按马蹄形、凹字形布置<br>(3) 会见厅的座次安排。根据我国的习惯做法，主宾是坐在主人右手方，主宾随从人员按礼宾身份顺序在主宾一侧，而主人的随从人员安排在主人一侧。译员、记录员的座位安排在主人和主宾的后面(图12.4)<br>(4) 配备所需用品。主要包括茶杯、托盘、垫碟、垫碟巾、烟灰缸、香巾、火柴、便笺纸、圆珠笔或签字笔和招待用的香烟、茶水、水果等<br>(5) 会见时如需要合影，应按会见的人数准备好照相机，其位置宜选在屏风前或挂图下 | (1) 一个布置成功的会见厅应该美观、雅致，桌椅摆放协调对称、主次分明，视听效果好，还可适当点缀一些花卉<br>(2) 物品摆放在规定的位置要整齐、美观，方便使用。茶具摆放在座位的右前方，杯把向右，茶杯放在垫碟上；文具放在座位的正前方；如需放烟灰缸，烟灰缸放在两个座位的中间；饮料可靠近茶杯摆放 |
| 抵达时的迎接工作 | 参加会见的主人一般在正式开始前半小时到达活动现场。客人抵达时，服务员要热情迎接，礼貌问候，并为其上茶。当主宾到达时，主人到门口迎接并合影。在此间隙，服务员要迅速将会见厅用过的茶杯撤下 | 热情迎接，关注会场动态，及时处理突发情况 |
| 会中服务工作 | (1) 宾主入座后，一般按两名服务员为一组分工，分别给主宾上茶水或冷饮，杯把要一律朝向客人的右手侧，并送上香巾。上香巾、茶时要用右手做"请"的手势，并说"请"，香巾用过后随即收回<br>(2) 每隔40分钟左右为宾主双方换一次香巾，续一次水。续水方法：用左手的小指和无名指夹起杯盖，用大拇指、食指和中指握住杯把，将茶杯端起，侧身，腰略弯曲，盖上杯盖<br>(3) 第一次续水间隔15分钟，第二次续水间隔20分钟，依次顺延<br>(4) 在会见进行中，要注意观察厅内的动静，宾主有事招呼要随时应承，及时协助处理 | (1) 无论是上香巾还是撤香巾一律用镊子，而不能用手直接接触香巾<br>(2) 上、撤香巾或续水时，要从客人的右侧进行<br>(3) 开水沏茶，沏到七成满。续水时，不要倒得过快、过满，以免使开水溅出杯外，烫伤客人或溢到茶几上<br>(4) 冷饮品种要齐全，摆放要整齐 |
| 会后送别服务 | (1) 会议结束时及时打开会议室大门，在门口送别客人<br>(2) 检查会场有无客人遗留物品，并进行安全检查<br>(3) 关闭电器电源，清理会议室卫生，必要时进行消毒 | (1) 如发现遗留物品，应及时递交失主或主办单位的工作人员，贵重物品要登记签收<br>(2) 如发现设备、用具缺少或损坏，应填写物品赔偿单，请会议工作人员签字并交结账处 |

(a)  (b)

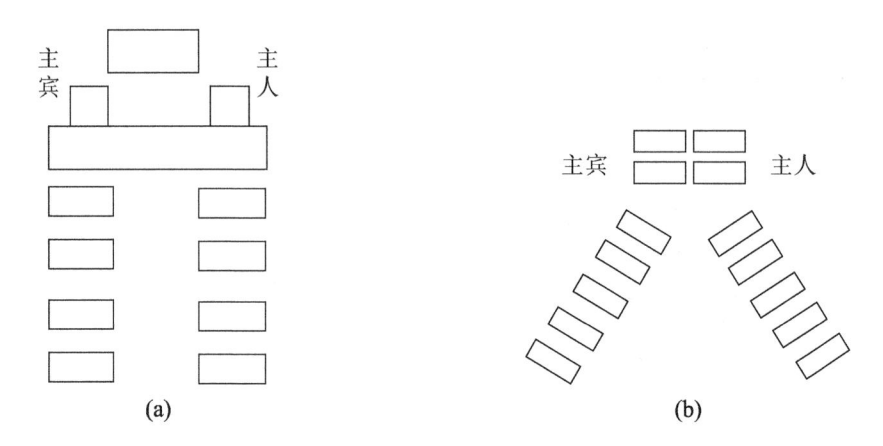

图 12.4　会见厅座位安排

会议服务有如下注意事项。

(1) 宾客抵、离店时要热情迎送，但要注意分寸，不可喧宾夺主。

(2) 如有重要人士会见，注意不要主动与其握手、要求合影留念。对方主动握手，服务人员再热情握手。

(3) 服务过程中注意三轻：说话轻、走路轻、操作轻，避免影响客人。

(4) 操作要讲究规范，注意安全。

(5) 领导人之间会谈时要控制人员进出。

(6) 如遇到保密性会见，客房服务人员应在场外进行服务待命。

# 12.3　做好会谈接待服务工作

- 实训内容：会谈的布置和服务。
- 实训目的：通过对会议相关知识的学习，使学生能够对会谈的程序和具体要求有一定的了解，并能做好会谈的布置和接待服务工作。
- 教学方法：讲授法、演示操作法、小组讨论法、情景模拟等。
- 实训场地：酒店会议室。

会谈是指双方或多方就政治、经济、文化和军事等共同关心的问题进行意见交换，或就具体业务进行谈判的活动。一般来说，会谈较为正式，政治性或专业性较强(表 12-4)。

双边会谈厅一般布置长条桌和扶手椅(图 12.5)，近几年发展成椭圆形台，宾主相对而坐，进行会谈。

圆形台(图 12.6)、方形台(图 12.7)的布置通常用于规格较高、与会者身份都较重要的国际会议。这种会议人数一般不会很多，而且会议不具有谈判性质。与会者可以围桌而坐，表示彼此地位平等，避免出现席位座次的纷争。

表 12-4 会谈服务

| 操作程序 | 操作要领 | 操作要求 |
| --- | --- | --- |
| 会前准备工作 | 会谈厅的布置：<br>(1) 双边会谈将长条桌呈横一字形或竖一字形排列，桌子的中线要与正门的中心相对。桌面上匀称地铺上台布，桌子的两侧对称地摆上扶手椅<br>(2) 座次安排。如会谈的长桌呈竖一字形摆放，一端朝向正门，则以入门方向为准，右为客方，左为主方。如呈横一字形摆放，则主人坐背对正门一侧，客人坐面向正门一侧，主谈人居中<br>(3) 配备所需用品。在每个座位前面的正中摆放便笺纸，紧靠便签的右侧摆一支红铅笔和一支黑铅笔；便笺纸的右上方放一个带小方巾的茶杯垫，也可放置一个带有酒店标志的纸杯垫。烟灰缸按两人合用一个摆放，位于两座位之间；会谈桌上往往还要放座位卡，在卡的两面分别用宾主双方使用的文字写上该座位人的姓名<br>(4) 如有合影，事先安排好合影位置，按礼宾顺序，以主人右手方为上，主宾双方间隔排列。通常情况下，两侧均由主方人员把边 | (1) 服务员应掌握会谈双方的身份、会谈的时间、人数、服务要求、招待标准等；是否需要安装扩音器，是否要放置座位名卡等<br>(2) 双边会谈的厅室，一般布置长方形、椭圆形和圆形桌子，宾主相对而坐，进行会谈。而多边会谈，则往往采用圆桌或方桌加以布置<br>(3) 物品摆放在规定的位置，要整齐、美观<br>(4) 为了增加美感，可沿桌子的中心线适当摆上几组插有鲜花的花瓶或花盘，花枝不宜过高，以不遮挡双方的视线为宜<br>(5) 领导人之间的会谈，除必要的译员和记录员外，其他人员应尽量减少进出会谈厅的次数 |
| 抵达时的迎接工作 | (1) 当主人提前到达活动现场，要迅速为其上茶<br>(2) 宾客到达主人到门口迎接时，服务员要立即将用过的茶杯撤去<br>(3) 宾主来到会议桌前，服务员上前拉椅让座。在记者采访、摄影之后，服务员应按"先宾后主"的原则，为宾主上茶、递香巾 | (1) 热情迎接，关注会场动态，及时处理突发情况<br>(2) 茶杯把要一律朝向宾客右手方向摆放<br>(3) 上、撤香巾或续水时，要从客人的右侧进行<br>(4) 上香巾、茶时要用右手做"请"的手势，并说"请"，香巾用过后随即收回。无论是上香巾，还是撤香巾一律用镊子，而不能用手直接接触香巾 |
| 会中服务工作 | (1) 宾主入座后，第一次续水时间掌握在会谈开始后 15 分钟进行，第二次续水时间同第一次续水间隔 20 分钟，以此顺延。会谈开始后，约 40 分钟送一道香巾<br>(2) 会谈中间，有时应客人要求可能需要上一些咖啡、小点心等，此时应先将奶罐、糖罐等在每两个座位之间摆放一套，然后再上咖啡。咖啡杯下垫盘，盘内放一只小茶匙 | 会谈中间休息时，服务员要及时整理好座椅、桌面用品，并为客人续水。在整理时，注意不要弄乱和翻阅桌上的文件资料等 |
| 会后送别服务 | (1) 会议结束时在门口送别客人，还要为客人打开门、按电梯<br>(2) 客人离开后，要迅速检查会场有无客人遗留物品，并进行安全检查<br>(3) 关闭电器电源，清理会议室卫生，必要时进行消毒 | (1) 如发现遗留物品，应及时递交失主或主办单位的工作人员，贵重物品要登记签收<br>(2) 如发现设备、用具缺少或损坏，应填写物品赔偿单，请会议工作人员签字并交结账处 |

议员 主宾
8 6 4 2 1 3 5 7 9

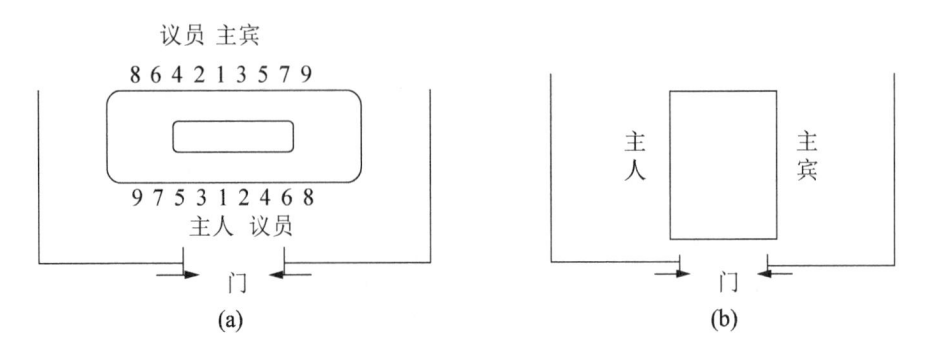

9 7 5 3 1 2 4 6 8
主人 议员
门
(a)

主人　主宾
门
(b)

图 12.5　会谈厅座位安排

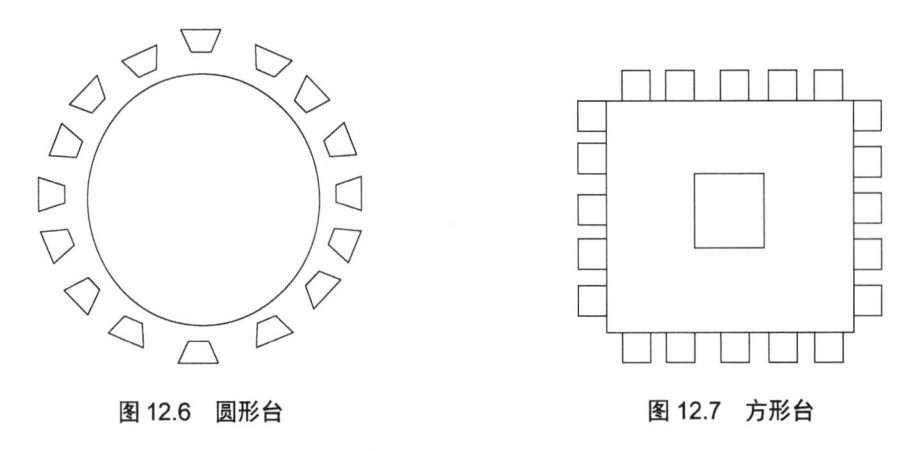

图 12.6　圆形台

图 12.7　方形台

U 形台和山字形台的布置形式显得与会者的身份不完全相同，但差距不大。会场的气氛带有相互商讨问题的性质，主席台前有组织者就座。

会议服务有如下注意事项。

(1) 宾客抵、离店时要热情迎送，但要注意分寸，不可喧宾夺主。
(2) 服务过程中注意三轻：说话轻、走路轻、操作轻，避免影响客人。
(3) 尊重主办单位的意见和要求。
(4) 操作要规范，注意安全。
(5) 领导人之间会谈时要控制人员进出。

# 12.4　做好签字仪式接待服务工作

- 实训内容：签字厅的布置和服务。
- 实训目的：通过对签字仪式相关知识的学习，使学生能够对签字仪式的程序和具体要求有一定的了解，并能做好签字厅的布置和接待服务工作。
- 教学方法：讲授法、演示操作法、小组讨论法、情景模拟等。
- 实训场地：酒店会议室。

签字仪式是国家间通过谈判，就政治、经济、科技和文化等各领域内的相互关系达成协议，缔结条约、协定、公约时举行的双方互换文本的活动。如联合公报、经济技术协定、贸易协定、文化交流协定等一般都要举行签字仪式予以确定。做好签字仪式服务，作为服务人员还要了解举行签字仪式的过程。

安排签字仪式，首先应事先做好文本的准备。有关部门需按时做好文本的定稿、翻译、校对、印刷、装订、盖火漆印等工作，同时准备好签字仪式上使用的文具、旗帜等物品，安排好场地、时间，与对方商定好主签人员和双方的助签人员。

双方人员进入签字厅，签字人员入座，客方签字人在东道国签字人右手方就座，其他人各自按照身份顺序在自己方签字人座位的后面排好。助签人员分别在两个签字人外侧协助翻本，指明签字处，双方签字交换文本互签，再互换文本，而后握手，并用香槟酒或其他酒干杯祝贺，双方合影留念。签字仪式服务的操作程序、操作要领和操作要求见表 12-5。

表 12-5 签字仪式服务

| 操作程序 | 操作要领 | 操作要求 |
| --- | --- | --- |
| 准备工作 | (1) 选好签字地点。多在宽敞高大和有气派的厅室进行<br>(2) 签字厅的布置(图 12.8)<br>① 厅室正面应挂有屏风作为照相背景。屏风前摆放一张长条桌或将两张长条桌并拢呈横向排列的签字台，上铺深绿色台布。在签字台侧前方摆放一个吧台，在屏风两端稍靠前的位置摆放花草<br>② 在签字台后方摆放两把椅子，应摆设两把高靠背扶手椅，两椅相聚 1.5m，主左客右。在两个座位前摆放双方各自保存的待签文本。右上方放置文具，中间的前方摆放国旗脚架，悬挂签字双方国旗<br>③ 在签字椅后方约 1.2m 处，根据出席签字仪式的人数，摆上梯式照相脚架，两侧陈设常青树<br>④ 签字厅的两侧可布置少量的沙发，供休息用 | (1) 服务人员应根据订单上的人数将要求，将酒水、酒杯、服务托盘、餐巾纸等摆放好<br>(2) 台布的下垂部分，两端要均等，里外两侧的要求是：外边长，距地面约 10cm；里边短，距地面 40cm |
| 迎接工作 | 服务人员首先为签字人员拉椅让座，然后照应其他人员按顺序就位 | 热情迎接，关注会场动态，及时处理突发情况 |
| 进行中的服务工作 | (1) 服务员用右手托摆有香槟酒的托盘，分别站在距签字桌两侧约 2m 处的位置<br>(2) 当双方签字人员签字完毕，互相站立握手并交换文本时，由两名服务员上前迅速将签字椅撤出，托香槟酒的服务员要立即将酒杯端至双方签字人员面前，客方让酒的服务员要先至一步。再从签字桌后站立者的中间处开始，向两边依次分让酒杯<br>(3) 在宾主干杯后，服务员应立即上前托盘接收酒杯 | 服务人员在提供签字仪式的服务时要迅速及时，动作轻盈利落 |
| 送别服务 | (1) 仪式结束时在门口送别客人，还要为客人打开门、按电梯<br>(2) 检查会场有无客人遗留物品，并进行安全检查<br>(3) 关闭电器电源，清理会议室卫生，必要时进行消毒 | (1) 如发现遗留物品，应及时递交失主或主办单位的工作人员，贵重物品要登记签收<br>(2) 如发现设备、用具缺少或损坏。应填写物品赔偿单，请会议工作人员签字并交结账处 |

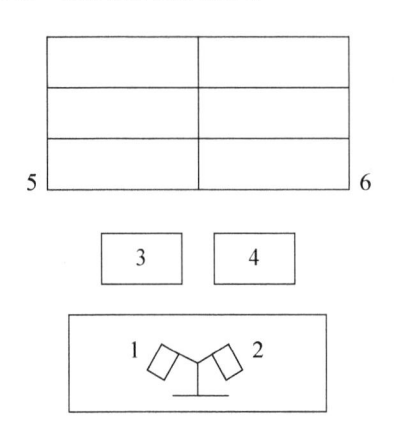

图 12.8　签字厅布置

1—签字桌；2—双方国旗；3—客方主签人；
4—主方主签人；5—客方参签仪式人员；
6—主方参签仪式人员

多边签字人员仪式在国际交往和国内合作当中也时常可见，情况各有不同，一些重大项目内容繁杂，投资巨大，需经几方谈判才能最后达成协议。其签字仪式与上述相仿，只需相应增添签字人员的座位、旗帜、文具等用品。

签字仪式服务有如下注意事项。

(1) 服务员要事先了解签字仪式的程序。因为在一些情况下，一次仪式上可能会同时安排几个签字活动(有几组签字人员分别在几个协议上签字)，如果在一个签字活动结束时，服务员上前撤座椅、送酒水，就会打乱全部活动。

(2) 各个国家的签字仪式的安排不尽相同。例如，有的国家安排一张长方形桌为签字桌，桌上放置双方的小国旗，但双方参加仪式的人员通常坐在桌子后方的两侧，双方小国旗挂在签字桌的后面；也有的国家安排两张方桌为签字桌，双方签字人员各坐一桌，双方的小国旗分别放在各自的桌子上，参加仪式的人员一般坐在签字桌的前面。

(3) 服务员服务过程中动作要快捷、轻稳，避免因为服务员的原因造成混乱、冷场等现象。

# 12.5　会议接待工作的综合训练

- 实训内容：承接好一次会议。
- 实训目的：能根据会议组织方的要求和会议的特点，设计会议接待方案，选择恰当的会议接待方式，承接一次会议。
- 教学方法：操作法、小组讨论法、比较法、情景模拟法等。
- 实训场地：酒店会议室。

## 12.5.1　工作流程

承接好一次会议通常要按照如下的工作流程来操作。

(1) 接到会议信息，了解主办方意图。
(2) 确定项目组及相关负责人。
(3) 策划服务方案，并进行内部评审。
(4) 将服务方案报送给主办方。
(5) 邀请考察，商讨方案。
(6) 签订服务合同，收取预付金。

(7) 实施服务方案：安排接待工作；现场服务管理；专项服务管理。
(8) 费用结算。
(9) 回访客户。
(10) 建立客户档案。
(12) 会议接待总结。

## 12.5.2 会议接待程序

会议接待程序见表 12-6。

表 12-6 会议接待程序

| 操作程序 | 操作要领 | 操作要求 |
| --- | --- | --- |
| 准备工作 | (1) 根据会议规模，确定接待规格<br><br>(2) 发放会议通知和会议日程<br><br>(3) 选择会场 | (1) 会议通知。必须写明召集人的姓名或组织、单位名称，会议的时间、地点、会议主题，以及会议参加者、会务费、应带的材料、联系方式等内容。通知后面要注意附回执，这样可以确定受邀请的人是否参加会议，准备参加会议人的是否有其他要求等。对于外地的会议参加者还要附上到达会议地点和住宿宾馆的路线图。这个路线图避免了外地人问路的许多麻烦<br>(2) 会议日程。会议活动在会期以内每一天的具体安排，它是人们了解会议情况的重要依据。它的形式既可以是文字的也可以是表格的。它可以随会议通知一起发放<br>(3) 选择会场。要根据参加会议的人数和会议的内容来综合考虑。<br>① 大小要适中。会场太大，人数太少，空下的座位太多，松松散散，会给与会者一种不景气的感觉；会场太小，人数过多，挤在一起，不仅显得小气，而且也根本无法把会开好。英国的首相丘吉尔曾说："绝对不用太大的房间，而只要一个大小正好的房间。"<br>② 地点要合理。只需一两个小时的会议，可以把会场定在与会人员较集中的地方；超过一天的会议，应尽量把地点定得离与会者住所较近一些，避免与会者来回奔波之苦<br>③ 附属设施要齐全。会务人员一定要对会场的照明、通风、卫生、服务、电话、扩音、录音等进行检查，不能够因为"上次会议是在这里开的，没出什么问题"，就草率地认为"这回也会同样顺利"。否则，可能会造成损失<br>④ 要有停车场。现今社会，前来参会的与会者都是驾车而来，轿车、摩托车都要有停放处，会才能开得顺利 |

续表

| 操作程序 | 操作要领 | 操作要求 |
| --- | --- | --- |
| 准备工作 | (4) 会场的布置<br>(5) 准备会议资料<br><br>(6) 会前检查 | (4) 会场的布置包括会场四周的装饰和座席的配置<br>(5) 会议前的接待礼仪准备<br>(6) 会务组应该准备有关会议议题的必要资料，这些资料在整理后放在文件夹中发放给与会者，方便于与会者的阅读和做好发言<br>(7) 比如检查音像、文件、锦旗等是否准备齐全。这是对在准备工作阶段考虑不周或不落实的地方进行的补救 |
| 会前接待 | (1) 提前进入接待岗位<br><br>(2) 签到<br><br><br><br><br><br><br><br>(3) 引座<br><br><br>(4) 接待 | (1) 接待人员应该在与会者到来之前提前站在各自的岗位上，并进入工作状态<br>(2) 设一张签字台，配上1~2名工作人员，如果是要求接待档次比较高，可以派礼仪小姐承担。签字台上备有毛笔、钢笔和签到本。向客人递毛笔，应蘸好墨汁后再递上；递钢笔时，应脱下笔套，笔尖对自己，将笔双手递上<br>(3) 签到本制作应精致，以便保存。如需要发放资料，应礼貌地双手递上<br>(4) 接待人员要经常向会议组织者汇报到会人数<br>(5) 签到后，会议接待人员应有礼貌地将与会者引入会场就座。对重要领导应先引入休息室，由企业领导亲自作陪，会议开始前几分钟再到主席台就座<br>(6) 与会者坐下后，接待人员应递茶，或递上毛巾、水果，热情向与会者解答各种问题，满足各种要求，提供尽可能周到的服务 |
| 会中服务 | (1) 倒茶<br><br><br><br><br><br><br><br><br>(2) 做好其他会中服务工作 | (1) 服务人员应注意观察每一位与会者，以便及时为其续茶水。动作要轻盈、快捷、规范。杯盖的内口不能接触桌面，手指不能碰到杯口上，不能发生杯盖碰撞的声音。不能让茶水溅到桌面上或与会者身上。如操作不慎，出了差错，应不动声色地尽快处理，避免惊动他人，更不能慌慌张张，来回奔跑，将与会者的注意力引到自己身上，这是工作中的大忌<br>(2) 会议进行第一项：全体起立、奏国歌。这时音响应立即播放国歌<br>(3) 大会宣布颁发荣誉证书，组织人员应迅速将受奖人员排好队，礼仪小姐把领导从主席座席上引出来，另有礼仪小姐将证书一一递上，由领导颁发给受奖者<br>(4) 如果与会者有电话或有人要相告特别重要的事，服务人员应走到身边，轻声转告之；如果要通知主席台上的领导，最好用字条传递通知，避免无关人员在台上频繁走动和耳语，分散与会者注意力 |

续表

| 操作程序 | 操作要领 | 操作要求 |
|---|---|---|
| 会后工作 | (1) 在门口送别客人，还要为客人打开门、按电梯，并检查会场有无客人遗留物品<br>(2) 会议结束后，有时还会安排一些联欢会、会餐、参观、照相等活动<br>(3) 会议总结 | (1) 根据保密原则，保管好有关文件资料<br>(2)这一环节应有一位组织能力很强的领导统一指挥和协调，同时其他接待人员要积极配合，各负其责，做好自己分担的工作，以保证活动计划的顺利实施 |

## 小资料

### 第一世界大酒店：会议接待我们是专家

第一世界大酒店拥有 21 个会议厅，其中仅 1000 人以上的大型会议场所就有 3 个，可以满足从三星级到五星级标准，从 30～3000 人不同的会议需求。

最值得一提的是，酒店是由 3 个不同风格的建筑群所构成，共有客房 800 间，不同建筑群之间，风格迥异。其中最有特色的是按五星级标准建造的东南亚风格主题酒店；埃及主题的休闲酒店是按四星级标准建造的，可以让客人在古老而神秘的气氛中徘徊徜徉；而按三星级标准建造的假日之星酒店则为客人提供了更为实惠的选择。

在第一世界举办会议，完全不用太操心，因为酒店会为每个会务组配备一名经验丰富的工作人员担任"会议管家"。

只要把会议需求告诉"管家"，工作人员就会为客人排出最合理的会议流程和接待计划，解决各种衔接问题，甚至为主办方安排旅游、购物，这让客户感到莫大的轻松与温馨。

"很多会务组经常会为会议资料的存放而烦恼，大多数酒店的解决方式是让会务组自己开客房存放，而我们则为客人准备了完全免费的专门的'会议仓库'"。在第一世界大酒店，诸如此类的人性化服务还有很多，这里的员工每一天都会仔细审查自己的工作，努力地为每一位客人营造家的感觉。

# 本 章 小 结

不同的会议内容对会议厅的布置形式及服务有着不同的要求。在具体布置、服务过程中，要因地制宜，因客制宜，灵活掌握，才能使会议厅的布置、服务呈现最佳效果。

## 课堂讨论

1. 承接好一次会议，我们该做些什么？
2. 大型会议和小型会议接待工作有何差异？
3. 如何做好会见接待工作？
4. 如何做好会谈接待工作？
5. 如何做好签字仪式接待工作？

## 实操训练

1. 在酒店会议室，对小型会议接待服务中的会前准备、迎客接待、会后服务几个环节进行分组模拟训练，并点评。
2. 在酒店会议室，对会见接待服务中的会前准备、迎客接待、会后服务几个环节进行分组模拟训练，并点评。
3. 在酒店会议室，对会谈接待服务中的会前准备、迎客接待、会后服务几个环节进行分组模拟训练，并点评。
4. 在酒店会议室，对签字仪式接待服务中的会前准备、迎客接待、会后服务几个环节进行分组模拟训练，并点评。

# 测 试 题

1. 参加会见的宾主双方入座后，服务员应(　　)上茶水。
   A. 先宾后主　　　　　　　　　　B. 按从左到右的次序
   C. 同时分别按主宾、主人及陪客的次序　　D. 从右到左次序
2. 多边会谈的厅室布置形式，一般将会谈桌摆放成(　　)。
   A. 长方形或U形　　　　　　　　B. 凹形或山字形
   C. 圆形或方形　　　　　　　　　D. 马蹄形或长方形
3. 一般参加会谈人的身份都是对等的，所负责的工作是(　　)。
   A. 对口的　　B. 不对口　　C. 单一的　　D. 多方面的
4. 签字完毕后，两名服务员奉上香槟酒应先双方签字人员，后从桌后站立者(　　)依次分上。
   A. 中间开始向两边　B. 两边向中间　C. 从左向右　　D. 从右向左
5. T形的会议厅，其主席台前席位安排(　　)。
   A. 只能1人　　　B. 最多不超过2人
   C. 只能是2人　　D. 最多不超过3人

# 第13章 处理投诉

【本章概要】

1. 分析客房投诉
(1) 对投诉人的分析；
(2) 分析投诉原因；
(3) 分析投诉心理。
2. 发挥投诉的逆效应
(1) 运用正确的方法处理投诉；
(2) 统计分析投诉；
(3) 投诉处理的注意事项。

【本章目标】

学完本章以后，学生将具备以下能力：
(1) 针对投诉产生的原因，做好预防；
(2) 对客人投诉的心理有所了解，并做好相应的接待工作；
(3) 掌握正确的处理投诉方法，变被动为主动。

投诉本是一件很令人头疼的事情，正确看待投诉，同样是可以变被动为主动，由客人的怀疑变为对酒店的信赖的。这是一个机会，利用得好可以增进客人对酒店的认同感，处理不好损失的不仅仅是一位顾客，还有他身后广大的消费群体和酒店的声誉。

世界最伟大的推销员乔·吉拉德发明了250人定律，即每个人的背后都会有250人成为他的影响者，那么250人之后会有更多的受影响的人。

> **微型案例**
>
> 8月的一天，客房服务员小张上早班时接到605房间客人打来的投诉电话。这位客人质疑：酒店的叫醒服务要打多少次的叫醒电话才能停呀？你们总机房一早上的叫醒电话吵得人睡不安宁，让接线员不要那么啰嗦。

## 13.1 分析客房投诉

当客人在入住期间如果认为服务比期望的好，就会产生满足感；当没有期望的好，就会有"购买后的抱怨心理"，这时就很容易发生投诉事件。要妥善处理投诉就必须对投诉有一个正确的认识。

当然处理投诉不如做好投诉预防，预知有可能使客人产生投诉的原因，及时采取具体有效措施防患于未然，以减少酒店在这方面耗费的人力、财力、物力损失。

### 13.1.1 对投诉人的分析

在接待客人、处理客人投诉时，要充分考虑几种类型的客人。

#### 1. 重要客人与普通客人

对任何客人的投诉都必须给予足够的重视，酒店服务要做到照顾全面，突出重点。实践证明，在处理重要客人投诉上有任何闪失，都可能给酒店带来长久的甚至是不可弥补的巨大损失，因为他们具有比一般的客人更为巨大的社会影响力。所以对于重要客人则一定要加上"更加"二字。这些重要客人除了包括那些能给酒店带来直接经济效益的客人，也包括那些暂时没有产生经济效益，却有能力影响舆论和他人的客人，如社会名流、人大代表、政协委员、新闻界人士等。

#### 2. 熟悉的客人与陌生的客人

在处理客人投诉时，除了要遵循处理投诉的一般规律外，更要注重符合客人需要的个性化方式。熟悉的客人我们或多或少有些了解，要巧妙地处理好客人的投诉，这也是一个很有研究价值的问题。

对于处理陌生客人的投诉，因为我们不了解客人，存在很大的盲目性。所以投诉处理时，要特别重视陌生客人的反应和解决效果。

## 13.1.2 分析投诉原因

在酒店经营中经常会遇到这样的投诉："你们客房的空调噪声太大了""这次宴会酒店接待得很好，就是宴会厅的温度高了些""我出去的时候手机就放在这里，回来时候怎么就不见了，我要找你们经理投诉"。当客人有心理抱怨倾向的时候，就会出现投诉，只不过有些投诉只是批评、建议，当转化为控告性质投诉的时候，酒店就要及时采取应对措施。常见的客人投诉原因如下。

### 1．设备设施的损坏

主要是设备设施损坏，没有及时修理好，如客房的空调不灵，天气热又没冷气，或者冷气不足；卫生间的坐便器坏了；水箱漏水，晚上发出"嘶嘶"的响声影响客人休息；客房中电视机、冰箱、台灯、床具坏了没及时修理；座椅不牢固摔倒客人；杯具破损也不更换；酒店的电梯坏了将客人关在里面；等等。酒店客房的设施设备是为客人提供服务的基础，设施设备出现故障，服务态度再好，也无法弥补。

### 2．设备设施的不完备

设备设施不完备也会引起客人投诉，如酒店卫生间的盥洗台旁边只有两孔电源插座，客人使用三孔电源插头电器时不方便；客房台灯和床头灯的光线太暗，不便于阅读；客房内没有晾衣绳；等等。这些不便都会影响客人对酒店的评价，甚至会引起投诉。

### 3．服务中的不满

主要表现为不尊重客人和工作缺乏责任心两种情况。

1) 不尊重客人

不尊重客人是引起客人投诉的重要原因。不尊重就会引起客人反感，甚至发生冲突，从而导致客人投诉。常见的不尊重客人的表现主要有以下几种。

(1) 不主动、不热情。有的服务人员见到客人不主动打招呼，或者客人多次招呼也没有反应，态度冷淡、爱答不理。

(2) 不一视同仁，缺乏语言修养。有的服务人员对客人评头论足，接待外国人热情，接待华侨、港澳同胞冷淡。有的用粗话辱骂客人、挖苦客人，甚至有时用"喂"来称呼对方。

(3) 不尊重客人隐私。有的客房服务员到房间做清扫或送茶水时，不经客人同意就闯进房间；向陌生人随意透露客人的房间号等信息。

(4) 行为举止不雅。如客房服务员在给客人拿房间钥匙或其他物品时，不是"递"而是"扔"或"丢"给客人；在客人面前掏鼻孔、挖耳洞；和客人谈话时身体斜倚在墙边；说话时对客人指手画脚；在客人休息时大声喧哗、高声谈笑等。

(5) 不尊重客人风俗习惯。基督教客人在房间祈祷时，服务员闯进去清扫客房；在日本客人度蜜月的客房中摆放荷花等，都是对客人的不尊重。

(6) 无根据地猜疑客人。怀疑客人带走酒店客房物品，误认为他们没有付清账目就离开等。

2) 工作缺乏责任心

服务员工作时不细致、不认真、马虎了事等，主要表现在以下几个方面。

(1) 工作时间忙私事。有的服务人员在工作时间与同事聊天、忙私事、打私人电话等。

(2) 忘记或记错客人委托代办的事情。如洗衣服务，客人交代干洗，服务员送去湿洗；客人要订飞机票、发传真等，服务员忘记办理；要求"叫早"的客人没叫；将客人放在洗手间水杯中的假牙倒掉；等等，这些都容易使客人反感而投诉。

(3) 损坏、遗失客人的物品。洗坏客人的衣物，如缩水、褪色、染色、洗破；服务员打扫卫生时，乱动客人的东西，损坏客人的贵重物品；撤床单时，将客人放在床上的手表、钱夹、手机裹进床单送到洗衣房；将客人的物品视作垃圾扔掉。

(4) 工作拖沓，清洁不彻底。有的员工仪表不整齐、脏了不洗、工作服纽扣不系；有的边工作边吃东西、抽烟；酒店环境卫生到处脏乱；客人离去后不更换布草；清洁卫生间时，地板有积水、坐便器有黄迹、浴帘有脏迹、浴缸有头发丝或污垢；房间有蚊子、蟑螂、老鼠等。

### 4．酒店经营管理的不完善

因酒店经营管理的问题使客人认为收费不合理、在酒店要不到出租车、物品丢失、客衣洗涤事故等现象，也会导致客人投诉。

外宾对我国酒店客房服务的投诉主要有：酒店没有无烟区和无烟客房；公共洗手间的清洁员不分性别；服务效率低；工作人员大声喧哗；客房没有冰块供应；闭路电视节目频道不准确，没法收看；卫生间及卧室有毛发；商务客房阅读灯昏暗。

## 13.1.3 分析投诉心理

当客人出现不满或抱怨的心理时，就会通过投诉来"保卫"自己。经调查，绝大部分人都有过投诉的经历，这是捍卫自己权利的一种本能现象，充分说明投诉是人的一种正常行为举动，因此我们要正确地认识这种投诉现象，把它作为一种服务内容，作为树立酒店形象的一种途径。

出现投诉问题时，服务员要始终保持"客人永远是对的"这样一条经营理念。客人即使错了，也要把对让给客人；如果不是客人的错，更要真诚地向客人致歉。要正确处理投诉，就要充分了解客人投诉时的心理需要。

### 1．求发泄的心理

当客人在碰到令他们气愤、被讽刺挖苦甚至被辱骂的事情之后，心中充满了怨气、怒火，不吐不快，要利用投诉的机会发泄出来，以挽回面子维持心理平衡。

## 2. 求尊重的心理

当客人采取了投诉行动之后，都希望别人认为他们的投诉是对的，是有道理的；希望得到别人的同情、尊重；希望有关人员、有关部门重视他们的意见，向他们表示诚挚的歉意，并立即采取相应的行动。

## 3. 求补偿的心理

客人在受了一定的损失而向有关部门投诉时，希望能补偿他们的损失，这是一种普遍的心理。尽管客人一再强调"并不是钱的问题"，但投诉的真正目的就是求得补偿。如损坏了的皮箱希望尽快修理好；弄脏了的衣物希望能免费清洗；洗坏的衣物能照价赔偿；等等。

因此在接待客人投诉时，要正确地理解客人、尊重客人，给客人发泄的机会，而不要坚持据理力争。

### 小案例

### 客人的小提包不见了

有一天，906房间来了一位穿着时尚的女士，手里拿着很多的物品，可以看得出她是一位游客。在她第二天退房的时候，客房服务员小刘来到906房做清理。"你有没有看到我的小提包？"一位焦急的女士问道。小刘还没有来得及回答，客人就开始在刚铺好的床上寻找，这时，小刘这才意识到她就是刚退了房的906房的住客。小刘上前提醒她说："女士，您是否忘了放在哪里了？""我带在身边的东西还能搁在哪儿！"她气愤地说道。"您再想一想，是不是放在别处？""你别装好人了，你要是喜欢我的小提包，说一声拿去也没有什么，何必偷偷摸摸的。"小刘的一番好心居然遭到一番挖苦，而这位女士好像认定了小提包就是小刘偷了似的。但小刘想现在不是和她分辨事实的时候，最重要的是要把小提包找出来，才能解决问题。小刘于是先把情况汇报给领班，领班过来了解了事情的经过，一方面安慰那位女士，一方面叫小刘去存物房看有没有这位女士的存物记录。小刘到了存物房，刚好有一个和那位女士所说的一模一样的小提包，原来是那位女士竟然忘了寄存过物品。最后，当小刘把小提包捧到她面前的时候，她激动地握住小刘的手说："对不起！实在对不起！"

【案例点评】

当面对客人的误解时，作为服务人员要保持头脑冷静，帮助客人解决问题是获取客人信任的最好途径。

# 13.2 发挥投诉的逆效应

现场处理投诉中，在时间上和空间上都缺乏回旋的余地。在这样的情况下，处理投诉既要尽力弄清情况，安抚客人；又要让处理结果令客人满意，尽量减少酒店损失。这就要求出面解决问题的人要有经验、有良好的专业能力素养、较强的应变能力和亲和力,从而达到最理想的解决效果。

## 13.2.1 运用正确的方法处理投诉

分析客人的投诉心理,采取有针对性的、正确的处理投诉方法是解决投诉的关键所在。

### 1. 耐心倾听,了解真相

客人投诉时,我们应当有礼貌地接待,绝对不要急于辩解或反驳。投诉的最终解决只有在"心平气和"的状态下才能进行,要设法消除客人的怒气。如请客人坐下来慢慢谈,为客人倒一杯茶水。我们的耐心可以使原本暴跳如雷的客人很自然地平静下来。

因客人心中有怨愤,不发泄出来,心里是不舒服的。先让客人把话说完,我们耐心地倾听,可以了解事情的真相。随意打断客人的讲述或进行解释,可能会被认为是对他们的指责和不尊重,使客人越发受到刺激,这样做的效果往往不好。不但不能解决问题,甚至有时还会使客人怒气大增。

处理投诉要慎用"微笑",否则会让客人产生"幸灾乐祸"的错觉。谈话时要注意语音、语调、语气及音量的大小,避免激起客人情绪的波动。要耐心听取客人的意见,以柔克刚,使事态不致扩大或影响其他客人。

有些投诉的客人出于某种原因,会提出"让你们经理过来"的要求。并不是在任何情况下,但只要客人要求,就一定要把上级管理者请出来。对有些投诉而言,上级管理人员避开更为适宜;而事实上,面对某些棘手的投诉,确实需要上级管理人员出面处理,切不可在客人面前推脱,否则,会给客人的印象更坏。所以,面对此种情况要灵活处理。

同时,投诉还要做好记录,包括客人投诉的内容、客人的姓名、房号及投诉时间等,以示对客人投诉的重视。这些记录也可以作为酒店处理客人投诉的原始依据,以此为案例引起酒店重视。

### 2. 同情客人,真诚道歉

对客人表示同情容易使客人平静下来,会使客人感觉受到尊重,感到你和他(她)站在一起,而不是站在他(她)的对立面与他(她)讲话,从而减少对抗情绪。"诚意"是处理投诉的最佳方案。

即使客人反映的不完全是事实或酒店并没有过错,也要把对让给客人。客人向我们投诉是相信我们能处理好这件事,希望我们能帮助他们或希望我们改进工作、提高服务质量。我们在接受客人投诉时,一定不要理解为是对我们个人的指责。我们应当抱着热情、诚恳的态度,并以自己是酒店代表的身份去接待,欢迎他们的投诉,尊重他们的意见,同情他们,向他们表达歉意。有时请职位高的经理或主管向客人道歉也是一种有诚意的表示,这样做能使客人感受到我们对他们的重视,满足了尊重的需要。

通常建议使用的语句有"对给您造成的不便我们深表歉意",忌讳使用"我们的服务员当时是不是和您说×××""这是绝对不可能的事""我们酒店就是这样规定的"等方式,有质问客人和推卸责任的意思,是客人所不能接受的。

## 3．征得同意，恰当处理

获得相应的补偿是客人通过投诉想要的结果。这时就需要与客人进行沟通,询问客人对投诉的处理结果是否满意,同时感谢客人。征得客人的同意是为了避免处理时不合客人意愿,问题虽然解决了,但并没有解决好,又引发了另外一个问题,反而使问题复杂化。

如一位客人早晨投诉房间的空调坏了,要求马上修理。服务员立即请工程部解决,但修理工不能马上到,需一个小时之后才能来。对一时不能处理好的事,要让客人知道事情的进展,使他了解他所提的意见已被我们重视,并已经安排好处理了。这样可以避免客人误会,误以为我们对他的投诉不重视。

投诉处理后,要询问客人对结果是否满意。比如"我们已经通知维修部,对您房间的空调进行了维修,不知道您是否满意?"同时应再次感谢客人能把问题反映给酒店,使酒店发现问题,并有机会改正错误。这种"额外的"关照会让客人对酒店留下良好的印象。

对于一些较复杂的问题,在弄清真相之前,不应急于表态或处理,而应当有礼、有理、有节,在客人同意的基础上做出处理。

### 小案例

## 客衣纠纷引发的思考

某酒店住着一家公司的常住客。一天,一位客人的西装套装脏了,见服务员小宋进房打扫卫生,便招呼说:"服务员,我要洗这套西装,请帮我填一下洗衣单吧!"小宋想客人也许是累了,便答应了客人的请求,按她所领会的意思帮客人在洗衣单上注明"湿洗",然后将西装和单子送到洗衣房。当班的洗衣工是刚进洗衣房工作不久的新员工,她不加思索地按照洗衣单上的要求对这套名贵西装进行了湿洗,结果造成衣服洗后严重缩水。

客人收到西装后,十分恼火,责备小宋说:"这套西装价值上万元,理应干洗,为何湿洗?"小宋连忙解释说:"先生,真对不起!当时,我是按照您的意思填写湿洗的,没想到会……"客人听后越加气愤,打断她的话说:"我明明告诉你要干洗,怎么硬说我要湿洗呢?"小宋感到很委屈,不由分辩说:"先生,真的很抱歉!可我确实……"客人听后气愤之极,抢过话头,大声嚷道:"我要向你们经理投诉!"

客房部经理接到客人投诉,立刻找小宋了解事情原委,但究竟是"干洗"还是"湿洗",双方各执一词,无法查证。酒店领导经过反复研究,考虑到该公司与酒店的长期合作关系,尽管客人索取的赔款超出了酒店规定的赔偿标准,但为了彻底平息这场风波,最后还是同意了客人的赔偿要求。

## 【案例点评】

本案例中客房服务员未遵照服务规范代填洗衣单，客房服务员一般应婉拒客人代写洗衣单的要求，即使代客人填写了洗衣单，也应该请客人过目并予以签名确认，以作依据。

洗衣房的责任是洗衣单上没有客人的签名不该贸然洗涤客衣；洗衣工面对"湿洗"名贵西装的不正常情况，未能敏锐地发现问题并向客人了解核实，而错将名贵西装做湿洗处理，造成责任纠缠不清，使酒店和客人都蒙受了经济损失。

所以说，在对客服务的过程中只有严格执行酒店的规章制度和服务程序，才是对客人真正的负责。在酒店客人的投诉中，因客衣所引起的纠纷占了相当大比例，如衣物破损、丢失，污迹未洗净，纽扣丢失，客衣染色褪色等。洗衣服务环节及涉及人员较多，往往因有关人员缺乏常识、工作不够细致而出现差错，酒店应加强管理和控制。

### 13.2.2 统计分析投诉

投诉处理完以后，酒店管理人员和相关人员要对该投诉的产生及其处理过程进行反思，分析一下该投诉的产生是偶然还是必然，应该采取哪些措施，对这次投诉的处理是否得当，有没有其他更好的处理方法，还应制订哪些制度，才能防止该类投诉再次出现。

酒店应加强对客人投诉工作的管理，做好客人投诉记录等基础工作，并定期(月、季或年)对客人的投诉进行统计分析，从中发现客人投诉的规律，采取相应的措施或制定相关制度，以便从根本上解决问题，从而不断提高酒店的服务质量和管理水平。表13-1是客人投诉情况分析表。

表 13-1 客人投诉情况分析

| 项目 | 身份 | 一 | 二 | 三 | … | 十 | 小计 | 宾客分类 | | 合计 | 情况分析 |
|---|---|---|---|---|---|---|---|---|---|---|---|
| 表扬 | 酒店印象 | | | | | | | 散客 | 内宾 | | |
| | 前厅服务 | | | | | | | | | | |
| | 客房服务 | | | | | | | | | | |
| | 餐厅服务 | | | | | | | 团队 | | | |
| | 康乐服务 | | | | | | | | | | |
| | 商品部 | | | | | | | | | | |
| | 商务中心 | | | | | | | 常住 | 外宾 | | |
| | 食品 | | | | | | | | | | |
| | 遗失物品寻回 | | | | | | | | | | |
| 投诉 | 商品部服务 | | | | | | | 散客 | 内宾 | | |
| | 商务中心 | | | | | | | | | | |
| | 康乐服务 | | | | | | | | | | |
| | 前厅服务 | | | | | | | | | | |
| | 餐厅服务 | | | | | | | | | | |

续表

| 项目 | 身份 | 一 | 二 | 三 | … | 十 | 小计 | 宾客分类 | | | | 合计 | 情况分析 |
|---|---|---|---|---|---|---|---|---|---|---|---|---|---|
| 投诉 | 餐厅食品 | | | | | | | 团队 | | 内宾 | | | |
| | 客房卫生 | | | | | | | | | | | | |
| | 客房服务 | | | | | | | | | | | | |
| | 客房用品 | | | | | | | | | | | | |
| | 客房设备 | | | | | | | | | | | | |
| | 电视 | | | | | | | 常住 | | 外宾 | | | |
| | 空调 | | | | | | | | | | | | |
| | 洗衣 | | | | | | | | | | | | |
| | 供水 | | | | | | | | | | | | |
| | 电梯 | | | | | | | | | | | | |
| | 维修服务 | | | | | | | | | | | | |
| | 遗失物品 | | | | | | | | | | | | |
| 建议 | | | | | | | | | | | | | |

## 13.2.3 处理投诉的注意事项

(1) 处理投诉时，若客人故意挑剔、刁难，应客观分析、妥善处理。
(2) 切忌与客人发生争论，在争论中没有真正的赢家。
(3) 在未弄清事实或遇到自己无法办到的事情时不能随便向客人做出任何承诺。
(4) 如果客人无理取闹，应采取措施平息事态，情节严重者可报当地公安部门处理。
(5) 掌握双赢原则。处理投诉通常情况下无须硬分对错，只要客人满意，酒店可以接受即可。

**小·资料**

**客衣纠纷引发的思考**

(1) 遇到啰唆型客人怎么办？
答：这类客人遇事啰唆，好打听，难于下决心，服务时尽量避免和这类客人长谈，否则没完没了，影响工作，并且最忌和他们辩论。

(2) 遇到健谈型客人怎么办？
答：这类客人最喜欢聊天，天南海北，没完没了，服务时不要追求好奇，听其海阔天空，但对正确意见或建议要耐心听取。

(3) 遇到急性型客人怎么办？

答：此类客人性情急躁，动作迅速，服务要求效率高，为他们服务时说话要单刀直入，简明扼要，弄清要求后很快完成，否则容易使他们急躁冒火，引起抱怨，影响服务效果。

(4) 遇到无礼型客人怎么办？

答：这种客人不易和别人交往，个人观念很强，发生矛盾后往往恶语伤人或有失礼的动作，服务员不要与之计较，尽量按他们的要求完成接待服务，不与其发生冲突，保持冷静。

# 本 章 小 结

投诉不仅可以帮助酒店认识到服务中的不足，同时恰当的处理方式还可以为酒店树立形象，增进与客人之间的感情。正确看待投诉，才能不断改进服务质量，提高管理水平，并真正掌握处理客人投诉的方法和艺术。

## 课堂讨论

1. 客人在什么情况下会选择投诉？
2. 客房接待如何避免投诉？
3. 客人投诉时常见的心理？
4. 处理客房投诉的技巧？

## 体验练习

结合常见的投诉案例，学生分小组进行模拟训练，并总结投诉案件处理的经验。

## 案例分析

某城市一家三星级酒店，建筑外观还不错，设备也算得上齐全，在当地也算是个名流常来之地。

住在306房间的客人，清晨起床发现室内卫生间地面上有积水，便叫服务员来清理。自己因内急便下楼到大堂公共卫生间去了。但一进卫生间门，一股难闻的异味扑鼻而来，差一点作呕起来，便迅速离开，然后便找服务员去投诉。

服务员却回答说："卫生间难免会有臭味的，我们酒店人来人往的，有些客人用过以后不冲水，怎么弄得干净？"

这位客人听后很恼火，便去找酒店部门经理，谁知那位经理也是个善于打"太极拳"的人，还是同样的话："卫生间总是有臭味的，你就将就一些吧？"

客人听后火冒三丈，说："你们也算是家星级酒店，公共卫生间竟然弄成这个样子！我要向你们的上级单位反映，并且告诉熟人，出差时不要住在你们酒店了！"

### 案例思考题

1. 为什么会发生这样的情况，该如何解决？
2. 在处理该投诉时，应注意哪些细节？

# 测 试 题

1. 按服务规程提供服务，可以满足宾客共性的需求，而对宾客的特殊要求则应(　　)。
   A. 同样用服务规程给予满足　　　　B. 不予理睬客人有时的挑剔
   C. 婉拒客人　　　　　　　　　　　D. 根据情况因人而异提供特殊服务
2. 当服务人员无法满足客人的合理要求时，要设法让客人明白：并不是服务人员怕麻烦、不愿意为他提供服务，而是由于条件所限、实在无法办到。这样做的心理学依据是(　　)。
   A. 通过"补偿"来消除挫折感　　　　B. 通过"替代"来消除挫折感
   C. 通过"合理化"来消除挫折感　　　D. 通过"宣泄"来消除挫折感
3. 对噪声大、室内温度过高或过低等容易引起客人投诉的客房，应尽量(　　)出租。
   A. 最先　　　　　　　　　　　　　B. 搭配在旅游团体房内
   C. 最后　　　　　　　　　　　　　D. 搭配在会议房内
4. 关于投诉处理，以下(　　)说法是正确的。
   A. 积极面对，对投诉的客人怀有感恩的心
   B. 满足所有投诉客人的所有需求
   C. 积极与客人展开辩论，维护酒店的形象
   D. 及时处理客户投诉
5. 为了更好地解决投诉，酒店需要重点解决的问题是(　　)。
   A. 服务技巧　　　B. 专业技术　　　C. 环境　　　D. 价格

# 参 考 文 献

[1] 朱承强. 饭店客房管理[M]. 北京：旅游教育出版社，2007.
[2] 中国劳动和社会保障部，中国就业培养技术指导中心. 客房服务员（初级技能、中级技能、高级技能）[M]. 北京：中国劳动社会保障出版社，2004.
[3] 汝勇健. 客房服务与管理[M]. 南京：东南大学出版社，2007.
[4] 田雅琳，肖轶楠，等. 现代饭店业客房管理[M]. 北京：经济日报出版社，2007.
[5] 孟庆杰，黄海燕. 前厅客房服务与管理[M]. 大连：东北财经大学出版社，2000.
[6] 中国酒店员工素质研究组. 星级酒店客房部经理案头手册[M]. 北京：中国经济出版社，2008.
[7] 林红梅，韦统翰. 酒店客房管理实务[M]. 广州：广东经济出版社，2007.
[8] 李雯. 酒店客房部精细化管理与服务规范[M]. 北京：人民邮电出版社，2009.
[9] 徐文苑. 酒店客房管理实务[M]. 广州：广东经济出版社，2008.
[10] 叶秀霜，董颖荣. 客房服务与管理[M]. 北京：旅游教育出版社，2004.
[11] 叶红. 客房实训[M]. 北京：北京大学出版社，2007.
[12] 姜玲，贺湘辉. 客房服务员工作手册[M]. 广州：广东经济出版社，2007.
[13] 严金明，徐文苑. 旅游与酒店管理案例[M]. 北京：清华大学出版社，北京交通大学出版社，2006.
[14] 孔永生. 前厅与客房细微服务[M]. 北京：中国旅游出版社，2007.
[15] 李灿佳. 旅游心理学[M]. 北京：高等教育出版社，2001.
[16] 蒋一帆. 饭店服务180例[M]. 北京：东方出版中心，1996.
[17] 王伟. 客房服务与管理创新[M]. 北京：旅游教育出版社，2008.